U0710063

劉修業等 編

《國學論文索引》全編（全四册）

第二册

國家圖書館出版社

第二冊目錄

劉修業 編

國學論文索引三編

北平：中華圖書館協會 1934年10月鉛印本

國學論文索引三編

錢玄同題

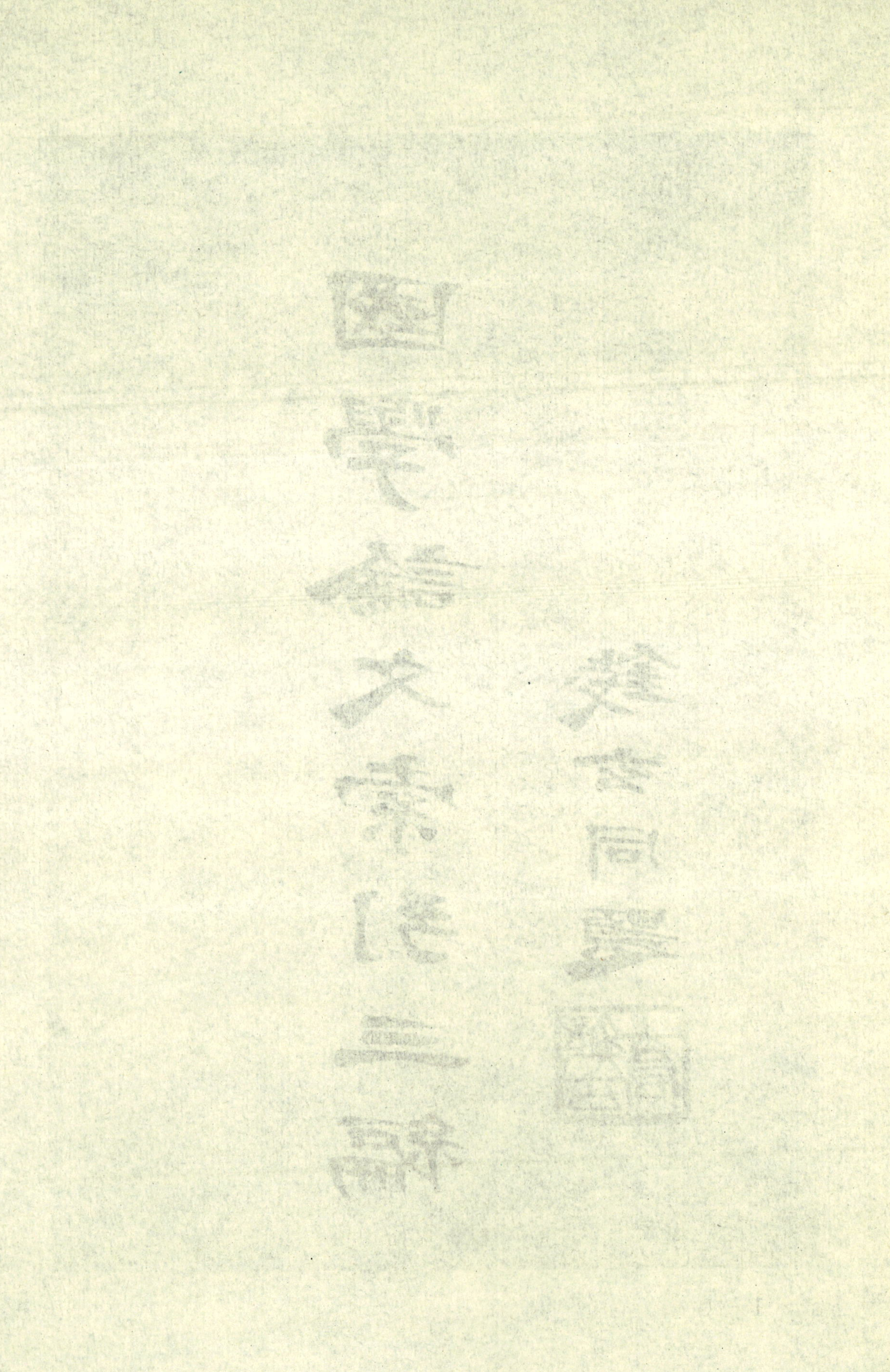

中華圖書館協會叢書
第二種

國學論文索引三編

序

二十年秋，劉修業女士纂輯文學論文索引續編，國學論文索引三編既訖，余既誌其巔末，並述今後關於雜誌索引進行計劃矣，嗣以文學索引續編先付印，稽時頗久，國學索引三編若仍據原稿付印，則已失時代性；劉女士乃增補二十二年六月至十二月間新出版雜誌，復得論文若干編，於今年三月間將增訂稿寫定付印，仍囑余贅一言余嘗見劉女士是編初擬之稿，分類較初續編為詳，此增訂稿分類，則又大致改從初續編，劉女士語余曰：「為用此書者便利計，不得不爾也！工具書固應隨時改善，然此索引從初編以至若干編，均使一脈相承，閱者既將初編子目用熟，以後編編不大相差，翻檢自易，故雖有牽强之處，能不另立子目，便不另立子目也。但學者研究之趨向年有不同；學術上新材料之發見亦時多時寡，則子目之分又不得不稍有增減，以甲骨文而論，數年前學者專精文字上之研究，今則兼重科學的發掘，此項論文按索引初續編分類，則關於文字論文應入語言文字學，關於發掘論文應入考古學；今則另立子目，亦為閱者便利計也。將來應如何改善，是彙若干編為一編時，作一通盤探討耳」。刻校印將訖，余適有遠行，別無贅；謹書所聞於劉女士者以為序，則讀者當知其分類之苦心矣。

九月二日王重民記於赴法途中

例言

一、此編所收論文，見於我國雜誌報章，凡有關中國問題者，無不收羅；共分十七類，其排列次序與前編略同。

二、每類目以性質分者，則就性之所近為序；其有時代性者，則以時之先後為序。學者按類求篇，據其篇題與所載之雜誌卷數號數即可檢得。

三、為便用此書者便利計，間採用互見例，如「三百篇之『之』」見於「詩經」復見於「修辭及文法」。

四、論文有性質相近，篇目太少，不另立類目者，則附於性質相近之一類後，如商業之附於經濟；工業之附於科學。

五、畸零篇什關于古代事物或地方史實的考據者，集其性質相近若干篇，成一小類，名曰「雜考」，附於各類之末；長篇巨著，專以研究某書或某種事件者，亦各集其相性質近若干篇，成一小類，名之曰「專著」，分屬於各類。

六、此編對於較有價值作品，多附註其內容；關於歷代文學家，則略記其籍貫別號及生卒年代。

七、此編所收中國雜誌報共一百九十二種，約由民國十七年至二十二年五月止，其名稱與出版處已另表列下，更就此百數十種雜誌製「十七年一月至二十二年十二月間期刊一覽」附於書後。

八、此編所收刊物，多據國立北平圖書館所收存；中間亦有在松坡圖書館及燕京大學圖書館補足；參考者就上列各處索閱當可得之。

二十三，三，二十劉修業識

本書所收雜誌卷數號數一覽

二畫

人文月刊　人文編輯所編輯彙發行十九年二月十五日出版。收一卷八期至五卷三期

三畫

小說月報　鄭振鐸主編，商務印書館發行。續補前編收十一卷一號至六號，又二十一卷一號至二十二卷十二號。

女師學術季刊　北平大學女子師範學院編輯。續前編收二卷一，二期。

山東省立圖書館季刊　山東濟南圖書館編，民國二十二年三月創刊，收一號。

大公報文學副刊　隨天津大公報發行，續前編收一百五十二期至二百八十二期（十九年五月至二十二年五月）

大戈壁　大戈壁雜誌社編輯。民國二十一年一月創刊。收一卷一期，四期，五期

大陸　南京大陸雜誌社編輯，南京書店發行。民國二十一年七月創刊。收一卷一期至二卷五期。

四畫

不忍　康有爲主編，上海廣益書局發行。續前編收九，十兩冊。

中央大學半月刊　南京中央大學發行。續前編收二卷五期至八期。

中央大學文藝叢刊　國立中央大學文學院編輯。民國二十二年十一月出版。收一卷一期。

中大季刊　北平中國大學編輯。讀前編收第四期。

中大國學叢編　中國大學編輯兼發行，民國二十年五月創刊。每兩月出一冊，收一期至五期，第二冊第二期，

中華教育界　中華書局發行讀前編收十九卷四期，二十一卷二期。

中華圖書館協會會報　中華圖書館協會編。續前編收六卷二期至九卷三期。

中華公教青年會學刊　中華公教青年會總部編輯。十八年九月創刊。收一期至四期

中學生　豐子愷，夏丏尊等主編，開明書局發行。民國十九年二月創刊，收二期至三十一期。

中法大學月刊　中法大學編輯部編，民國二十年十一月創刊，收一卷一期至四卷四期。每卷五期缺四卷三期。

中國文學會集刊　杭州之江文理學院中國文學會出版委員會編，民國二十二年六月出版。收第一期

中國營造學社彙刊　中國營造學社編續前編，收二卷一期至四卷一期

中國近代經濟史研究　陶孟和湯象龍主編，社會調查所出版。民國二十年十一月創刊。收一卷一期至二卷一期。

中國經濟　中國經濟研究會主編，民國二十二年四月出版。神州國光社發行，收一卷一期至八期，

中庸半月刊　中庸學社編輯，中庸書局發行。民國二十二年三月創刊。收一期至八期

文學年報　燕京大學國文科會編輯兼發行。民國二十一年七月出版繼容湖而出。收一期

文學雜誌　文學雜誌社編輯。北平西北書局發行。民國二十二年四月創刊。收創刊號至四號。

文藝雜誌　河南中州大學文藝研究會編輯。民國十四年創刊。收一期至三期。

文藝月刊　南京中國文藝社編輯。民國十九年八月創刊。收一卷一期至三卷九，十期合刊。

文化雜誌　中國文化科學社編輯，神州國光社發行。民國二十一年九月創刊。收第一冊。

文獻叢編　故宮博物院文獻館編輯，續前編收七輯至十六輯。

文華圖書館學季刊　武昌文華大學圖書館科編輯續前編收二卷三期至五卷三，四期。

文學叢刊　成都大學文學系編輯，成都大學發行。民國十八年創刊。收一集。

文學月刊　清華中國文學會出版部編輯。民國二十年四月創刊。收一卷一期至三卷一期。

文理　國立浙江大學文理學院學生自治會學藝股編兼發行。民國二十年五月出版。收二期至四期。

方志月刊　中國人地學會編輯，鍾山書局發行。卷數繼地理雜誌而出。收五卷三號，六卷二號至十二號。

天津益世報副刊　天津益世報社發行。收十八年十九年全份二十一年九月後讀報內容擴充，內附有語林，文學週刊（梁實秋主編十一月十五日創刊）戲劇與電影（十一月九日創刊）

五畫

史科旬刊 故宮博物院文獻館編輯，讀前編。收二十期至四十期。

史學雜誌 南京中國史學會編輯。續前編收二卷五期至三卷一期。

史學年報 燕京大學歷史學會編，北平景山書社出版。續前編，收一卷二期，五期。

史學 國立中央大學文學院史學系編輯，光華書局發行。收一，二期。

史地叢刊 師範大學史學會編，出版部發行。民國二十年六月創刊。收一卷一期

史地叢刊 上海大夏大學史地學會主編，現代書局發售。民國二十二年十一月創刊。收第一輯。

民俗 中山大學語言學研究所編輯。收九十期至一〇八期。

民彝雜誌 馬其昶姚永樸等主編，內容純係承繼桐城派古文。民國十七年一月創刊收一期至十二期。

民鳴月刊 學術研究會編輯兼發行。民國十八年五月創刊。收第一期至八期。

民衆生活 雲南省立昆華民衆教育館編輯。民國二十一年五月創刊。收一期至十七期

民鐸半月刊 江西文藝社編輯兼發行。民國二十一年十一月創刊。收一期至三期。

民族 嚴繼光編輯，上海民族書社發行。上海辟明書店代售。民國二十二年一月創刊。收一卷一號至三號。

北平圖書館館刊 ，北平國立圖書館編輯。續前編收四卷六期至六卷三期，又七卷一號，二號，六號。

北新半月刊 上海北新書局編輯兼發行。續前編收四卷十期至二十六期。

北平華北日報副刊 北平華北日報社發行。收民國十八年，十九年全份，

北平晨報副刊 北平晨報社發行。內附有藝圃，劇刊（十九年十二月二十一日創刊）學園（十九年十二月十七日創刊）時代批評（二十一年二月二十四日創刊）。收十九年十二月至二十二年十二月止

世界雜誌 楊哲明編，世界書局發行。民國二十一年二月創刊。收一卷一期至二卷五期。

世界旬刊 世界學會長沙分會編輯兼發行。民國二十一年四月創刊。收一期至二十四期。

六畫

地學雜誌 中國地理學會編輯兼發行。續前編收民國十九年，二十年，二十一年一，二期。

江蘇蘇州圖書館館刊 江蘇蘇州圖書館編輯。續前編收民國二十年一冊（三號）

安陽發掘報告 北海歷史語言研究所攷古組編輯。民國十八年九月創刊。收一期至四期。

攷古學雜誌 廣州市黃花學院編輯部編。民國二十一年一月創刊。收一期。

西北研究 西北研究社編輯兼發行。民國二十年十一月創刊。收一期至八期，

西南研究　中山大學西南研究會編輯。民國二十一年二月創刊。收一期至八期，

先導半月刊　廣州光導社編輯兼發行。民國二十一年十二月創刊。收一期至十期。

安徽大學月刊　安徽大學編輯委員會編輯兼發行。民國二十一年二月出版。收一卷一期至五期。

百科雜誌　北京大學百科雜誌社編輯。民國二十一年七月創刊。收第一期。

光華大學半月刊　上海光華大學發行。民國二十一年十月十日出版。收一卷一期至二卷四期。

再生雜誌　北平再生雜誌社編輯兼發行，神州國光社發售。民國二十一年五月十三日出版。收一卷一期至二卷二期。

七畫

社會學雜誌　中國社會學雜誌社余天作主編，濟南齊魯大學發行。續第一編收三卷一期至十二期，四卷八期至十一期。

武大社會科學季刊　武昌武漢大學社會學系編輯。收二卷一號。

武大文哲季刊　大中文學編輯部，民國十九年一月創刊。收第一期至三卷一期。

八畫

釆社雜誌　山西國民師範高師釆社編輯。收第三期至六期。

孤興雜誌　河南中州大學孤興社編輯。民國十四年十一月創刊。收一期至八期。

兩週評論　王秐莊主選，杭州兩週評論社發行。民國二十年創刊收一期至十期。

河南大學文科季刊　河南中山大學文科編輯部編。民國十九年一月創刊。收一期，二期

河南第一博物院半月刊　河南第一博物院編。收一期至四十八期。

私立無錫國學專修學校叢刊　無錫國專學生會編輯兼發行。民國二十一年一月創刊。收一期，二期。

尙志週刊　四川尙志週刊社編輯兼發行。收一卷十期至二卷十期。

亞丹娜半月刊　杭州西湖亞丹娜社編輯兼發行。民國二十年創刊。收一期至十期。

夜光　山西教育學院夜光編輯兼發行。一九三一年十月十日出版。收一卷一期至六期

亞波羅　杭州西湖國立藝術專科學校編。收一期至十期。

青年界　石民趙景深等主編，北新書局發行。民國二十年三月創刊。收一卷一期至四卷五期。

青年世界　青年雜誌編輯，上海重慶書局發行。民國二十一年創刊。收一期至二卷三期。

青鶴雜誌　青鶴雜誌社編輯兼發行。民國二十一年十一月創刊。收一卷一期至八期又二卷一期至五期。

金陵學報　南京金陵大學學報編輯委員會編輯。民國二十年五月創刊。收一期，二期。

金陵女子文理學院年刊　金陵女子學院發行。收民國二十一年一册。

金陵大學文學院季刊　金陵大學文學院學生自治會出版。收一卷二期。

東方雜誌　商務印書館編輯兼發行。續補前編收第六卷一期至十三期又二十八卷一號至三十一卷一號。

東北叢鐫　遼寧教育社編輯。民國十九年創刊。收十二期至十七期。

東聲雜誌　東聲社主編，廣州現代書局發行。民國二十二年一月創刊。收創刊號。

東吳　蘇州東吳大學東吳學報社主編。民國二十二年四月創刊。收第一期至四期。

泊聲　河北省立第九師範學校發行。民國二十二年一月創刊。收創刊號。

九畫

南開大學週刊　南開大學週刊部編輯。續前編收九十一期至一三六，七，八期合刊。

南方雜誌　中國國民黨廣西省整理委員會編輯兼發行。民國二十一年六月創刊。收一卷一期至二卷八期。

建國月刊　上海建國月刊社編輯兼發行。收三卷一期至六卷一期又七卷三期至九卷六期。

故宮週刊　故宮博物館編輯兼發行。民國十八年雙十節創刊。收一〇一期至一一一期又二〇八期至三二九期。

春筝季刊　輔仁大學春筝社編輯。民國十八年五月創刊。收一卷一期至三卷一期。

協大季刊　福建私立協和大學學生自治會出版部編輯。民國十九十二月創刊。收第一期。

急起　北平大學法學院急起社編輯兼發行年。收一卷一期至六期。

前鋒月刊　現代書局發行。民國十九年十月創刊。收六期，七期。

前途雜誌　上海前途雜誌社編輯兼發行。新生命書店代售。民國二十二年一月出版。收一期至十二期。

飛瀑半月刊　絜茜北平分社編輯。群衆圖書公司代售。民國二十年十二月創刊。收創刊號。

珊瑚半月刊　范烟湖主編，民智書局等處發行。民國二十一年七月創刊。收二卷一期至七期又四卷一期至四期。

科學的中國　南京中國科學化運動協會出版。民國二十二年一月創刊。收創刊號。

十畫

唯是學報　唯是學報編輯。民國九年五月創刊。收一册至三册。

哲學評論　北平尚志學會編輯。續前編收三卷二期至五卷二期。

師大國學叢刊　北平師範大學國文會編輯。續前編收一卷二期至二卷三，四期。

師大月刊　師範大學月刊編輯委員會編。民國二十一年十一月創刊。收二期至六期。

眞美善　上海美善書局編輯。收五卷一號至七卷三號。

草蟲旬刊　隨益世報發行。民國二十年六月創刊原名週刊。後因內容擴充篇幅加大改名旬刊收一期至四十八期。

時代文化　時代文化社編輯大東書局代售。民國二十一年九月創刊。收一期至五期。

十一畫

婦女雜誌　商務婦女雜誌編輯。收十七卷一號至七號。

清華週刊　清華大學週刊部編輯。續前編收三十三卷一期至十四期，三十四卷一期至十期，三十五卷一期至十期，三十六卷一期至十二期，三十七卷全，三十八卷一期至十二期，三十九卷一期至十二期，四十卷一期至九期。

清華學報　清華學報社編輯。續前編七卷一期至八卷二期。

海潮音　海潮音雜誌社編輯。續前編收十一卷六期至十三卷六期。

海濱文藝　海濱文藝出版部編輯兼發行。民國二十一年六月創刊。收創刊號。

晨星　初為半月刊，在河南發行，自一卷十二卷十二期後改為月刊，由北平樸社發行，出至二期即行停刊。收一期至七期。

國學季刊　國立北平大學國學季刊，編輯委員會編輯。續前編收三卷二期至四期。

國學叢選　國學商兌會編輯，民國十二年再版。收一集至十四集。

國學彙編　私立齊魯大學文學院國學研究所編輯。出版部發行，民國二十一年十月出版。收第一冊。

國聞週報　天津國聞週報社編輯。續前編收八卷一期至十卷五十期。

國語週刊 北平國語統一會編輯。民國二十年創刊。收一期至十九期又五十三期至七十八期。

國風半月刊 國風社柳詒徵等編輯兼發行。民國二十一年九月創刊。收一號至八號又三卷一期至四卷三期。

國立中山大學語言研究所週刊 廣州國立中山大學語言歷史研究所編輯。續前編收九十七期至一三二期，

國立浙江大學季刊 浙江大學季刊編輯委員會編輯。民國二十一年一月創刊。收一卷一期。

國立中山大學文史研究所月刊 國立中山大學文史研究所編輯。民國二十二年一月創刊。收一期卷一，二期。

國際文化雜誌 國際文化雜誌社編輯。神州國光社代售。民國二十二年四月創刊。收創刊號。

現代文化 南華書店發行。民國十七年八月創刊。收一卷一期。

現代學生 孟壽椿劉大述主編。大東書局發行。民國十九年十月創刊。收一卷一期至三卷二期，缺二卷十，十一，十二期。

現代文藝 葉靈鳳主編。現代文藝社發行。民國二十年四月創刊。收一卷一期，二期。

現代月刊 北平現代月刊社編輯兼發行。民國二十年七月創刊。收一卷一期至五期又二卷一期，二期。

現代學術 現代學術月刊社編輯。文華圖書印刷公司發行。民國二十年八月創刊。收一期，二期。

現代史學月刊 國立中山大學史學研究會編輯兼發行。現代書局出售。民國二十一年十月創刊。收一卷一期至四期。

浙江省立圖書館月刊 一卷一期至二卷六期。

海潮音　海潮音雜誌社編輯。續前編收十一卷六期至十四卷一號。

十二畫

掌故叢編　北平故宮博物院圖書館掌故部編輯。續前編收四輯至第十輯。

朝華月刊　天津女子師範學院朝華編輯部編。民國十八年十二月創刊收一卷一期三卷一期。

無錫國專學生自治會季刊　無錫國專學生自治會編輯。民國十九年十二月創刊。收一又二十二年一册又校友會集刊第一集。

無錫圖書館協會會報　無錫圖書館協會編。民國二十一年七月創刊。收一期至三期。

廈大週刊　廈門大學週刊部編輯。收十一卷十五期至十二卷二十期。

廈大學報　廈門大學編輯委員會編輯，事務處販賣股發行。民國二十一年十二月創刊。收一期至三期。

廈門圖書館聲　思明公立廈門圖書館編輯兼發行。民國二十一年一月創刊。收一卷一期至二卷八期。

進展月刊　北平進展月刊社編輯。民國二十年八月創刊。收一卷一期至二卷十二期。

創化雜誌　上海中國文化協會編輯。民國二十一年五月創刊。收一期至三期。

詞學季刊　龍沐勛先生主編。民智書局出版。民國二十二年四月創刊。收創刊號至三號。

十三畫

齊大月刊 山東齊魯大學編輯。續前編收一卷三期至二卷七期。

齊大季刊 齊魯大學編輯。民國二十一年十二月創刊收第一期，二期。

搖籃 上海復旦大學外國文學系出版。民國二十年一月創刊。收第一期。

微音月刊 蔡慕暉主編。民國二十年三月創刊。收一卷一期至三卷三，四期。

當代文藝 陳穆和主編，神州國光社出版，民國二十年七月再版。收一卷一期至二卷一期。

新月月刊 上海新月書店編輯。續前編收三卷三期至四卷七期。

新亞細亞月刊 南京新亞細亞月刊社編輯。十九年十月創刊。收一卷一期至六卷三期

新學生 上海光華書局出版。民國二十年創刊。收一期，二期。

新中國 上海新中國雜誌社編輯兼發行。民國二十二年十二月出版收一期至三期。

新中華 上海新中華雜誌社編輯。中華書局發行。收一卷十一期至二卷三期。

新時代半月刊 武漢大學時代社編輯兼發行。民國二十年五月創刊。收三卷一期至四卷五期，每卷六期。

新時代月刊 曾今可主編上海新時代月刊社發行。民國二十年八月創刊。收一卷二期至四卷一期（詞解放專號）

塞魂 通訊處綏遠省立第五小學劉幼塵轉。民國二十二年三月出版•收一卷三期至十期。

十四畫

圖書館學季刊　中華圖書館協會編輯兼發行。續前編收四卷一期至七卷三期，缺六卷三期。

輔仁學誌　北平輔仁大學編。續前編收二卷二期。至三卷一期

睿湖　燕京大學國文學會編。民國十八年六月創刊。收第二期。

廣學中山大學文史研究所輯刊　廣州國立中山大學研究所發行。民國二十年七月創刊。收一卷一期。

劇學月刊　徐凌霄主編。南京戲曲音樂院北平分院研究所發行。民國二十一年一月創刊收一卷十一期又二卷一期至十一期。

十五畫

樂藝　上海商務印書館出版。續前編收二期至六期。

橄欖月刊　南京綫路社編輯兼發行。民國十九年創刊。收十一期至三十六期。

暨南大學文學院集刊　暨南大學集刊編輯委員會編輯。民國二十年一月出版。收一，二集。

十六畫

學藝雜誌　上海中華學藝編輯，商務發行。續前編收十卷六期七號，缺十二卷一號至十三卷一號。

學術雜誌　吳宓主編，中華書局發行。續前編收六十七期至七十五期，又七十八期。

學文 北平圖書館等處代售。民國十九年十一月創刊。收一期至五期。

學舌 錢稻孫主編，壽泉東文書店出版。民國十九年五月創刊。收一卷一，二期。

學風 安徽省立圖書館編印兼發行。民國十九年十一月創刊。收一卷一期至二卷九，十期至四卷一期。

學術月刊 上海國立暨南大學學術月刊社主編。民國二十二年五月創刊。收創刊號至三號。

燕京學報 燕京大學出版。續前編收八，九期至十三期。

燕大月刊 燕京大學月刊部編輯。收五卷四期至八卷三期。

燕京大學圖書館報 燕京大學圖書館編。收一期至三十七期。

嶺南學報 廣州私立嶺南大學嶺南學報社編輯。收二卷一期至四期。

勵學 河南大學勵學社編輯。民國十八年創刊。收一期至三期。

勵學 國立山東大學勵學社編輯印行。民國二十二年十二月出版。收一期。

醒鐘月刊 民國學院出版課編輯。民國二十年七月創刊。收一期至四期。

獨立評論 北平獨立評論社編輯。民國二十一年三月創刊。收一期至二十一期。

十七畫

禮俗　女師大研究所民俗組編輯。民國二十年四月創刊。收一期至十期。

戲劇月刊　劉豁心編。收二卷二期至三卷十一期。

戲劇叢刊　北平國劇學會編輯兼發行。民國二十一年一月創刊。收一期，三期缺二期。

十八畫

歸納學報　重慶歸納學報社編輯。民國二十年四月創刊。收一期。

歸納雜誌　上海歸納雜誌社編輯兼發行。民國二十年四月創刊。收一期。

十九畫

藝林　南京中央大學藝林旬刊社編輯。續前編收十一期至二十一期。

藝觀　中國藝術學會編輯。民國十八年三月創刊。收一期至五期。

藝術　上海美術用品社出售。民國二十二年一月創刊。收一，二號。

二十畫

讀書月刊　國立北平圖書館月刊編輯部編輯兼發行。收一卷一期至二卷九期。

讀書雜誌　王禮錫等編。神州國光社出版。民國二十年四月創刊。收一卷一號至七號

讀書中學

彭信威等編輯，上海神州國光社發行。民國二十二年五月一日出版。收一卷一期至四期。

國學論文索引三編目録

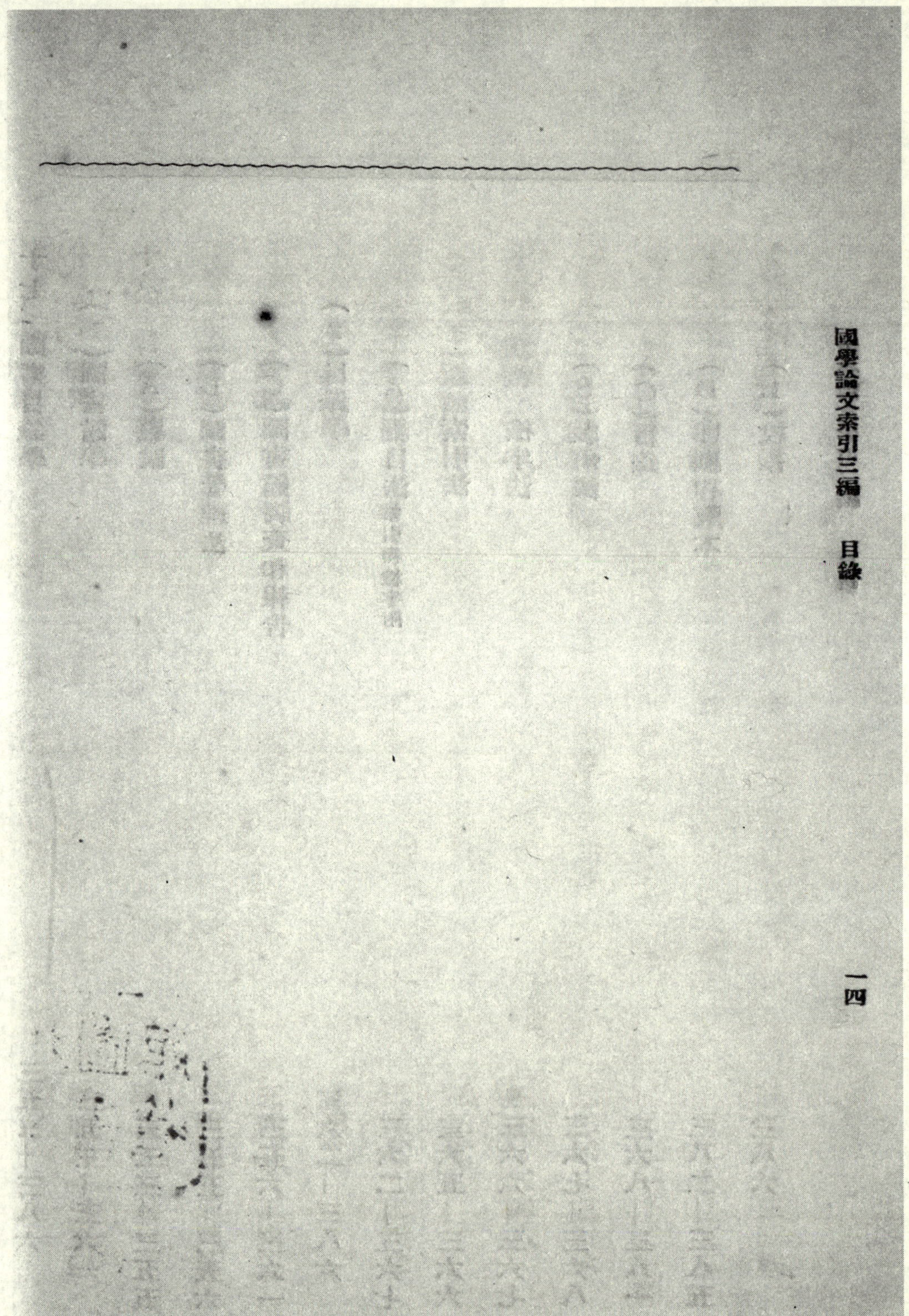

國學論文索引三編

一　總論

國學基本書目舉要　琴　春筝一卷一期

談談所謂國學問題　白交　文社月刊二卷十册

國故研究者　聖陶　文學週報二二八期

國學研究法　鄭寞　唯是第一册，二册

研究國故應有的基本知識與應備的工具書　姜亮夫　青年界第一卷三期

治學的方法與材料　胡適　小說月報二十卷一號

論研究國學之途徑　恬廬　公教青年會季刊二卷二期

論今日治國學者所應改良之十大方針　陸達節　唯是第二册

論近代國學　徐英　青鶴雜誌一卷八期

學藪與國學　汪辟疆　時代公論十一號

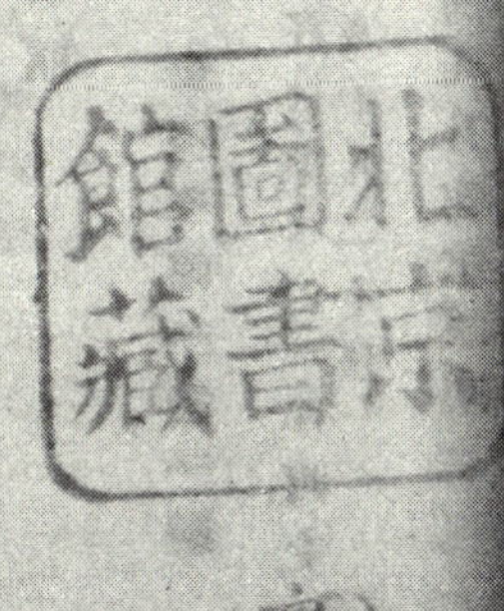

怎樣才能整理國故　徐炳昶　天津益世報學術週刊(十八年四月二十日，五月六日)

蜆私軒與友人論學書　姚永樸　安徽大學月刊一卷一期

原學　完璞　金陵女子文理學院年刊二十一年

中國古代的幾個生殖力象徵　李涵泉　齊大季刊二期

先秦的論戰　楊寬　大陸雜誌一卷八期
—中國學術史有價值的一頁—

中國文化的搖籃　周容　世界旬刊十八期

歐人之漢學研究　朱滋萃譯　中法大學月刊四卷一期至四期
內容：(1)緒論，(2)古代和中世紀初期關于中國的知識，(3)中世紀後期阿剌伯人底中國知識，(4)蒙古人勃興時代關于中國的知識，(5)第十四，五世紀歐世的中國知識，(6)東印度航路底發見和歐人東航傳教師底中國研究和漢學底成立。

歐洲各國對於中國學術之研究　法國馬古烈講　史學一卷一期

西人研究中國學術之沿革　日本田中萃一郎著　王古魯譯　金陵學報一卷一期

古羅馬大哲人聖奧斯定與中國學術界　盧伽　大公報文副一百三十八，一百四十五期(十九年九月一日及十月二十日)

中國古書的眞僞　瑞典高本漢著　陸侃如　馮沅君合譯　師大月刊第二期

學術史料攷證法　劉汝霖　女師大學術季刊二卷二期

學術沿革之概論　高旭　國學叢選第五集

中國學術論略　胡韞玉　國學叢選第十五，六集

古代學術之淵源　郭熙　協大季刊第一期

周代列國之民食政策及諸家之學說　馮柳堂　東方雜誌二十八卷四號

先秦時代學術思想發達之原因　汪秀英　朝華月刊二卷一，二合期

西漢思想概要（續）　劉澤民　南開週刊八十五期

漢唐學論　黃侃　中大季刊一卷四期

清代三百年思想的趨勢　陳鐘凡　暨大文學院集刊第一集

清代學術源流概略　羅振玉講　韓悅譯　東北叢鐫十八期

按：本篇係羅氏在大連圖書館之長期講演詞，原文載在日本東亞雜誌三卷八，九兩號內。

近二十年來中國思想界的轉變及學術的進展　陳鐘凡先生講　宋琴心筆記　協大學術第二期

最近中國學術思潮之變遷　紱廬　廈大週刊二百三十五期

浙江學術源流攷　碧遙　大陸雜誌一卷二期

近代西江流域學術思想之探溯　祜蓀　南方雜誌二卷四期　再生雜誌二卷一期

中國哲學史(上卷)　素癡　大公報文副刊一百七十六期，一百七十七期(二十年五月二十五日)

致馮友蘭書　胡適　大公報文副刊一百七十八期(二十年六月二日)

中國哲學史中幾個問題—答適之先生及素癡先生　馮友蘭　大公報文學副刊一百七十八期(二十年六月二日)

中國哲學通論　黃建中　唯是第一册，二册，三册

中國古代哲學思想之發生　王正已　師大國學叢刊一卷三期

中國古代哲學之政治社會的背景　馮友蘭　天津益世報副刊(十九年二月七日，十日)

中國中古近古哲學與經學之關係　馮友蘭　清華週刊三十五卷一期

國文金鍼　姚文概　民彝雜誌一卷六期

讀國文的方法　黃樂三　文社月刊二卷二册

關於國文的學習　夏丏尊　中學生月刊十一號

中學國文教學的目的　汪馥泉　微音月刊一卷一期

從中學國文說到大學國文　孫俍工　新學生創刊號

國立北京大學研究所整理國學計劃書　唯是第三册

二 經類

(一)通論

論經名之由來　張壽林　睿湖第一期

經學抉原處遠論　蒙文通　史學雜誌二卷四期，五，六合期

章太炎先生講「經學」　張如愈　翁衍楨合記　無錫國專季刊二十二年一冊

重論經今古文學問題　錢玄同　國學季刊三卷二號
—重印新學僞經考序—

南宋九經考　張汝舟　學風三卷八期

七經問答　姚永樸　民彝雜誌一卷八期，十一期，十二期

十三經問答　姚永樸　民彝雜誌一卷十期

六經之傳說記　呂思勉　光華大學半月刊一卷四期

六藝　呂思勉　光華大學半月刊一卷三期

「讀經救國」　吳稚暉　國語週刊十八期

「讀經問題」解嘲　黎錦熙　國語週刊二十四期，二十五期，二十六期

十四年的「讀經」　魯迅　猛進三十九期

朱彝尊經義考　翁衍相　文華圖書科季刊三卷四期

(2)石經

漢熹平石經周易殘字跋　劉節　燕京學報第十一期

漢石經碑圖叙例　張國淦　國聞週報八卷二十二期，二十四期，二十六期，二十八期，三十期，三十二期，三十四期，三十九期，四十期，四十四期

新出土僞熹平石經尙書殘碑疏證　吳承仕　中國大學叢編第一期五册

證漢熹平石經後記眞僞考內的自行更正　陳子怡　女師大學術季刊二卷一期

正始石經尙書堯典殘字跋　羅振玉　北平圖書館館刊五卷一號

漢石經考提綱　附影本　張國淦　河北第一博物院八期
—錄自歷代石經考—

(3)易經

周易哲學　高硼莊　建國月刊四卷六期

讀易剳記　龔詠　唯是第二册

易述　胡遠　中央大學文藝叢刊一卷一期

易傳探源　李鏡池　史學年報一卷二期

周易說卦傳發微　許岱雲　無錫國專校友集刊第一集

與顧頡剛師論易繫辭傳觀象制器故事書　齊思和　史學年報第三期

易圖書學傳授考源　高明　中央大學文藝刊一卷一期

嵩園讀書記之四——刋古周易訂詁　黃仲琴　嶺南學報二卷三期

熊經神先生周易還原定本序　王承霖　國學叢選十二集

易學探原經傳解序　蔣維喬　青鶴雜誌一卷一號

（4）書經

尙書誼略　姚永樸　民彝雜誌一卷六期至十二期　連期刊登

堯典的研論究　衞聚賢　史學年報一卷二期

三江徵實記要　陳愼登　安徽大學月刊一卷一期

禹貢三江說辨　陳愼登　徐炎東　學風三卷五期

商書今譯之一——湯誓　沈維鈞　清華週刊三十七卷十一期　史學年報四期

湯征之始地考　張熏瑞　國立中山大學語言歷史研究所週刊十集一一九期

尚書洪範考　汪震　北平晨報學園二十六號（二十年一月二十四日）

與陳斠玄討論泰誓年月書　陳石遺　暨大文學院集刊第二集

尚書泰誓年月今古文異說考　陳鐘凡　暨大文學院集刊第二集

尚詩篇目異同攷　魏應麒　國立中山大學語言歷史學研究所週刊九集一〇四期

尚書今古文篇目眞僞攷　沈延年　河南中山大學文科季刊第一期

尚書今古文說　胡韞玉　國學叢選第十五，六集
內共十節：（一）今文篇目，（二）今文傳受，（三）眞故篇目，（四）眞故傳受，（五）僞古文篇目，（六）僞文晉傳受，（七）僞故駁議與定讞，（八）眞古文學復興，（九）眞古文駁議（十）著者意見。

尚書古文今文辨　許新堂　民彝雜誌一卷八期

尚書今古文通釋　朱大可　歸納雜誌二期

尚書傳王孔異同攷　吳承仕　中大國學叢編一期一冊至五冊連期刊登，又二期一冊，二冊

尚書餘論提要　段凌辰　弧與第一期

（5）詩經

詩三百首的新分類　楊蔭深　讀書中學一卷二號

詩經的鳥瞰　儲皖峯　浙江大學文理科專刊四期

內容：（1）來討刪詩說起於漢人（2）詩序係東漢衞宏所作，（3）詩經時代的起訖，（4）詩經產生的地域，（5）詩經的體製。

先秦儒家詩敎之演變　耐　采社雜誌第六期

詩經制作時代攷　陳鐘凡　學藝十卷一號

詩經作者縭略　高芒　清華週刊四十卷十期

詩經中時代思想的幾種表示　袁湘生　搖籃一卷一期

詩經時代的女性生活研究　李建芳　新創造半月刊第二期

三百篇中時代的大概丰姿　曾憲雄　南開一〇八期

國風裏的女性描寫　授衣　晨星第四期

解詩擧例　王禮錫　讀書雜誌一卷一號，二號，六號

釋「四詩」　張壽林　北平華北日報徒然副刊（十八年三月十二日，十九日）

按：所謂四詩，卽南風雅頌

詩的賦比興談　楊佩瑛　采社雜誌第六期

詩的歌與誦(上)　俞伯平　東方雜誌三十卷一號

談談詩經　胡適　藝林十八期，十九期

寄胡適之書　儲皖峯　浙江大學文理科年刊第二期
按：係關於詩經的討論

詩毛氏學　馬其昶　民彝雜誌一卷十一期、十二期

毛詩研究篇　邱棼艮　新時代半月刊三卷二，三期合刊

讀毛詩　非厂　北平晨報藝圃(二十年四月二十一日)

讀毛詩續記　非厂　北平晨報藝圃(二十年四月二十九日，三十日五月一日，二日，三日，四日，五日)

毛詩序之背景之與旨趣　顧頡剛　國立中山大學語言歷史研究所週刊十集一二〇期

詩大序小序辨　許新堂　民彝雜誌一卷八期

詩序非衛宏所作說　黃節　清華中國文學會月刊一卷二期

周南召南攷　劉節　河南大學文學院季刊二期

周南新解　胡適　青年界一卷四期
目次：(1)關雎，(2)葛覃，(3)卷耳(4)樛木，(5)螽斯，(6)桃夭，(7)兔罝，(8)芣苢(9)漢廣，(10)汝墳，(11)麟之趾。

毛詩周南經序傳箋文例略說　段凌辰　孤興第一期

二南之修辭　李文瀛　清華中國文學會月刊一卷二期

鄭衛風裏的愛情描寫　冰心　世界旬刊九期

一篇表現婦女生活的古詩　黃石　婦女雜誌十七卷七號

——詩經鄭風溱洧——

讀秦風　姚永樸　民彝雜誌一卷一期

豳風豳雅豳頌辨　許新堂　民彝雜誌一卷八期

關雎　張壽林　北平華北日報徒然副刊（十八年四月三十日）

——浮翠室詩之一——

關雎之研究　梁造今　文學叢刊第一集

樛木　張壽林　燕大月刊六卷一期

——浮萃室詩說之四——

論三百篇中的兩篇合歌　張壽林　北平晨報學園九號，十號，十一號，（十九年十二月二十九日，三十日，三十一日）

——「式微」「雞鳴」——

毛詩豳風七月篇用歷攷　郭清寰　清華週刊三十六卷十二期

齊詩大小雅分主八節說　劉師培　唯是第一冊

讀小雅　林紓　民彝雜誌一卷五期

商頌攷　張壽林　睿湖第二期

讀詩劄記　高夔　國學叢選第一二集合刊，至六集連集刊登

葺芷繚衡室讀詩札記七　俞伯平　清華週刊三十八卷四期

三百篇主述例文句例　黎錦熙　師大月刊第二期

三百篇之「之」　黎錦熙　燕京學報八期

詩三百篇「言」字新解　吳世昌　燕京學報十三期

三百篇聯綿字研究　張壽林　燕京學報十三期

詩經語詞表　李孟楚　國立中山大學語言歷史學研究週刊第十一集第一期至四期，連期刊登

三事大夫說　林義光　中國大學叢編一期一冊

關于讀經通論及詩的起興　何定生　國立中山大學語言歷史研究所週刊九集九十七集

休寧戴氏詩經補注題記　張壽林　燕京大學報三十九期

重刻詩疑序　顧頡剛　睿湖第二期

詩毛氏學序　姚永概　民彝雜誌一卷十一期

詩毛氏學序　馬其昶　民彝雜誌一卷十一期

日本竹添光鴻毛詩會箋序　江叔海　唯是第三册

論詩六稿自序　張壽林　北平華北日報徒然副刊（十八年一月十五日）

詩外傳一卷題記　莫天一　嶺南學報二卷二期

（6）禮

周禮五史辨　黃雲眉　金陵學報一卷一期

周官著作時代攷　錢穆　燕京學報第十一期
內容：（1）關于祀典，（2）關于刑法，（3）關于田制，（4）其他。

九夏三夏攷　許新堂　民彝雜誌一卷七期
按：九夏三夏均周時之樂章

八蜡考　許新堂　民彝雜誌一卷七期

任啓運宮室攷校記　闕鐸　中國營造學社彙刊二卷一期

儀禮「日用丁巳」辨　黨蘊季　河南大學文學院季刊二期
按句見「少牢饋食」

讀禮運　姚永樸　民彝雜誌一卷十一期

跋館藏明弘治本經禮補逸　辰伯　燕京大學圖報的十一期
按：禮經補逸九卷，之汪克寬著

跋經禮補逸　梧軒　清華週刊三十七卷九期
明弘治十年程敏政校刊本。

館藏批點本「禮記敬業」質疑　魏建猷　燕京大學圖報三十三期

程易疇儀禮經注疑直輯本序錄　吳承仕　中國大學叢編一期二冊

續禮禮徵文　陳邦懷　無錫國專校友會集刊第一集
內容：（1）殷以卒日爲祭日，（2）殷有告朔之禮，（3）殷有祼禮，（4）殷有醮祭之禮，（5）殷有冥丘之祭，（6）殷有禓祭。

(7)春秋

讀左繹誼　胡蘊玉　國學叢選第六集至第十四集連集刊登

春秋筆削微言大義攷　康有爲　不忍雜誌九冊，十冊

章太炎先生講「春秋」　盧景純記　無錫國專季刊二十二年一冊

春秋的本質與春秋的分裂　余德建　廈門圖書館聲二卷二至五期
內容：（1）古所謂春秋卽今之左傳國語，（2）春秋作者出於史官之推測。

春秋時觀念意態的轉變 王興瑞 現代史學一卷二期
—讀左傳筆記之二—

重印劉逢祿左氏春秋攷証書後 錢玄同 師大國學叢刊一卷二期

春秋騶夾今文辨 任銘善 中國文學會集刊一期
按：即漢書藝文志春秋騶氏夾氏傳

春秋左傳引詩異同攷 伍劍禪 歸納學報一卷一期

左傳引詩研究 李競西 無錫國專季刊二十二年一冊

公羊權論 徐霞 無錫國專校友集刊第一集

穀梁不傳春秋證 張西堂 學文一卷三期

公羊穀梁爲卜商或孔商訛傳異名攷 杜鋼百 武大文哲季刊三卷一號

敦煌左傳殘卷校記 越致 藝觀第四期

北齊人書左氏傳跋 揚守敬 圖書舘學季刊七卷一期

春秋董氏學序 康有爲 不忍雜誌九冊，十冊

公羊穀梁微序例 李源澄 國風半月刊三卷六號

(8)四書附孝經

論語述義　姚永樸　民彝雜誌一卷四期至十二期連期刊登

論語說　朱士煥　民彝雜誌一卷十期

論語雜說　錢理　學衡七十三期

論語論學通釋　沈恚儒　朝華月刊二卷三期

論語之君子觀　黃源澂　無錫國專季刊二十二年一册

『無友不如已者』句的辨證　韓鐼　學風二卷一期

跋論語微言述稿本　侯雲圻　燕京大學圖報三十六期

讀論孟隨筆　王有宗　大陸雜誌一卷八期

大學詛詁　馬其昶　民彝雜誌一卷一期，三期

讀大學　姚永樸　民彝雜誌一卷十期

大學　馬叙倫講　焦步青記　北大學生週刊一卷十期

關于大學中庸中「誠」字之新解　張時雍　塞魂八期，九期，十期

大學王註讀　歐陽漸　國風半月刊八號

大學王註讀叙　歐陽漸　國風半月刊六期

中庸誼詁　馬其昶　民彝雜誌一卷一期，三期，四期，五期

中庸解　鮑瑛　民彝雜誌一卷十期

讀中庸　姚永樸　民彝雜誌一卷十期

中庸講義　袁金鎧　民彝雜誌一卷四期，五期

中庸讀叙　歐陽漸　國風半月刊五號

中庸羣治實理序　鮑瑛　民彝雜誌一卷十期

孝經誼詁　馬其昶　民彝雜誌一卷一期，二期，三期

三　小學

(1)通論

近三十年來中國治文字學者的派別及其方法　鄭師許　學藝十二卷一號

研究中國文字的方法　姜亮夫　青年界四卷五期

中華民國現在通行文字　華石斧遺著　河北第一博物院月刊三期

中國文字學是什麽　聞宥　國立中山大學語言歷史學研究所週刊九集一〇一期

中國文字之將來　日本山木憲著　杜亞泉譯　東方雜誌八卷一號

中國文字的前途　李冰如　前途一卷二期

中國語言文字之改進問題　沈德建　暨大文學院集刊第一集

中國文字的特性　徐銀來　夜光二號

中國古文字裏所見的人形　王師韞　國立中山大學語言歷史學研究所週刊第十一集第一二五至一二八期合刊

中國文字的源流　姜亮夫　青年界四卷三期

中國文字的組織　姜亮夫　青年界四卷二期

漢字變遷之大勢及今後應有之改良　閔中一　浙江大學文理專刊四期
內容：（一）漢字變遷之大勢分三節．（1）字形由繁而簡，（2）字數日見增多，（3）造字之法由形而意而音，（二）今後應有之改良——力求簡化。

說理學與文字之關係　唐文治　無錫國專校友集刊第一集

華夏文字變遷表（附說明）　華石斧遺著　河北第一博物院半月刊一期，二期

華夏文字支衍表（附說明）　華石斧遺著　河北第一博物院半月刊五期

語言學與古中國　高本漢著　潘尊行譯　中大文史研究所輯刊一卷一册

言語和中國文字二者起源的比較　林語堂著　作銘譯　清華週刊三十七卷一期

匈牙利政府派遣語言學專家來甘肅蒙古攷察　仲安　天津益世報學術週刊（十八年一月二十一日）

中國言語之變遷——以『把』字爲證　黎錦熙　師大月刊六期
內容：（1）『把』之本意——手持也，（2）『把』之引申，以狀一手所握也，（3）『把』漸虛用，則爲用也，將也以也，（4）『把』之用更虛，則猶將也，所將先乎動而動所及也。

中國近代語研究提議　黎錦熙　北平華北日報（十八年一月六日，七日，八日）

高本漢的中國語言學說　張世祿　暨大文學院集刊第一集

讀高本漢之中國語與中國文　陳定民　中法大學月刊一卷五期

文字學隨筆　周熙　尙志週刊一卷二十四期，二十五期

古文變遷論　胡光㷀講　曾昭𤅷錄　中央大學文藝叢刊一卷一期
內容：（1）中國古代文化之分期，（2）中國文字發生與古史年代，（3）中國文字成熟之分期，（4）花文與文字相應之變。

字源　谷霽光　清華週刊三十九卷十一號，十二號

學文溯源續稿　吳秋輝　國學彙編第一册

漢儒識古文考上　章炳麟　中大國學叢編第一期五册

古文六例　章炳麟　中央大學文藝叢刊一卷一期

羲敎鉤沈　華石斧遺著　河北第一博物院半月刊四期至四十八期連期刊登
按：卽伏羲十言之敎，內容皆解析古代金石器所刻之文字。

商周字例自序　戴家祥　藝觀第三期

晚周古籀申王靜安先生說　郭紹虞　文藝雜誌第一期

王安石字說源流考　劉銘恕　師大月刊二期

黃季剛先生與友人論治小學書　黃季剛　唯是第三册

漢字中之拼音字　林語堂　中學生月刊十一號

簡易字概說—俗所謂簡筆字　許意芬　北平長報藝圃（二十年一月十一，十三，十四，十七，十八，二十五，二十六日）

疊字語　許憲芬　北平長報藝圃（二十二年五月十二日）

隸草書的淵源及其變化　沙孟海　國立中山大學語言歷史學研究所週刊第十一集第一二五至一二八期合刊

慧琳一切經音義中之異體字　陳定民　中法大學月刊三卷一期至五期連期刊登，又四卷四期

內容：(1)形聲之音符換置例，(2)形聲字之意符換置例，(3)形聲之音符與意符顚置例，(4)同音段借例，(5)義近段借例，(6)省繁例，(6)增筆例。

千字文考　伯希和撰　馮承鈞譯　圖書館館學季刊六卷一期

宋拓石本歷代鐘鼎彝器款識法帖殘葉跋　徐中舒　國立中央研究院歷史語言研究所集刊第二本第二分

篆隸萬象名義部目校記　葛天民　北平圖書館館刊五卷二號

宋刊漢隸字源跋　傅增湘　國立北平圖書館館刊六卷一號

校宋本漢隸跋　葉德輝　圖學季刊第六卷第一期

桂何隸續釋評校　葉啓勳輯　金陵學報一卷一期

(2)六書

六書論略　S.W.H.　采社雜誌五期，六期

六書次第說　劉大白　世界雜誌一卷五期

六書名稱與次第之研究　陳冠一　中國出版月刊五期

六書無先後次第說　魏世珍　文藝雜誌第二期

六書轉注錄甄微　劉昐遂　學文一卷二期

轉注論　孟堅　文學叢刊第一集

轉注篇　魏世珍　文藝雜誌第一期

轉注問題蠡測　吳予天　學藝雜誌十二卷十號，十三卷一號

引伸元和氏「轉注說」　朱耆許　國風半月刊三卷一期，三期

中國新體形聲字母商榷　杜定友　新中華二卷三期，四期

與吳承仕論形聲條例書二則　章太炎　中大國學叢編二期二册

由埤雅右文證叚借古義　劉昐遂　學文一卷二期

商務印書館新字典書後　吳敬恆　東方雜誌九卷四號

商務印書館新字典序　蔡元培　東方雜誌九卷四號

辭通序　劉大白遺著　國立北平圖書館刊六卷六號

辭源說略　陸爾奎　東方雜誌十二卷四號

(3)甲骨文

甲骨學目錄並序　李星可　中法大學月刊四卷四期
內容：(一)序，(二)目錄分五節：(甲)纂錄，(乙)文字，(丙)文化，(丁)論述，(戊)目錄。

最近安陽殷墟之發掘與研究　周予同　中學生第九號
—「關於甲骨學」之續—

甲骨文研究的擴大　董作賓　國立中央研究院歷史語言研究所安陽發掘報告第二期

甲骨年表　董作賓　國立中央研究院歷史語言研究所集刊第二本第二分

論卦爻辭的年代　陸侃如　清華週刊三十七卷九期

商代龜卜之推測　董作賓　國立中央研究院歷史語言研究所安陽發掘報告第一期
內容：(1)弁言，(2)分論，(中又分爲十小節均關于龜甲之製法及用途)(3)結語。

骨卜考　瞿潤緡　燕大月刊八卷一期

龜甲　陳邦福　天津益世報藝術週刊(十八年五月十四日)

研究甲骨文字的兩條新路　聞宥　國立中山大學語言歷史學研究所週刊百期紀念號

殷墟文字之批判　飯島忠夫　鄭師許譯　大陸雜誌一卷十期

殷墟甲骨文字辨僞初論　陳松茂　厦門圖書館聲二卷三期

內容：(1)作僞之地域，(2)南北膺品之概況，(3)膺品之質料，(4)辨僞之方法。

甲骨文字中乂文之研究　聞宥　國立中山大學語言歷史學研究所週刊第十一集第一二五至一二八期合刊

殷墟文字用點之研究　商承祚　國立中山大學語言歷史學研究所週刊第十一集第一二五至一二八期合刊

大龜四版攷釋　董作賓　國立中央研究院歷史語言研究所安陽發掘報告第三期

內容：(一)介紹大龜四版，(二)釋一至四，(三)考，(考共分五節：計卜法，事類，文例，時代，種屬。)

鐵雲藏龜自序　劉鶚　學文一卷三期(附錄)

鐵雲藏龜序　吳昌綬　學文一卷三期

獲白麟解　董作賓　國立中央研究院歷史語言研究所安陽發掘報告第二期

獲白麟解質疑　方國瑜　師大國學叢刊一卷二期

獲白兕考　惠蘭　史學年報四期

新獲卜辭寫本後記　董作賓　國立中央研究院歷史語言研究所安陽發掘報告第一期

新獲卜辭寫本跋　余永梁　國立中央研究院歷史語言研究所安陽發掘報告第一期

新獲卜辭寫本後記跋　傅斯年　國立中央研究院歷史語言研究所安陽發掘報告第二期

上代象形文字中目文之研究　聞宥　燕京學報第十一期

(4)聲韻

中國音韻學史之鳥瞰　張世祿　東方雜誌二十八卷十一號

上古中國音當中的幾個問題　高本漢著　趙元任譯　國立中央研究院歷史語言研究所集刊第一本第三分

原文為 Problems in Archaic Chinese by Bernhard Karlgren 見 Jann alofthe Rayal Asiatic Society Oct.1928

許氏說音　許桂林　中大國學叢論一期三冊，四冊，五冊，二期二冊

內容目次：冊一音譜，冊二音譜叢說，冊三說古音，說方音，說叶音，冊四說切音，二期二冊說古韵

中國古韻學述要　王國銓　北大學生一卷五期，六期

古韻學的面面觀　王國銓　北大學生一卷三期

內容：(1.)緒論，(2.)研究古韻必要，(3.)古韻學成立的由來，(4.)研究古韻的工具和方法，(5.)古韻的時代性，(6.)結論。

古聲同紐之字義多相近說　劉賾　武大文哲季刊二卷二號

「古合韻」辨　余謇　廈門大學學報一卷一期
—評段玉裁「合韻」說—

論古韻四事　章炳麟　中大國學叢論一期四冊
內容：(1.)論古韻部有侵無冬，(2.)論支脂之三部當以支微咍三韻爲正音，(3.)論質櫛屑一類當以質字標目，(4.)論侵以下九韻與緝以下九韻古音本自相轉。

支脂之三部古讀攷　林語堂　國立中央研究院歷史語言研究所集刊第二本第二分
內容：(一)支脂之古分三部發明的歷史，(二)過去音韻家對于三部音讀的推測，(三)之咍部的音轉，(四)之古讀ï，咍古讀əï說，(五)歐珂羅倔倫之部收G音說，(六)脂部古讀收-i,-e音，(七)支古讀ia,ie音說

魏晉南北朝之支脂三部及東中二部之演變　王越　國立中山文史學研究所月刊一卷二期

喻母古讀攷　方景略　安徽大學月刊一卷一期

七音略述　S. W. H　朵社雜誌第六期

音理餘論　黃際遇　河南大學勵學第一期

音論質疑　楊亮功　河南大學勵學第一期

音學四種自序　徐昂　國風半月刊八號

類音跋　劉文錦　國立中央研究院歷史語言研究所集刊第一本第四分
按：「類音」係潘耒著

韻統舉例　羅福成　國立北平圖書館館刊四卷三號（西夏文專號）

聲韻通例　黃侃　唯是月刊第一冊，二冊

聲韻同然集殘稿跋　羅常培　國立中央研究院歷史語言研究所集刊第一本第三分
按：「同然集」係清楊選杞作

韻語劄記　客天　春笋二卷一期

關于中國文字學聲韻部之一得　王熙豐　民彝雜誌一卷四期，五期

偏旁音韻辨歧法　吳邦憲　中學生月刊十四號

秦漢字書言反切攷　尹桐陽　民彝雜誌一卷四期

文字語言中反切的証明　周幹庭　齊大月刊二卷二期

中國古音之系統及其演變（附國音古音之比較）高本漢著　王靜如譯　國立中央研究院歷史語言研究所集刊第二本第二分
按：本篇係譯自B. K.：Analytic Dictionary of Chinese and Sino-Japanese書中引論第二章原文名The Phonetic system of Ancent Chines (Tsie Jün) 1923

跋高本漢的上古中國音當中幾個問題並論冬蒸兩部　王靜如　國立中央研究院歷史語言研究所集刊第一本第三分

北音入聲演變攷　白滌洲　女師大學術季刊二卷二期

從反切到拚音　白滌洲　國語週刊五十七期至六十二期連期刊登

從日本譯音研究入聲韻尾的變化　張世祿　國立中山大學語言歷史研究所集刊九集九十九期

陰陽入三聲攷　魏建功　國學季刊二卷四號

科斗說音　魏建功　女師大學術季刊二卷二期

章炳麟黃侃往來論韻書　章炳麟　黃侃　金陵學報一卷一期

廢除四聲論　余慤　學藝十卷五號

古舌音端透定三母混用說　王瀛波　河南大學文學院季刊二期

中國入聲之地理的研究　後藤朝太郎著　閩宥譯　嶺南學報二卷一期

耶蘇會士在音韻學上的貢獻　羅常培　國立中央研究院歷史語言研究所集刊第一本第三分

附錄：「耶蘇會士在音韵上的貢獻年表」「金尼閣音經緯全局與利瑪竇注音合表」

語病與標音　馬益堅　民俗九十一期

陰陽橋　魏建功　北大學生一卷一期

來紐明紐古複輔音通轉考　吳其昌　清華學報七卷一期（文哲學號）

內容：括二紐爲六類，以証實之：（1）以形聲証之，（2）以校勘証之，（3）以訓詁証之，（4）以方言証之，（5）以聯詞証之，（6）以複名証之。

說「梧」「樻」聲例　吳其昌　無錫國專校友集刊第一集

形聲與聲類說　周兆沅　中大國學叢編一期二冊

古音無『邪』紐證　錢玄同　國學叢刊一卷三期

關於臻櫛韻的討論　劉學濬譯　國立中央研究院歷史語言研究所集刊第一本第四分

下馬古音攷　立身　清華週刊三十七卷五期

楚詞音韻　周幹庭　齊大月刊一卷六期，二卷一期

李氏音鑑的周圍　趙蔭棠　國語週刊五十五期，五十六期，

國音聲母的前身　隱名　國語週刊六十五期

按：李汝珍所作「音鑑」，中一首「行香子詞」，又稱松石字母即國音母的前身。

(5)方言

方言攷　崔驥　圖書館學季刊六卷二期

續新方言　方景略　安徽大學月刊一卷三期，四期

此篇所述一依章太炎「新方言」舊規，而大率根據壽縣方言，其采用他處則注明地域。

新方言雜記　王綸　國風半月刊三卷五期

茲編所述，即續章氏太炎「新方言」之作，因全書未畢，暫不分類，故名新方雜記

楚語拾遺　劉賾　武大文哲季刊一卷一期

漢中方言記要　薛博侖　春笋一卷二期，二卷一期

廣方言　周兆沅　中大國學叢編一期三册，四册，五册

廣方言自叙　周兆沅　中大國學叢編一期三册

晉代方言攷　朱芳圃　東方雜誌二十八卷三號

山西聞喜縣之方言　崔盈科　國立中山大學語言歷史學研究所週刊九集一〇六期

山東仍帶古音的土語　周幹庭　齊大月刊一卷八期

河間方言一斑　張詢如　國語週刊五十五期，五十六期，五十七期

齊東語　丁惟汾　山東省立圖書館季刊一集一期

閩音研究　陶燠民　國立中央研究院歷史語言研究所集刊第一本第四分

閩北方言述　翁國樑　國立中山大學語言歷史學研究所週刊十集一一〇期

厦門音系序　羅常培　清華中國文學會月刊一卷二期

京語銓釋　齊鐵恨　白滌洲　國語週刊十一期，十四期，十五期，十七期，十九期，二十三期，二十四期

北平方音析數表　劉復　國學季刊三卷三號

廣西凌雲猺語　李方桂　國立中央研究院歷史語言研究所集刊第一本第四分

西夏語研究小史　蘇俄聶斯克著　國立北平圖書館館刊四卷三號

西夏文漢藏譯音釋略　王靜如　國立中央研究院歷史語言研究所第二本第二分

匈奴語言攷　方壯猷　國學季刊二卷四號

鮮卑語言攷　方壯猷　燕京學報第八期

中亞新發現的五種語言與支白安康尉遲五姓之關係　馮承鈞　大公報文學副刊一百四十一期（十九年九月二十二日）

女眞文之研究資料　錢稻孫　學舌一卷一期

女眞文字之起源　毛汶　史學年報第三期

滿洲文字之來源及其演變　李德啓　國立北平圖書館館刊五卷六號

諺語之研究　任訪秋　禮俗第六期，七期

胡樸安俗語典序　高燮　國學叢選第十三期，十四期

關於諺語的報告和說明　杜同力　國語週刊第九期

中國之隱語　葉長青先生講　魏守謨記　無錫國專學生自治會季刊第一期

禽言攷略　陳振亞　無錫國專學生自治會季刊第一期

曾浩然轉語釋補序　高步瀛　東北叢鐫十四期

語林叢話　許蕙芬　北平晨報藝圃（二十二年二月一，三，六，八，十七，二十，二十一，十一，十二，十四，十五，十七，二十一，二十九日）十五日；三月三，四，十三，十四，二十二，二十九，三十一日；四月

明清學者對於方音研究的貢獻　羅常培　國語週刊六十九至七十一期連期刊登

（6）專著

（A）說文

說文解字部首刪正　何大定　國立中山大學語言歷史學研究所週刊九集一〇五期

跋王貫山說文部首表　劉昉遂　河南大學勵學第三期

說文示例　閆惕生　河南中山大學文科季刊第一期

說文義系叙例　吳廷諠　東北叢鎸十六期

上黃季剛師論文說重文書　劉昉遂　學文一卷四期

說文借體說　潘重規　武大文哲季刊二卷二號

說文異字讀出於同字同語攷　潘尊行　中山大學文史研究所輯刊一卷一冊

讀說文虫，蚰，蟲，三部札記　王善業　燕京學報第十一期

訂正說文　非厂　北平晨報藝圃（二十一年二月一日）

說文心部諸形聲會意字詮釋　徐復　金陵大學文學院季刊二卷一期

桐人？相人？　瞿潤緡——說文校訂之一——　文學年報一期

說文解字講記　馮振心　學藝雜誌十三卷一號

說文稽古篇　齊　大公報文副一百四十六期（十九年十月二十七日）

讀說文稽古篇　定民　北平晨報學園六十八號，六十九號，七十號，七十二號（二十四月二日，三日，四日，八日，）

叙丁氏說文解詁林補遺（附釋六書三事）　吳稚暉　大陸雜誌一卷二期，六期

說文解字詁林補遺自叙　丁福保　青鶴雜誌一卷四期

說文詁林補遺叙　吳敬恒　青鶴雜誌一卷三期

許愼說文解字叙講記　馮振心　學藝十二卷一號

(B)韻書

廣韻聲紐韻類之統計　白滌洲　女師大學術季刊二卷一期

切韵聲紐之商榷　張汝舟　學風三卷四號

切韻眞傳(節要)　傅漢亭　河南中山大學文科季刊第一期

反切起原攷略　龍笑雲　學風二卷八期

反切略說　鍾恩泰　文學叢刊第一集

經典釋文反語與廣韻切語異同攷　聞宥　中山大學文史研究所輯刊一卷一册

敦煌五代刻本廣韻殘葉跋　方國瑜　師大國學叢刊一卷二期

敦煌唐寫本切韵殘卷跋　方國瑜　女師大學術季刊二卷二期

梁沈約四聲譜唐釋神珙五音九弄圖釋　曾浩然　朝華三卷一期

陸法言切韵以前的幾種韵書　魏建功　國學季刊三卷二號
—敦煌本唐王仁煦「刊謬補缺切韵」目下注呂靜「韻集」，

夏侯詠「韵略」，陽休之「韵略」，李季節「音譜」，杜臺卿「韵略韵節攷目」——

唐宋兩系韵書體制之演變　魏建功　國學季刊三卷一號
—敦煌石室存殘五代刻本韵書跋—

重訂司馬温公等韵圖經述　趙蔭棠　北平晨報學園三八〇號，三八一號(二十一年九月二十二日，二十三日)

中原音韻研究　趙蔭棠　國學季刊三卷三號
內容分上下二卷，卷上：(1)中原音韵之佩興，(2)中原音韻之要點，(3)卓從之繼述，(4)南北混合之洪武正韻，(5)曲韵派，(6)小學派。卷下：(1)聲類(2)韻類及等呼，(3)原著標音。

中州韵流源攷　趙蔭棠　北平晨報學園十三號(二十年一月七日)

中州音韵的作者　杜璟　北平晨報學園一三七號(二十年七月二十三日)

中原音韻與中州音韵之比較　白滌洲　北平晨報學園十八號(二十年一月十四日，十六日)

關於中州音韻　趙蔭棠　北平晨報學園一四〇號(二十年七月二十八日)

中州音韻　趙蔭棠　北平晨報學園二五八號，二五九號(二十一年三月四日)
—各版本的關係與發生的次序—

中原音韻的ㄐㄑㄒ　趙蔭棠　中法大學月刊一卷五期

菉斐軒詞林要韻的作者　趙蔭棠　北平晨報學園六十七期(二十年四月一日)

元明清韻書考證之八　趙蔭棠　中法大學月刊一卷四期

讀葉秉敬韻表札記　趙蔭棠　中法大學月刊二卷三，四期合刊

關于韻略易通　趙蔭棠　禮俗第六期，七期

康熙字典字母切韻要法考証後記　趙蔭棠　北平晨報學園一一七號（二十年六月十九日）

段氏「六書音均表」補遺與正誤　周幹庭　齊大季刊二期

王石臞先生「韵譜」「合韵譜」遺稿跋　陸宗達　國學季刊三卷一號

(7)訓詁與釋字

古書疑義舉例續補　黨蘊秀　河南中山大學文科季刊第一期

王氏經傳釋詞志疑　裴學海　天津益世報副刊（十八年一月十二日）

最容易讀錯的幾個成語　劉文典輯　文學月刊三卷一期

讀書不易斷句亦亦難　伯因　大陸雜誌一卷五期

「引商刻羽雜以流徵」解　王易　中央大學文藝叢刊一卷一期

卜辭[illegible]即熒惑說　林義光　中大國學叢編一期四冊

[illegible]解　張鳳　暨大學院集刊第一集

[illegible]字說　戴家祥　國立中山大學語言歷史學研究所週刊十集一一一期
附錄「商周字例」「互易例」

[illegible][illegible]雜字　羅福成　國立北平圖書館館刊四卷三號

[illegible]字說　戴家祥　國立中山大學語言歷史學研究所週刊第十一集第一二五至一二八商合刊

帚矛說　董作賓　國立中央研究院歷史語言研究所安陽發掘報告四期
——骨臼刻辭的研究——

釋「爿」　吳予天　中國文學會集刊一期

釋「馭嫠」　董作賓　國立中央研究院歷史語言研究所安陽發掘報告第四期
內容：（1）釋馭，（2）釋嫠，（3）用「馭嫠」一詞的時代，（4）餘說。

釋「蔡」「殺」　國立中山大學語言歷史學研究所週刊十集一一四期

釋「尹」（陳邦懷）　無錫國專校友會集刊第一集

饕餮攷　鄭師許　東方雜誌二十八卷七號

群雅說　孫人和　中國大學叢編一期二冊

釋書詩之「誕」　吳其昌　燕京學報第八期

釋「慈」　楊樹達　中國大學叢編二期二冊

釋「醁」　楊樹達　中國大學叢編二期二冊

釋「亳」　呂思勉　光華大學半月刊二卷三期

釋「某」　陳定民　中法大學月刊二卷五期

「意怠」考　唐蘭　中大國學叢編二期二冊

「參商」略考　祁開智　安徽大學月刊一卷五期

「立」字質疑　商承祚　國立中山大學語言歷史學研究所週刊第十一集第一二五至一二八期合刊

說「弇」　孫海波　學文一卷四期

釋「身」　方國瑜　師大國學叢刊一卷第三期

釋「監」　繆調甫　國學彙編第一册

釋「歷」　陳定民　北平晨報學園三十號，三十一號（二十年一月三十日，三十一日）
中法大學月刊二卷三，四期合月

釋「睪」　王重民　北平圖書館館刊七卷一號

釋「示」　呉衡　齊大季刊一期

釋「眀瞿」　王瀛波　河南中山大學文科季刊第一期

釋「圭」　包樹棠　厦大週刊二百四十九期

者論古玉字像玉佩　江紹原　清華週刊三十八卷十二期

「𢦏」辨　胡韞椿　攷古學雜誌創刊號

釋「栽菑」　林義光　中大國學叢編一期二冊

釋「虞」「隅」「余」「俞」　吳秋輝　山東省立圖書館季刊一集一期

釋「因」「茵」「西」「囟」「茜」「目」「眉」「百」「宿」「㐰」「佨」「[illegible]」「臥」「[illegible]」等十四文　劉盼遂

河南大學勵學第三期　中大國學叢編一期三冊

釋夫子　欒調甫等　歸納學報一卷一期

說龍首　吳承仕　中大國學叢編一期三冊

說飛白　陳望道　微音月刊二卷二期

「剢」字解　徐中舒　國立中央研究院歷史語言研究所集刊第一本第四分

「昔宿」考　黃以仁　東方雜誌八卷一號

釋字通　周叔迦　中大國學叢編一期四冊，五冊

字說　商承祚　師大國學叢刊一卷二期

亡莫無慮同詞說　吳承仕　中大國學叢編一期一册

古甘口二字相通說　陳定民　中法大學月刊一卷四期

讀「古甘口二字相通說」後介紹中法大學月刊　不失　鞭策週刊一卷十五期

釋數篇　陳柱　暨大文學院集刊第一集

字馬考　梁岵廬　東方雜誌二十八卷十七號
按：係考核丨，〢，〣，X，幺，⊥，亠，亖，文，等淵字之源

十字說　譚戒甫　武大文哲季刊一卷三期

釋「一」　劉復　國學季刊三卷一號

『一』　黃際遇　河南大學勵學第二期

小學折中記　徐復　金陵大學文學院季刊二卷一期
論笑，白，黍，我，夌，婁，衣等字

「圖」新字的說明　編者　廈門圖書館聲五期

(8)國語

國語運動的暗礁　L.H.　國語週刊四期

國語研究會底年譜和我們底嚴重的聲明　黎錦熙　國語週刊一期

國音字母小史　汪怡庵講　天津益世報副刊（十八年三月九日，十四日）

國音字母與漢字革命　丁山　國語週刊十六期

國語ㄧㄙㄇ　黎錦熙　國語週刊三期，七期
內容：（一）釋題，（二）國語ㄧㄙㄇ與桐城派，（三）國語ㄧㄙㄇ與Esperantismo

國音字母ㄛ和ㄜ的商榷　馬國英　國語週刊刊十四期

談注音字母及其他　林語堂　國語週刊一期

關於ㄛ跟ㄜ底讀音　疑古玄同　國語週刊十四期

我所見到的用國音字母代替方塊字的可能性　谷鳳田　國語週刊十六期

漢字革命軍前進的一條小路　傅作楫　國語週刊六期

從中國文字的趨勢上論漢字（方塊字）的應該廢除　魏建功　國語週刊八期

中國語言簡化現象　天廬　國語週刊六十二期，六十三期，至六十四

注音符號公布前之簡字運動　賈尹耕　國語週刊五十三期，五十四期，至五十五期

國語羅馬字公布經過述略　黎錦熙　國學叢刊一卷三期

（d）文法與修辭

國文法五則　姚文概　民彝雜誌一卷六期

中國古代文法中關於「吾」「予」「我」　王雲渠　師大國學叢刊一卷三期

馬氏文通刊誤質疑　劉銓元　厦大週刊十一卷十二期，十三期，十四期，十六期

談中英文法比較　張煦　文學月刊一卷二期

修辭論　徐翔　微音月刊一卷一期

修辭與修辭學　陳望道　微音月刊一卷六期

說跳脫與節縮　陳望道　微音月刊二卷三期

語助詞研究　陳定民　中法大學月刊四卷一期

內容：（1）總論，（2）界說，（3）語助詞的分類，（4）語助詞之源始及其演變。

助字語　許蕙芬　北平晨報藝圃（二十二年六月九日）

中國文法複詞之偏義例續舉　劉昐遂　燕京學報十二號

三百篇主述倒文句例　黎錦熙　師大月刊二期

三百篇之「之」　黎錦熙　燕京學報八期

三百篇聯綿字研究　張壽林　燕京學報十三期

聯綿字典序　黃侃　國風半月刊一卷三期

議論文之研究　李季和　孤興第二期

論用字　尤墨君　中學生月刊十二號

論造句　尤墨君　中學生月刊十一號

論構段　尤墨君　中學生月刊十五號

論成篇　尤墨君　中學生月刊十六號

怎樣切題　尤墨君　中學生月刊二十一號

文章病院　中學生二十二號
按：即關于普通文章之毛病，在此篇內，加以相當的診斷

如何作文　施蟄存　青年界二卷二號

論標點與「之」「底」「地」「的」　高植　新時代月刊三卷五期，六期

四　考古學

（1）通論

中國考古學之過去與將來　梁任公講　周傳儒記　重華一卷一期

自考古學上觀察東亞文化之黎明　濱田耕作原著　張我軍譯　輔仁學誌二卷二期

由考古學看的中日文化之交涉　原田淑人講　錘道銘記　清華週刊三十三卷五期，七，八期合刊

考古學的新方法　傅斯年講　王培棠記　史學一卷一期

考古學之徵驗　徐光　史學第二期

現代考古學與殷墟發掘　李濟　國立中央研究院歷史語言研究所安陽發掘報告第二期

現代考古學者應取的態度與方法　胡肇椿　考古學雜誌創刊號

孟德魯斯與考古學研究法　鄭師許　大陸雜誌一卷八期

河南考古新發現　北平圖書館讀書月刊二卷四號　學術界雜訊

近年西北攷古的成績　賀昌群　燕京學報十二號

內容：（1）發見之經過與發見品之彙編，（2）漢文典籍之發見及其研究，（3）多種語言的發見及其研究成績，（4）宗教經典與美術遺品，（5）結論．

滿洲考古學概說　盧方聿　北平晨報學園九十七號(二十年五月十六日，二十日)

(2) 金石

A. 通論

金石學概說　書隱　天津益世報藝術週刊(十八年九月三日，二十日)

金石紀聞　陳進宦　藝觀第一期，二期，五期

金石瑣譚　辟支　天津益世報藝術週刊(十八年四月一，九，十二，二十三，三十日；五月七，十四，二十一，二十七日；六月四，十八，二十五日；七月二，九，十六，二十三，三十日；八月二十，二十七日；九月十，二十，二十四日；十月八，十六，二十三，三十日，)

吳中金石記(續)　王謇　江蘇省立蘇州圖書館館刊三號(二十一年一冊)

山東省立圖書館金石志初稿　董井　山東省立圖書館季刊一集一期

金石學錄補斠異　宣愚公　藝觀第二期

B. 吉金

吉金彝器之辨僞方法　鄭師許　學藝雜誌十二卷六號，七號

金文釋例　胡光煒　金陵大學文學院季刊一卷二期

金文疑年表　吳其昌　國立北平圖書館館刊六卷五號，六號

矢彝考釋　吳其昌　燕京學報第九期

釋鼎　方國瑜　東北叢鐫十七期

散盤眞僞辨　陸和九　中大國學叢編一期三册

毛公鼎銘考　明朝　國立中山大學語言歷史學研究所週刊十集一一六期

毛公鼎之年代　鼎堂　東方雜誌二十八卷十三號

「毛公鼎之研究」追記　鼎堂　東方雜誌二十八卷十六號

驫氏編鐘考　劉節　國立北平圖書館館刊五卷六號

驫羌鐘補考　吳其昌　國立北平圖書館館刊五卷六號

驫羌鐘考釋　唐蘭　國立北平圖書館館刊六卷一號

韓君墓發見略記　國立北平圖書館館刊七卷一號
按：卽在韓君墓中發現驫氏編鐘等件

壽春新出土楚王鼎考釋　胡光煒　國風半月刊四卷三期

說遂啓諆鼎　吳闓生　國立北平圖書館館刊六卷四號

善夫克鼎　非厂　北平晨報藝圃(二十年二月二日，三日，四日)

湯盤孔鼎之揚榷　郭鼎堂　燕京學報第九期

、頌壺考釋　容庚　文學年報一期

、臣辰盉銘考釋　郭鼎堂　燕京學報第九期

記姬䜌彝銘識例　魏建功　輔仁學誌三卷一期

漢鏡合金成分　錢稻孫　學舌一卷一期

「攈古錄」釋文訂　沙孟海　國立中山大學語言歷史學研究所週刊九集一〇二期

澂秋館吉金圖　非厂　北平晨報藝圃(二十年七月十一日)

端陶齋商周吉金款識考釋　扞鄭　藝觀第二期

日照丁氏藏器目跋　陳邦福　圖書館學季刊七卷二期

簠齋藏古冊目　陳介祺遺著　天津益世報藝術週刊(十八年十月三十日)　藝觀第二期

簠室題跋　王襄　河北第一博物院半月刊六期至四十八期連期刊登

賓岱閣金石跋尾甲編序　林鈞　藝觀第四期

石廬金石書志序　亞僊　藝觀第三期

歷代符牌圖錄序　羅雪堂　藝觀第二期

C. 石刻

安陽碑目　程紹川　河南第十一中學三十週年紀念號

國子監碑目　范騰端　圖書館學季刊五卷三，四期合刊

新安訪碑記　汪仲伊　天津益世報藝術週刊(十八年八月二十日)

新安訪碑記　韜翁　藝觀第一期

石鼓爲秦文公時物考　馬叙倫　國立北平圖書館館刊七卷二號

石鼓文疏記引辭　馬叙倫　國立北平圖書館館刊七卷六號

記瑯琊台秦刻石東面釋文　林鈞　國立中山大學語言歷史學研究所週刊百期紀念號

漢袁安碑(附影片)　河北第一博物院半月刊九期

漢西鄉侯兄張君殘碑跋　楊樹達　中大國學叢編第一期五册

鈎本戚伯著碑跋　章士釗　青鶴雜誌一卷三期

漢黨錮刻石殘字拓本（附影片）　河北第一博物院半月刊二十八期

廣東古代木刻文字錄存　蔡守　考古學雜誌創刊號
按：本文所錄名人題跋甚多。

曹恕伯集漢子游殘碑　湖社月刊六十三冊，六十四冊，六十五冊

曹魏張普墓磚（附影片）　河北第一博物院半月刊十期

晉辟雍碑跋　張鵬一　國立北平圖書館館刊七卷六號

晉辟雍碑考證　余嘉錫　輔仁學誌三卷一期

晉咸寧辟雍碑碑額（附影片）　河北第一博物院半月刊十一期

大晉龍興皇帝三臨辟雍皇太子又再莅之盛德隆熙之頌跋　顧廷龍　燕京學報第十期
附：晉初學官人數表，晉初學籍人數統計總表，晉初學籍人數統計分表

左芬墓誌銘（附影片）　浦江清　清華中國文學會月刊一卷二期

魏青玉築城碑拓本（附影片）　河北第一博物院半月刊二十九期

瘞鶴銘跋　陳進宧　藝觀第二期

唐景教碑考　楊葆初　公教青年會季刊二卷二期
輔仁社課選粹之一

大秦景教流行中國碑英譯與Barry O'toole之序文 朱偰 天津益世報學術週刊（十八年二月二十六日）

駁景教碑出土於盩厔說 洪業 史學年報四期

和林三唐碑紀略 樂嘉藻 河北第一博物院半月刊四十四期至四十八期連期刊登
按：和林原爲唐時突厥之故都，而和林之命名則始自元。

闕特勤碑 黄仲琴 國立中山大學語言歷史學研究所週刊百期紀念號

闕特勤碑跋 六橋 天津益世報藝術週刊（十八年七月十六日）

再談闕特勤碑 黄仲琴 國立中山大學語言歷史研究所週刊十集一二〇期

唐突厥闕特勤碑 河北第一博物院半月刊四十期，四十一期

唐故米國大首領米公墓誌銘考 何遂 國立北平圖書館館刊六卷二號

新羅眞興王巡狩管境碑之研究 劉節 國立北平圖書館館刊五卷六號

上海法租界新出土之四百年前唐錞父子墓誌銘考 黄炎培 人文月刊二卷二期

柳子厚龍城石刻拓本（附影片） 河北第一博物院半月刊三十期

宋霄玉淸萬壽宮碑 黄仲琴 國立中山大學語言歷史研究所週刊十集一一八期

館壇碑跋 章士釗 靑鶴雜誌一卷五期

熱河林東契丹國書墓誌跋　卞鴻儒　東北叢鐫十四期

金得勝陀碑跋　莊嚴　學文第五期

金源國書石刻題名跋　羅福成　東北叢鐫十七期

居庸關石刻　羅福成　國立北平圖書館館刊四卷三號（西夏文專號）

西夏皆慶寺感通塔碑跋　嚴可均　國立北平圖書館館刊四卷三號

舊京西山故翠微寺畫像千佛塔記跋　奉寬　史學年報一卷二期

房山縣十字石刻　北平圖讀書月刊一卷五號　學術界雜訊欄

房山縣十字石刻詳記　宣　大公報文學副刊一百九十五期（二十年十月五日）

明奴兒干永寧寺碑考　日本內籐虎次郎著　謝國楨譯　北平圖書館館刊四卷六號

明米昆泉墓誌銘　房兆穎　燕京大學圖書館報第五期

紅崖碑考釋　墨遂　藝觀第五期

清福珠哩殉難碑　河北第一博物院半月刊四十期

新河縣石幢攝影（附說明）　河北第一博物院半月刊三十五期

(3)新發掘

殷墟沿革　董作賓　國立中央研究院歷史語言研究所集刊第二本第二分
內容：(1.)沿革表，(2.)沿革圖，(3.)沿革攷。

殷墟地層研究　張蔚然　國立中央研究院歷史語言研究所安陽發掘報告第二期

本所發掘安陽殷墟之經過　傅斯年　國立中央研究院歷史語言研究所安陽發掘報告第二期

民國十七年十月試掘安陽小屯報告書　董作賓　國立中央研究院歷史語言研究所安陽發掘報告第一期

民國十八年秋季發掘殷墟之經過及其重要發現　李濟　國立中央研究院歷史語言研究所安陽發掘報告第二期

B區發掘記之一　郭寶鈞　國立中央研究院歷史語言研究所安陽發掘報告四期
內容：(1)殷人版築遺跡之判定，(2)殷人居住狀況之兩個時代，(3)殷墟淹沒說之修正。

B區發掘記之二　郭寶鈞　國立中央研究院歷史語言研究所安陽發掘報告四期
內容：(1)覆穴竇之推斷，(2)黃土堂基之發現。

後岡發掘小記　梁思永　國立中央研究院歷史語言研究所安陽發掘報告第四期
內容：(1)遺址，(2)兩次的發掘，(3)地層與文化層，(4)建築的遺留，(5)幾種文化遺物。

摘記小屯迤西之三處小發掘　吳金鼎　國立中央研究院歷史語言研究所安陽發掘報告第四期
內容：(1)四盤磨(2)侯家莊之高井臺子(3)王裕口與霍家小莊

河南安陽之龜殼　秉志　國立中央研究院歷史語言研究所安陽發掘報告第三期（原文已見靜生生物調查所彙報第一卷第十三號）

小屯地面下情形分析初步　李濟　國立中央研究院歷史語言研究所安陽發掘報告第一期

小屯與仰韶　李濟　國立中央研究院歷史語言研究所安陽發掘報告第二期

再論小屯與仰韶　徐中舒　國立中央研究院歷史語言研究所安陽發掘報告第三期

發掘殷墟　北平圖書館讀書月刊一卷三號學術界雜訊欄

釋後岡出土的一片卜辭　董作賓　國立中央研究院歷史語言研究所安陽發掘報告四期

表較新舊版「殷虛書契前編」並記所得之新材料　明義士　齊大季刊二期

按：「殷虛書契前編」係羅振玉編輯，作者取再版與初版較其優劣並記所心得。

北京猿人　翁文灝博士講演　計榮森記　北大學生一卷一期

河北房山縣周口店之猿人　李學清　科學的中國創刊號

樂浪發掘漢墓近聞　中國營造學社彙社三卷一期

讀樂浪書後　楊樹達　北平圖書館館刊五卷四號　樂浪汗原書見本刊四卷六號新書介紹

當塗出土晉代遺物攷　徐中舒　學風三卷三期

當途出土晉代遺物攷　李則綱　安徽大學月刊一卷二期

山西萬泉石器時代遺址發掘之經過　董克忠　師大月刊三期

山東古跡研究會二次發掘古譚國都之成績　北平圖書館讀書月刊一卷三號學術雜訊欄

河南攷古發掘的重要發見　華君　中學生三十二號

廣州市西郊大刀山晉冢發掘報告　胡肇椿　攷古學雜誌創刊號

發掘東山貓兒岡漢冢報告　蔡寒瓊　談月色　攷古學雜誌創刊號

發掘西村大刀山晉塚報告　胡肇椿　攷古學雜誌創刊號

發掘龍山城子崖的理由及成績　李濟　山東圖書館季刊一集一期

龍山城子崖實物整理報告書　吳金鼎　國立中央研究院院務月報二卷七期　內容：(1)整理工作之經過，(2)整理期間所得之印像(3)研究問題之提出。

燕下都發掘報告　傅振倫　國學季刊三卷一號

新疆發現古物概要　黃文弼　東方雜誌二十八卷五號

德國在中國新疆攷古學的探險結果　鄒索　天津益世報學術週刊(十八年四月二日)

斯坦因第三次中亞攷古略記　覺明譯　大公報文學副刊一百五十九期，一百六十期，一百六十三期（二十年一月二十六日，二月二日，九日。）

斯坦因黑水獲古紀略　向達　國立北平圖書館館刊四卷三號（西文專號）　附斯坦因氏黑水所獲西夏文書略目

俄人黑水訪古所得記　羅福萇遺編　國立北平圖書館館刊四卷三號（西夏文專號）

觀天津博物院歷史部收藏鉅鹿發掘宋大觀埋覆殘畫答客問　劉寶慈　河北第一博物院半月刊五期

關于闔閭墓的發現　尤符希　華年十五期

（4）磚和瓦

漢壙塼（附影片）　河北第一博物院半月刊三十一期

漢張角瓦當（附影片）　河北第一博物院半月刊二十八期

和平縣城磚（附圖）　黃仲琴　嶺南學報二卷四期

南越朝臺殘瓦攷　曾傳軺　攷古學雜誌創刊號　按：殘瓦係出土於廣州郊外之東山寺貝底。

高綿瓦攷　曾傳軺　攷古學雜誌創刊號　按：此瓦亦出自廣州東山。

濰縣高氏上陶室甎瓦攷釋　丁稼民　國聞週報九卷五期

濰縣高氏上陶室甎瓦保留淪亡紀略　劉階平　國聞週報九卷一期至四期連期刊登

燕都半瓦（附影片） 河北第一博物院半月刊二十期

(5)印和硯

福山王氏藏之四漢印（附影片）河北第一博物院半月刊三十期
—四角羌王，口海左尉，漢千人長印，寧朔將軍章—

福山王氏舊藏之三印（附影片）河北第一博物院半月刊十五期
—東莞左尉，武平侯二印—

福山王氏藏之二印（附影片）河北第一博物院半月刊二十八期
—龍驤將軍章，東海太守章—

福山王氏舊藏三玉印 范鼎卿攷釋 河北第一博物院半月刊五期
—脊鄉，眷隋，韓寬三印—.

漢封泥考略 陳直 藝觀第三期

漢清河太守封泥（附影片）河北第一博物院七期

古鉥用於匋器之文字 賓虹 藝觀第三期

宋嘉祉都統之印（附影片）河北第一博物院十二期

元虎賁軍百戶印攷釋 李寬 史學年報四期
吉林農安縣出土之蒙古篆書印

金上京路萬戶印出土記 伏蟫 東方雜誌九卷二號

明永曆三十年官印（附影片）黃仲琴 嶺南學報二卷四期

明郃陽縣醫學記印（附影片）　河北第一博物院半月刊二十七期

福山王氏藏之明欽差督理三省織務內宮關防印（附影片）　河北第一博物院半月刊十九期

管軍萬戶府印　河北第一博物院半月刊四十六期　按：此印爲韓林兒時物

清乾隆印璽誌　編者　故宮週刊三一二，三一三，三一六，三一七，三一九，三二〇，三二一，三二二，三二三，三二四，三二九期。

土默特旗左翼扎薩克旗務協理印　河北第一博物院半月刊四十八期

清伊犂將軍印（附影片）　河北第一博物院半月刊三十二期

太平天國玉印　河北第一博物院半月刊六期

費丞之印（附影片）　河北第一博物院半月刊九期

雲莊印話　闕名　小說月報五卷十一號，十二號

印學三十五舉　絕塵龕　珊瑚半月刊二卷一號

古印譜談　銅芝　藝觀第一期

壔影龕印集書後　非厂　北平晨報藝圃（二十年四月二十日）

璽印姓氏徵後跋　羅雪堂　藝觀第一期

璽印文字徵序　羅振玉　東北叢鐫十三期

濱虹草堂古印譜序　濱虹　藝觀第二期

石廬印存自序　林石廬　藝觀第五期

石廬印存序　夔笙　藝觀第五期

古璽通釋攷序　宣愚公　藝觀第一期

漢長生未央瓦當硯（附影片）　河北第一博物院半月刊三十五期

元清容居士陶硯（附影片）　河北第一博物院半月刊二十九期

明主思任硯（附影片）　河北第一博物院半月刊十六期

明文五峯刻硯（附影片）　河北第一博物院半月刊十八期

明吳原博硯（附影片）　河北第一博物院半月刊三十一期

明陳集先生硯（附影片）　河北第一博物院半月刊十九期

明袁袠列岫樓硯（附影片）　河北第一博物院半月刊二十三期

明彭孔加硯（附影片）　河北第一博物院半月刊二十四期

清顧二孃製硯（附影片）　河北第一博物院半月刊十四期，十五期

朱竹坨大耳硯（附影片）　河北第一博物院半月刊十三期

法石帆硯　河北第一博物院半月刊四十六期　法石帆清蒙古正黃旗人，

清孫致彌硯　河北第一博物院半月刊四十三期

清錢梅溪摹瘞鶴銘硯（附影片）　河北第一博物院半月刊二十期

壽亭硯（附影片）　河北第一博物院半月刊三十二期

（6）貨幣

古貝（附影片）　河北第一博物院半月刊九期

銅代貝（附影片）．河北第一博物院半月刊三十五期

錢者刀之殘也　王斧　藝風一卷二期

古圜金刀布文字考　顧溎　藝觀第五期

新莽貨布范序　越致　藝觀第三期

中國古錢與埃及蟯螂符　美國卜德生著　李毓麟節譯　山東圖書館季刊一集一期

四幣范齋刀布攷釋　顧若波　藝觀第四期

安周空首布（附影片）　河北第一博物院半月刊十七期

四幣范齋泉化攷釋　顧澐　藝觀第三期

熊岳出土古泉攷釋　金毓黻　東北叢鐫十六期

中統元寶錢（附影片）　河北第一博物院半月刊二十八期

古泉文集聯　王光烈　東北叢鐫十三期

關於交子的起源　加藤繁著　王曉聃譯　北大學生一卷五，六期

按：「發子」是中國最初的紙幣。

（7）雜攷

殷商陶器初論　李濟　國立中央研究院歷史語言研究所安陽發掘報告第一期

殷代冶銅術之研究　劉嶼霞　國立中央研究院歷史語言研究所安陽發掘報告第四期

內容：（1）礦砂，（2）煉鍋，（3）關于煉爐，（4）燃料，（5）銅範及所鑄的銅器，（6）殷人冶鑄銅器的方法及其程序，（7）殷墟青銅器的化學成分，（8）結論。

關于古代用鐵的研究　王興瑞　現代史學一卷三期，四期

內容：（一）開端，（二）中國古代用鐵智識的來源，（三）中國古代開始用鐵的時代，（四）結尾——略論各家意見，（五）補記。

爲古代鐵兵問題進一解　翁文灝　天津益世報學術週刊（十八年三月十日）

讀章鴻釗先生石雅「琉璃爲璆琳」說　方國瑜　國學叢刊一卷三期

杯之比較研究　胡肇椿　考古學雜誌創刊號
——廣州東郊本塘崗漢塚研究之一部——

髑髏飲器攷　重松俊章著　吳廷璆譯　北大學生一卷五，六期

古瓷碗　河北第一博物院半月刊四期

漢陶竈（附影片）　河北第一博物院半月刊二十二期

宋磁窯劃花枕　河北第一博物院半月刊六期

景泰藍與他種珐瑯　斯莊著　朴園譯　亞丹娜一卷十期
題爲Cloisonne and other Enamels　原文爲Hilda Arthuso Strong所著A Sketch of Chincse Arts Craft第九章

匕之研究　孫海波　睿湖第二期

商刻玉匕飾（附影片）　河北第一博物院半月刊三十卷

瑇瑁——俗作玳瑁　河北第一博物院半月刊七期

周宰虎玉冊攝影（附影片）　河北第一博物院半月刊三十六期

唐胡祿攷　駒井愛和著　羅霈譯　國立中山大學文史學研究所月刊一卷一期
此篇譯自史苑第七卷四號，（按胡祿爲一種箭筒的名稱）

鋪首　曾傳軺　考古學雜誌創刊號
按：鋪首，門環飾也。

始建國銅鋪首跋　陳進宧　藝觀第四期

漢代之釉陶俑　日本原田淑人原著　胡肇椿譯　睿湖第一期

唐陶俑　（附影片）河北第一博物院半月刊十八期，十九期，二十期

新莽飯幘　（附影片）　河北第一博物院半月刊二十九期

晉孫登鐵琴及琴匣題識　附題識者傳略　河北第一博物院半月刊三十六期

宋白釉瓷瓶　（附影片）　河北第一博物院半月刊三十三期

鉅鹿出土之宋漆展　（附影片）　河北第一博物院半月刊十二期

鉅鹿出土大觀二年埋覆之漆盞托　（附影片）　河北第一博物院半月刊十八期

明宣德賜太監王貴銀質琺瑯盤　（附影片）　河北第一博物院半月刊八期

明銀器　河北第一博物院半月刊二十六期，二十七期

正一眞人符　（附影片）　河北第一博物院半月刊三十期

陶山神（附影片）　河北第一博物院半月刊十五期

廣州東山冢中大本攷　關寸草　藝觀第二期

滄縣鐵獅攝影（附影片）　河北第一博物院半月刊二十期

古代之竹與文化　瞿兌之　史學年報一卷二期

攷工記磬制的研究　瓠廬　天津益世報藝術週刊（十八年四月三十日；五月七日）

記漢「居延筆」　馬衡　國學季刊三卷一號

毛筆談　江左文人　北平晨報藝圃（二十二年十月二十日，二十三日，二十七日，十一月一日，十一日，十二月五日，十一日，十六日）

蔡敬仲造紙攷　傅振倫　中華圖書館協會會報八卷四期

古上堂脫屐赤足攷　尙節之　國聞週報四十四期

木屐攷　尙節之　國聞週報十卷四十期

鞋攷　尙節之　國聞週報十卷三十八期

褲子攷　尙秉和　國聞週報十卷三十三期

書尙秉和「袴子攷」後　馬紜非　國聞週報十卷三十九期

論馬耘非君「袴子攷書後」之誤解　王導明　國聞週報十卷四十一期

襪子攷　倘節之　國聞週報四十三期

鞦韆攷　土魍　北平晨報藝圃（二十二年十一月十三日）

周以來婦女足服攷　倘節之　國聞週報十卷三十九期

胭脂攷　黃石　婦女雜誌十七卷四號

戒指的來歷　黃華　東方雜誌三十卷五號——中國婦女裝飾史稿之四——

眉史　黃華節　東方雜誌三十九卷五號——中國婦女裝飾史稿之一——

圓明園遺物文獻之展覽　向達　中國營造學社彙刊二卷一期　附圓明園大事年表

清方維甸耕織圖墨拓本（附影片）　河北第一博物院半月刊三十七期

舊玉紀略　北平晨報藝圃（二十一年五月二日，六日，九日，十六日，十八日，二十日，二十五日，二十九日）

曾侯鐘　河北第一博物院半月刊四十八期

明封琉球國王尙豐勅跋　羅振玉　東北叢鐫十三期

劉武仲字册跋尾　楊以增遺著　山東圖書館季刊一集一期

超社二十六集林文忠手札題後　沈瑜慶　東方雜誌十二卷五號

書張廉卿先生手札後　馬其昶　民彝雜誌一卷六期

明太祖御羅帕（附影片）　河北第一博物院半月刊二十五期

清孝欽后殮入及山陵供奉珠寶玉物等物一覽　故宮週刊二三七期至二四〇期連期刊登

古陶錄序　越致　藝觀第二期

（8）雜記

平陵訪古記　吳金鼎　國立中央研究院歷史語言研究院集刊第一本第四分

附錄：志書中關于東平陵及全節城之記載，發現及勘查之經過

天涯故物拾聞　錢稻孫　學古一卷一期

古董錄　王漢章　河北第一博物院半月刊三十六期至四十八期連期刊登

種瓜亭記　王崇烈遺稿　河北第一博物院半月刊一期至四十八期連期刊登

（9）消息

北大國學研究所攷古學會之過去與未來　傅振倫　北大學生一卷三期

內容：（1.）攷古學在學術上之地位，（2.）北大考古學會之成立及其經過，（3.）攷古學會過去之工作及其在學術上之貢獻，（4.）攷古學會將來進行之計劃。

本校四教授反對古物分散之一篇公開狀　清華週刊三十四卷五期

黃花攷古學院的組織和使命　謝英伯　攷古學雜誌創刊號

山東益都縣蘇埠屯發現周代銅器　北平圖書館讀書月刊一卷五號　學術雜訊欄

山西圖書館展覽古物　北平圖書館讀書月刊一卷三號　學術界雜訊欄

山東省立圖書館甎瓦圖書展覽會　北平圖書館讀書月刊一卷五號　學術界雜訊欄

吳縣甪直古物館開幕　北平圖書館讀書月刊二卷三號　學術界雜訊欄

調查研究河南古蹟　北平圖書館讀書月刊一卷七號　學術界雜訊欄

東特區文物研究所攷察團報告考古組之工作　北平圖書館讀書月刊一卷三號　學術界雜訊欄

歷史博物館新添珍品　北平圖書館讀書月刊二卷二號　學術界雜訊欄

中國古物流入美洲者之衆多　北平圖書館讀書月刊一卷四號　學術界雜訊欄

古物消息　河北第一博物院半月刊三十五期至四十八期連期刊登

舊京發現歧陽王世家文物紀事　瞿兌之　中國營造學社彙刊三卷一期

中國營造學社保存岐陽世家文物紀略　河北第一博物院半月刊二十五期

廣州考古事業之紀略　胡肇椿　西南研究創刊號

五　史學

(1)通論

中國史學之起源　傅振倫　學文一卷二期

最近二年來之中國史學界　齊思和　朝華月刊二卷四期

中國史蹟縱橫兩方面之觀察　楊馥齋　河南第十一中學三十週年紀念號

中國歷史發展的道路　陳邦國　讀書雜誌一卷四期，五期

中國古代的歷史觀　徐文珊　史學年報一卷二期

中國史學家研究中國史的成績　王師韞　國立中山大學語言歷史學研究所週刊九集一〇一期

中國史體之演變及其短長之比較　石立朝　河南大學文學院季刊二期　內容：(1)史體演變概觀，(2)三種史體短長之比較。

(按：三種史體卽紀傳，紀事本末及編年是也)

歷史與鋼鑑　魯成　尊浚　中學生三十二號

中國史學界之將來　顧頡剛　北平晨報學園六號（十九年十二月二十四日）

由歷史上觀察的中國南北文化　桑原隲藏　楊鎬如譯　武大文哲季刊一卷二期

近代古史研究鳥瞰　沅思　無錫國專季刊二十二年一冊
內容：(1)持科學以研究古史者，(2)承清代樸學大師之精神以研究古史者，(3)結論。

古史辨的史學方法商榷　梁東園　東方雜誌二十七卷二十二號，二十四號

古史問題及其研究法　周傳儒　重華一卷一期

史學研究法　姚永樸　民彝雜誌一卷十一期，十二期

研究中國近代史的意義和方法　羅家倫　武大社會科學季刊二卷一號

歷史研究法　李樹峻譯　史學叢刊一卷一期

歷史研究方法論　徐翔譯　微音月刊二卷七，八期合刊

新史學概要說　黃公覺　史學叢刊一卷一期

新歷史的範圍與目的　趙簡子　國立中山大學語言歷史學研究所週刊九集九十七期

東西史學之異同　徐子明講　史學第二期

周秦史學　陳競　中大季刊一卷四號

浙東史學管窺　陳訓慈　史學一卷一期，二期
內容：(1)緒論—浙東史學之淵源，(2)浙東史學之統系，(3)黃

蕺山之史學，(4)萬季野與明史，(5)萬氏敬禮之學，(6)全謝山文獻之學，(7)章實齋之史學，(8)邵與桐與宋史，(9)黃氏父子古史之名著，(10)浙東史學之特色。

清代浙東之史學　陳訓慈　史學雜誌二卷五期，六期

章實齋之家譜學論　潘光旦　人文月刊二卷八期，九期

家譜與宗法　潘光旦　東方雜誌二十七卷二十一號

革命對象的歷史的研究　蕭炳實講　厦大週刊第二二九期

人文史觀與「人治」「法治」的調和論　潘光旦　人文月刊二卷二期，三期

文史論衡　佟紹蔭　東北叢鐫十六期，十七期

章太炎先生講「史學」　盧景純記　無錫國專季刊二十二年一冊

(2)正史

讀史記　吳兆璜　民彝雜誌一卷十一期

影印宋慶元本五代史記跋——百衲本二十四史之一　張元濟　東方雜誌二十八卷二十二號

書史記夏本紀後　高燮　國學叢選第八集

殷本紀研究　王晉祥　厦大週刊二四六期

讀封禪書　馬其昶　民彝雜誌一卷五期

六國表訂誤及其商榷　日本武內義雄博士　王古魯合著　金陵學報一卷二期

書史記伯夷列傳後　高燮　國學叢選第八集

讀伯夷列傳　馬其昶　民彝雜誌一卷五期

史記屈原賈生列傳疏證　苗可秀　東北叢鐫十六期

讀魯仲連鄒陽傳　馬其昶　民彝雜誌一卷五期

史記地名攷　楊宗震　師大月刊六期

讀史記時對於王國維太史公行年攷之異議　蕭鳴籟　現代史學一卷二期

漢書著述源流攷　張儐生　女師大學術季刊二卷二期

影印北宋景祐本前漢書跋—百衲本二十四史之一　張元濟　東方雜誌二十八卷二十一號

讀王氏漢書雜誌獻疑　楊樹達　國立北平圖書館館刊六卷三號

讀漢書筆記　復忱　天津益世報益智欄(十八年一月二，四，八，九，十，十七，十八，二十五，二十六日；二月一，三，十八，十九，二十，二十一日；三月二十，二十一日)

讀班氏古今人表　姚光　國學叢選第十集

讀班固藝文志書後　姚光　國學叢選第八集

再讀藝文志　馬其昶　民彝雜誌一卷五期

漢書地理志九江郡攷略　楊鑄秋　安徽大學月刊一卷四號

讀漢書儒林傳　楊樹達　中大國學叢編一期二册

書汲黯傳後　張誠　民彝雜誌一卷一期

館藏朱秋崖手抄後漢書補注稿攷證　王獻唐　山東圖書館季刊一集一期

影印宋紹熙本後漢書跋　張元濟　東方雜誌二十八卷二十三號

後漢書糾繆　李畫村　醒鐘一卷二，三期合刊

後漢書儒林傳輯遺　顧藎　(分作上下兩篇)　國學叢選第十五，十六集

范書董卓傳之伍孚與陳志董卓傳之伍瓊是一是二攷　譚國謨　現代史學一卷一期

後漢儒林傳輯遺叙　顧藎　國學叢選第十五，十六集

三國志跋　劉承幹　青鶴雜誌一卷八期

影印宋紹熙本三國志跋—百衲本二十四史之一　張元濟　東方雜誌二十八卷二十二號

跋晉人書吳志殘卷　白堅武　藝觀第五期

三國志辨証　孫人和　中大國學叢編一期一册，二册，三册

三國志攷異　謝宮禮　現代史學一卷二期

晉書彙目攷略　鄭鶴聲　史學第二期

宋書索虜傳南齊書魏虜傳北人姓名攷證　姚薇元　清華學報八卷二期

補齊書宗室世系表　劉盼遂　學文一卷三期

駁舊唐書王勃傳記文中子事　汪吟龍　采社雜誌第五期

舊五代史復活記　青芝　大公報文副一百三十九期（十九年九月八日）

陶際堯批校本新五代史記　夏廷棫　國立中山大學語言歷史學研究所週刊九七期，九八期，九九期

陶氏「五代史記注」校補後紀　夏定棫　國立中山大學語言歷史學研究所週刊九集一〇一期

舊五代史校補序　溫廷敬　國立中山大學文史學研究月刊第一卷第二期

五代史記注引書攷　班書閣編　燕大月刊六卷三期

跋明成化殘本宋史　獻唐　山東圖書館季刊一集一期

元槧宋史校記（續）　葉渭清　北平圖書館館刊五卷一號

宋史夏國傳顧註　羅福萇遺著　國立北平圖書館館刊四卷三號（西夏文專號）

影印元本遼史跋—百衲本二十四史之一　張元濟　東方雜誌二十八卷二十二號

明史稿校錄　柳詒徵　江蘇國學圖書館第四年刊

明史編纂攷略　黃雲眉　金陵學報一卷二期

明史本紀原本補本異同錄　段瓊林　故宮週刊一〇五期至一一三期連期刊登

清史稿之評論　傅振倫　史學年報三期，四期

清史稿藝文志校勘記　馬太玄　燕京圖書館報第二十三期

清史邦交志原稿自序　海珊　北平晨報藝圃（二十一年三月二十一日）

清史儒林傳序　馬其昶　民彝雜誌一卷六期

清史文苑傳序　馬其昶　民彝雜誌一卷六期

清史稿吳歷傳匡繆　徐景賢　天津益世報副刊（十八年二月二十三日）
按：吳歷又名子歷，字漁山，號墨井道人。

新修清史宜增圖學一門議　東方雜誌十二卷五號(錄時報)

(3)雜史

讀史探要　王昀舒　國學叢選第九集

讀史點滴　爽秋　北平長報藝圃(二十二年一月二十二日)

讀史隨筆　洪允祥　國風半月刊三卷十一期

讀史芻議　盧況　無錫國專季刊二十二年一冊

史學論文提要　李潔非　史學第二期

讀周書殷祝解　蕭鳴籟　學文一卷二期

逸周書謚法解疏証　藍文徵　重華一卷一期

戰國策作於蒯通攷　羅根澤　學文一卷四期

戰國策解題及讀法　邵祖平　學藝十二卷七號
內容：(1)戰國策之來歷及其校注本，(2)縱橫家之言行及其變態，(3)戰國時游士與戰國策文字之關係，(4)戰國策文字之分類，(5)戰國策評語集要。

影印精抄本姚校戰國策校記(附書影四)　彭翔生　國學彙編第一冊

戰國策作者之推測　金德建　厦門圖書館聲十一期

讀列女傳　馬其昶　民彝雜誌一卷三期

列女傳補注校錄　王菉友遺著　牟祥農輯錄　山東省立圖書館季刊一集一期

新序說苑列女傳不作始于劉向攷　羅根澤　圖書館學季刊四卷一期

劉彥和之史學　傅振倫　學文第五期

史通補釋　陳漢章　史學雜誌二卷三期五，六合期

史通補釋補正　陳漢章　史學雜誌二卷五，六期

史通通釋體制略評　蕭鳴籟　河南大學文學院季刊二期

內容：(1)優點—(A)引據詳明足稱該洽，(B)劃分章節俾便初學，(C)參稽他說易見異同；(2)劣點—(A)注釋不分，(B)條理未善，(C)疆界不清。

文史通義表略　李光英　采社雜誌第五期

漢唐宋起居注攷　朱希祖　國學季刊二卷四號

建文刻本漢唐秘史跋　朱希祖　天津益事報學術週刊(十八年一月二十八日)

校宋紹興刊唐六典殘本跋　傅增湘　清華週刊三十四卷四期，六期

貞觀氏族志殘卷　敎煌叢抄　國立北平圖書館館刊六卷六號

宋會要攷略　湯中　東方雜誌二十八卷六號

宋刋唐鑑校記　劉文興　中法大學月刊三卷二，三期合刊

新刻元典章校補　陳垣　大公報文學副刊一百七十六期（二十年五月二十五日）

高麗刋本古今歷代標題註釋十九史略通攷跋尾　建猷　燕京圖書館報二十七期

西夏史籍攷　朱希祖　天津益世報學術週刊（十八年二月四日）

元實錄與經世大典　市村瓚次郎著　牟傳楷譯　史學年報第三期

蒙兀兒史記之目錄及凡例　孝孟　北平圖書館讀書月刊二卷三號

馬可波羅記書後　史久潤　東方雜誌八卷六號

東夷攷略跋　謝國楨　學文一卷二期

耐巖攷史錄跋　謝國楨　學文一卷二期

荊駝逸史跋　謝國楨　學文第五期

鈔本甲乙事案跋　朱希祖 附文秉事略　國立中央研究院歷史語言研究所集刊第二本第二分

跋幸存錄　朱希祖　天津益世報學術週刊(十八年三月二十五日)
按:附跋續幸存錄

鈔校本明末忠烈紀實跋　朱希祖　國立北平圖書館館刊五卷二號

嶺海焚餘跋　朱希祖　天津益世報週刊(十八年四月四日)

聖安本紀考　牟傳楷　燕京大學圖書館報四期

晚明史籍攷序　朱希祖　國立中山大學文史學研究所月刊第一卷第二期

晚明史籍攷序例　謝國楨　學文一卷三期　北平晨報學園五二五號(二十二年六月十九日,二十日,二十二日)

晚明史籍跋文三則　牟傳楷　燕大月刊六卷三期

編纂南明史計畫　朱希祖　國立中央研究院院務月報二卷七期

經略復國要編提要　繆鳳林　史學第二期

遼史紀事本末諸論序　錢基博　青鶴雜誌一卷一號

皇清通志綱要跋　五古　北平晨報藝圃(二十年十月十七日)

攷信錄解題　那珂通著　于式玉譯　史學年報四期

金陵癸甲摭談補　白蕉　人文月刊三卷二期

海渤國志跋　李寬　文學年報一期

高鴻中明清和議條陳殘本跋　陳寅恪　清華週刊三十七卷八期
按：原文見明清史料第一册

交涉紀要叙目　馬振儀　民彝雜誌一卷七期

中國紀元通檢　陳子彝　江蘇省立蘇州圖書館館刊三號（二十一年一册）

庚子傳信錄　惜陰　人文月刊三卷五期

滿洲研究之文獻　田中秀作著　李長傳譯　新亞細亞月刊三卷一期

編制上行歷史的提案　魏應麒　國立中山大學語言歷史研究所週刊九集一〇三期
按：作者之意以編制歷史教科書應自近代史事始

胡氏譜序　張家驪　民彝雜誌一卷五期

商城張氏續修家乘叙　馬振儀　民彝雜誌一卷五期

高氏族譜序　馬振儀　民彝雜誌一卷八期

（4）歷代史料附東北事件

中國史前文化的推測　楊筠如　暨大文學院集刊第二集

天地開闢與盤古傳說的探源　衞聚賢　學藝雜誌十三卷一號

盤古傳說試探　楊寬　光華大學半月刊二卷二期
內容：（1）盤古傳說之素地，（2）盤古傳說之演變，（3）盤古傳說與南方人民。

象徵之聖哲　繆鳳林　史學雜誌二卷五六合期
——中國通史講義論古帝之傳說之一節——

三皇五帝攷　呂思勉　光華大學半月刊二卷一期

黃帝之囿與巴比倫之縣園　徐球　地學雜誌十九年一期

古史稽疑之一　王志剛　文藝雜誌第二期

三恪攷　李峨之　清華週刊三十七卷十一期

堯舜禹非謚　周鼎衡　民彝雜誌一卷四期

古史新證　王國維先生遺著　燕大月刊七卷一，二期
內容：（1）總論，（2）禹，（3）殷之先公先王，（4）商諸臣，（5）商之都邑及諸侯。

洪水之傳說及治水等之傳說　顧頡剛　史學年報一卷二期

中國古史上禹治洪水的辨証　高重源　武大文哲季刊一卷四期

以甲骨文證商代歷史　蕭炳實　廈大學報一卷一期

殷史蠡測　張龍炎　金陵學報一卷一期
內容：（1）緒論，（2）說殷史之年代（附殷人歷法攷），（3）說殷商之都邑，殷人都邑述略（附遷都攷），（4）殷之先公先王攷（附先王世系表），（5）殷人之文化一總說，（6）雜說，（7）殷史釋疑十則。

殷代國際地位蠡測　沈西林　史學第一卷二期

湯得伊尹之研究　任廣運　文藝雜誌第一期

湯禱篇——古史新辨之一　鄭振鐸　東方雜誌三十卷一號

讀湯禱篇　曹松葉　東方雜誌三十卷十三號

周公史說演變攷　鄧嗣禹　女師大學術季刊二卷二期

周召共和辨　陳子翼　孤興第七，八期合刊

共和解　周宗溪　史學第一卷一期
（關于周召共和之討論）

嵩園讀書紀之一——齊桓公之一事　黃仲琴　嶺南學報二卷三期

文化史上所見之古代楚國　太椰司氣太作　殺峯譯　清華週刊三十八卷十二期
內容：（1）總論，（2）政治的小史，（3）語言風俗，（4）經濟的狀態，（5）人文，（6）傳說與中國古代史，（7）宗教的思想，（8）道家與神仙說。

楚懷王年表　李夢楚　安徽大學月刊一卷二號

春秋時代的條約　呼昭瀛　武大社會科學季刊二卷一號

秦始皇評　陳登原　金陵學報一卷二期

內容：（1）聖德與醜德之來源，（2）前史所以痛惡始皇之故，（3）論自尊自大及嚴刑峻法之其來有自，（4）論封建非秦所毁，（5）儒生與秦皇，（6）焚書之實在，（7）結論。

秦始皇代表什麼階級　黃松　現代史學一卷一期

秦皇漢武尋求神仙之用意　蔣君章　史學第一卷第一期

一個內亂的分析　吳景超　金陵學報一卷二期

—漢楚之爭—

西漢徙民於諸陵攷　王雲渠　師大史學叢刊一卷一期

西漢諸帝及外戚之禍　繆鳳林　史學雜誌二卷六期

—中國通史講義秦漢時代之一節—

兩漢太學之學生生活　蔣百幻　史學二期

內容：（1）太學之興建與學者之進京，（2—9）太學生之姓名，籍貫，資性，體貌，讀書，友誼，經濟，政治，家庭，諸生活；及其教授事業，（10）太學生之官場成就

三國時代疆域攷　鄭璜　史地叢刊第一輯

三國吳兵攷　陶元珍　燕京學報十三期

內容：（1）兵數，（2）兵種，（3）聚集，（4）統督，（5）授襲，（6）屯戍，（7）奉邑。

漢胡混合之北統　繆鳳林　史學雜誌二卷五，六合期——中國通史講義隋唐時代之一節——

楊隋李唐先世系統攷　王桐齡　女師大學術季刊二卷二期

李唐爲蕃姓攷(續)　劉盼遂　女師大學術季刊二卷一期

唐方鎮年表(續)　吳廷燮　東北叢鐫十一，十五，十七期

唐代藩鎮之禍可謂爲第三次異族亂華　劉掞藜　武大文哲季刊一卷四期

唐藩鎮論　馬其昶　民彝誌一卷四期

秦檜評　陳登元　金陵學報一卷一期

北宋黨爭之經過及其背影　牛夕　清華週刊三十六卷七期

慶元黨禍　牛夕　清華週刊三十一卷十一期

建文遜國事攷　孟森　國立北平圖書館館刊五卷六號

建文遜國攷疑　明倫　輔仁學誌三卷二期——明史疑案之一——

明萬歷東諸道年表　吳廷燮　東北叢鐫十二期

明代倭事月表　王卅生　建國月刊九卷四期，五期，六期

明季奴變攷　謝國楨　清華學報二卷一期

明代之亡徵及明遺民之恢復運動　高良佐　建國月刊九卷四期
內容：(1)發端，(2)努爾哈赤之勃興與進犯明疆，(3)明末之內政，(4)李自成之陷據燕京與滿洲入關，(5)明室之偏安與恢復運動之始末，(6)恢復運動之影響，

北都覆沒　人文月刊四卷六至四期
別本作甲申北都覆沒遺聞記明洪武戊申起至崇禎甲申事

明季毀書院攷　班書閣　睿湖第二期

明季關外十三山之義勇軍　李無齋　大公報文學副刊二百三十一期(二十一年六月六日)

明宮五庫　非厂　北平晨報藝圃(二十一年三月二十二日)

清代滿洲之封禁及其開發　魏崇陽　新亞細亞月刊三卷二期
內容：(1)清代以前漢人與滿洲的關係，(2)清初的對滿政策，(3)滿洲的封禁，(4)漢人之流入滿洲，(5)漢人的拓殖力，(6)滿洲的開發。

鄭延平王受明封爵攷　朱希祖　國學季刊三卷一號

明封琉球國王尚豐勅跋　羅振玉　東北叢鐫十三期

滿清初期之繼嗣問題　謝國楨譯　內藤虎次郎撰　中大國學叢編第一期第一冊

清內廷十三衙門攷　劉振卿　北平晨報藝圃(二十一年九月十二，十三，十六，二十，二十六，二十七日。)

關於張獻忠的材料　于飛　民俗九十期

漢譯滿洲老檔拾零　故宮週刊二四五期至三二二期

內庭宮室瑣記　北平晨報藝圃（二十一年一月二十，二十二，二十三日，九月二，五，十六，十七，二十，二十七日。十月七日。）

內務府匠作攷　鶴鴻　北平晨報藝圃（二十二年六月二十八，三十日。七月一，三，四，五，七，八，十，十一，十三，十四，十五，十七，十八，十九，二十一，二十六，二十九日。八月二，四，八，十九，二十二，二十三，二十五日。九月四，九，十一，十二，十三，十五，十六，十八，十九，二十二，二十五，二十六，二十七，二十九。十月三，四，六，九，十，十一，十三，十六，十七，十八，二十四，二十五，二十八，三十一日。十一月三，四，八，十，十七日。）

清欽天監遺聞　劉振卿　北平晨報藝圃（二十一年七月二，四，五，六，八，九，十六，十八，二十日。）

造辦處銅作遺聞　鶴鴻　北平晨報藝圃（二十二年六月七，九，十，十二，十三，十四，十六日）

養心殿造辦處　振卿　北平晨報藝圃（二十二年十二月一，二，五，六，八，十一，十五，二十，二十二，二十三，二十九日。）

康熙大帝與路易十四　周鑑頤譯　史學第二期

莊氏史案參校諸人攷　謝國楨　圖書館學季刊四卷三，四合期

林淸教案　故宮週刊二〇八期至二三七期

南京教案始末（續）　張維華　齊大月刊一卷三期

琦善與雅片戰爭　蔣廷黻　清華學報六卷三期

洪楊戹談　謝興堯　北平晨報藝圃（二十年一月一，七，八，九，十，十五，十九，二十三，二十九日。二月三，四，六，八，九，十二，十四，十五，十六，二十，二十二，二十八日。三月一，三，五，七，十，十二，十五，十八，二十，二十一，二十五，二十七；二十九日。四月三，五，八，十二，十三，十四，十五日。五月二十，二十二，二十四，二十九，三十一日。六月五，七。十月十六，十九，二十，二十三，二十四日。十一月二十五，二十六；二十八，三十日。十二月一，二，四，五，七，八，十八，十九，二十三，三十日。二十一年一月五，六，八，十一，十二，十三，十六，十八，十九日。三月一，二，四，五，二十八，二十九日。四月一，二，四，五，六，八，九，十五，十六日。）

洪秀全論薛之元鎮守浦口詔（附有原詔影片）　文獻叢編十五輯

太平天國宗教化的軍事與政治　余牧人　文社月刊三卷一册

太平天國敕諭　文獻叢編十五輯

太平天國文件之未經發表者　洪業　燕京大學圖書館報第一期第二期

近百年中華民族被壓迫史略　劉憲英　建國月刊九卷五期

中國近代史研究的資料　作民譯　清華週刊三十九卷十一，十二期

光緒甲申朝局之變更　惜陰　人文月刊二卷五期

——惜陰筆記之一——

李鴻章之維新運動　德昌　清華週刊三十五卷二期

七十年前中國的民衆運動　張馥荍　清華週刊三十六卷七期

民國紀元前二十七年在中國境內第一次創立之共和國　譯作民　東方雜誌八卷十二號

庚子拳禍東南互保之紀實　惜陰　人文月刊二卷七期　—惜陰堂筆記之一—

經蓮珊電請收回立大阿哥成命　惜陰　人文月刊卷六期　—惜陰堂筆記之一—

清季各省興學史　黃炎培　人文月刊一卷九，十期二卷三，五期

記清末兩大文字獄　高良佐　建國月刊十卷二期　—蘇報案與沈藎案—

操江輪船檔案　莊嚴　江蘇國學圖書館第四年刊

慈禧萬壽述聞　興　北平晨報藝圃（二十年六月三十日。七月三，四日。）

清宮秘史　高勞　東方雜誌九卷一，二號

清宮二年記　德菱著　冷太昑先同譯　東方雜誌十卷一五七號（有單行本）

光緒三十四年十二月大事記　東方雜誌第六年第一期

光緒三十四年十二月職官表（京官）　東方雜誌第六年第一期

十年以來中國大事記　東方雜誌九卷七號　自光緒二十九年至民國二年止

清代康梁維新運動與革命黨之關係及影響　志圭　建國月刊九卷二期

興中會革命史別錄　陳少白述　建國月刊三卷一期

興中會革命史之一頁　胡心泉　建國月刊四卷二期

民國前星洲之革命運動　鄧慕韓譯　建國月刊三卷一期

開國前美洲華僑革命史略　梅喬林　李綺菴　建國月刊六卷四，五期

開國前革命與君憲之論戰　高良佐　建國月刊七卷三，四，五，六期。八卷五，六期

內容：(1)緒言(2)論戰之發端及其要點(3)民報之創刊與論戰形勢之開展，(4)關于種族革命之論戰，(5)關于政治革命之論戰，(6)立憲黨之活動及其結果，(7)結論。

憲政篇　東方雜誌六年一至十三期（係紀載立憲前後大事）

甲午戰後庚子亂前中國變法運動之研究　陳恭祿　武大文哲季刊三卷一號

丙午萍醴起義記　陳春生　建國月刊六卷一，二期

書詞狂悖比照大逆緣坐人犯清單　清軍機處存檔　文獻叢編十五輯

浙江紹興辦理秋瑾革命案　文獻叢編十六輯

秋瑾親筆告國人書　文獻叢編十六輯

徐錫麟親筆供　文獻叢編十六輯

革命史料——國風半月刊四卷二號
——楊卓林烈士等供詞——

紀總理庚戌在檳城關於籌畫辛亥廣州舉義之演說　楊漢翔述　建國月刊三卷一期

丁未黃岡舉義記　鄧慕韓　建國月刊三卷三期

書丁未坊城革命軍記　鄧慕韓　建國月刊三卷三期

庚子惠州起義記　陳春生　建國月刊五卷三期

庚戌廣州新軍舉義記　陳春生　建國月刊六卷四，五期

總理廣州蒙難記別錄　鄧澤如輯　建國月刊三卷六期四卷一至五期

武昌起義三日記　吳醒漢　建國月刊四卷一期

辛亥革命的意義　陶希聖　東方雜誌二十八卷十九號

辛亥革命的回顧　王伯祥　東方雜誌二十八卷十九號

革命戰事記　高勞　東方雜誌八卷九號

戊庚辛紀述　惜陰 —惜陰堂筆記之一— 人文月刊二卷五期

三十年來中國之革命戰爭　張梓生　東方雜誌二十八卷十九號

二十年來中國制憲工作的回溯　周逸雲　東方雜誌二十八卷十九號

各省諮議局議案記略　問天　東方雜誌六年十三期

宣統元年職官表（京官）　東方雜誌第六年二至十三期（自宣統元年正月起，每月迭有變化。）

宣統年間大事記　東方雜誌六年二至十三期（宣統元年正月起）

掌故拾零　其騏　春笋二卷一期　內容：康有爲諭崇陵祭文

臨時政府成立記　平佚　東方雜誌八卷十一號

中華民國第二屆國慶紀事　高勞　東方雜誌九卷六號

中國近年變遷之概況　國聯調查團報告書　青鶴雜誌一卷一號

自「五四」到「五卅」中國革命運動的進展　屏羣　突進半月刊十二期

「五四」運動逸話　孫光策　前途二卷五期

「五四」運動之回憶　陳友生　前途二卷五期

由「五四」到「一二八」之民族文化運動　黃豪　前途一卷五期

二十五年間歷次抵制日貨運動紀略　問漁　人文月刊三卷八期

提倡國貨運動小史　問漁　人文月刊三卷六期

內外債原始　費守綸　青鶴雜誌一卷二期

外蒙古之宣布獨立　高勞　東方雜誌九卷二號

兩粵邊境匪亂近聞　東方雜誌第六年三期

萬寶山事件調查報告　長春市政籌備處呈吉省府及駐哈外部特派員　東方雜誌二十八卷二十一號

萬寶山事件之經過及其前途　翁仲　中國雜誌一卷一期
內容：(1)萬寶山事件之遠因，(2)萬寶山事件之近因，(3)日人唆使韓人暴動以後，(4)交涉的經過，(5)中國的損失和交涉的前途。

民國二十一年大事類表　人文月刊三卷一至十二期

東北事件

最近三百年來東北外患史　蔣廷黻　清華學報八卷一期

「九一八」史料　不忘創刊號

「九一八」事變的前前後後　孤憤　倚志週刊一卷二十，二十一期合刊

「九一八」事件的廻顧　萬籟　朝暉九期

「九一八」事件之失敗的回顧　一夫　倚志週刊一卷二十，二十一期合刊

「九一八」事變之北平　君實　倚志週刊一卷二十，二十一期合刊

東北之歷史的攷察　黃現璠　進展月刊一卷八，九期

東北事變之歷史的解答　宋佩章　中學生二十一號

東北事變的根源及其必然性　陳叔時　微音月刊一卷八期

東北事變之廻顧　侍郎　進展月刊一卷八，九期
內容：(1)引言，(2)事變之遠因，(3)事變之近因，(4)事變之演進。

東北義勇軍經過　鄧建中　青年世界二卷二期

東北問題之展望　潘季東　不忘創刊號

東北事件之言論索引　錢存訓　中華圖書館協會會報七卷五期

東三省的國際關係　何炳松　東方雜誌二十八卷二十四號
按：本文以歷史的眼光，敘述東三省國際的關係

日本侵略東北之分析　積嚴　現代月刊一卷五期

日本承認東北傀儡的檢討　陳學溥　朝暉十期

如何應付傀儡組織刼奪東北的關稅　建白　朝暉五期

傀儡國之解剖　鄧子駿　不忘創刊號

遼吉事變前後之中日關係面面觀　丁薇菌女士　新亞細亞三卷四期

中日戰爭目擊記　費青　費孝通合譯　再生雜誌一卷九期

文化之浩刼——爲東方圖書館與其他機關之破毁聲討暴日——　陳訓慈　浙江省立圖書館月刊一卷一期

中國文化之刼運與其復興問題　陳訓慈　浙江省立圖書館月刊一卷二期

民國二十一年的一段日記——關于上海中日之戰　李岸青　犇星半月刊一卷一期

日本侵略東北政策之昨日與今日　張佐華　新亞細亞月刊三卷一期

上海戰爭的印象　尹及　獨立評論十號

上海閘北抗日戰況　鄧志才　先導半月刊四期

記壬申淞滬事變之起因——對日戰爭史料之一頁——　問漁　人文月刊三卷二期

書十九路軍禦日本事　章炳麟　中大國學叢編一期五冊

淞滬抗日戰爭的意義　蔣光鼐　新中華一卷二期

淞滬抗日戰後的十九路軍　蔡廷鍇　新中華一卷二期

淞滬抗日戰爭的教訓與中華民族的前途　陳銘樞　新中華一卷二期

淞滬抗日戰爭與上海的教育　潘公展　新中華一卷三期

淞滬戰後之上海市　吳鐵城　新中華一卷二期

淞滬抗日戰爭與上海的產業　吳醒亞　新中華一卷三期

淞滬抗日戰爭傷亡官兵表　大陸雜誌一卷一期

滬案協定之透視　景祥　朝暉二期

榆關失守之經過　文海　廣西青年十二期

帝國主義分割中國之過去與現在　樊仲雲　東方雜誌三十卷一號

對日暴行應有之認識與應付的具體方策　王伯淳　現代月刊一卷五期

(5) 中外史料

古代中國與世界之關係　廖世　人文月刊四卷又五，六期

古代中西交通攷　逑曾　東方雜誌十二卷七號

最早中印交通證據的發見　華君　中學生三十三號

中國先秦時代所受的西方文明的影響　法 Maspero. H. 講　鄧名冊譯　世界雜誌一卷四期

西王母與西戎　辰伯　清華週刊三十六卷四，五期合刊
——西王母與崑崙山之一——（西王母的地理化和君主化）

太王亶父嫁女葱嶺攷　張星烺　厦大國學週刊一卷二期

漢人之經營西域與西域之文明　大公報文學副刊一百九十期（二十年八月三十一日）

月氏與東西文化之關係　劉掞黎　文藝雜誌第一期

月氏爲虞後及『氏』和『氐』的問題　徐中舒等　燕京學報十三期

樓蘭鄯善問題　馮承鈞　輔仁學誌三卷二期
按：漢書卷九十六上云：「鄯善國本名樓蘭王治扜泥城，去陽關千六百里」

論龜茲白姓　覺明　大公報文學副刊一百四十八期（十九年十一月十日）

關於龜茲白姓之討論　馮承鈞　向覺明　女師大學術季刊二卷二期

所謂孫權遣使南海　駒井義明　學舌一卷二期

唐宋諸代回紇衰亡攷　鍾道銘　國聞週報七卷一，二，三期

日本遣唐使廢絕後之唐日交通攷　日本木宮泰彥著　胡肇椿譯　睿湖第二期

唐代開元前後長安之胡化　向達　國風半月刊三卷十一期

藏王松贊幹布迎娶文成公主記　西藏桑傅渣著　康定李慰蒼譯　新亞細亞月刊二卷五期

宋代提舉市舶司資料　編者　國立北平圖書館館刊五卷五號

中國初次征服安南攷　江應樑等譯　新亞細亞六卷二號

越南臣服中國攷　張宗芳　河北第一博物院九至二十八期

阿拉伯名稱在中國古籍中的轉變　戴裔煊　現代史學一卷一期

科侖布發現美洲與契丹傳說之關係　Porthold lauber 著　覺明譯　東方雜誌二十八卷二二號

俄領西土耳其斯坦與中國在歷史上之關係　韓叔信　史學年報一卷二期

西銃傳入中國攷　張維華　齊大月刊一卷六，七，八期

中國的第一個留學生　朱士嘉　史學年報一卷二期

崑崙奴攷　吳春晗　現代學生一卷一期

韃靼起源攷　方壯猷　國學季刊三卷二號
內容：(1)引言(2)韃靼與柔然(3)韃靼與突厥(4)韃靼與室韋(5)結言

匈奴源流攷　胡君泊　西北研究八期

匈奴王號攷　方壯猷　燕京學報第八期

匈奴華化攷　張珩玉　勵學第一，二期

太陽契丹攷　馮家昇　史學年報三期
按：契丹東胡居西樓東，五代末稱太陽契丹

契丹名號攷釋　馮家昇　燕京學報十三期
內容：(1)契丹名號之起源，(2)契丹以遼爲國號之解釋，(3)契丹字義之解釋。

契丹祀天之俗與其宗教神話風俗之　馮家昇　史學年報四期
內容：(1)契丹祀天之統計，(2)聖宗以後殺牲祀天驟減之解析(3)契丹祀天以青牛白馬之解釋。

車里宣慰司世系攷　拂一譯　民衆生活三十五期

元國姓攷　李寬　燕大月刊六卷三期

明代廣州之海舶貿易　張德昌　清華學報七卷二期

明代倭寇侵擾沿海各地年表　何格恩　嶺南學報二卷四期
內容：(1)凡例，(2)年表，(3)說明，(4)參攷書目表。

明代倭寇述要　杜鳴治　河南中山大學文科季刊第一期
內容：(1)引言，(2)倭寇猖獗的原因，(3)倭寇事略表，(4)倭寇之影響，(5)結論。

明末耶蘇會士的一封信　裴化行攷釋　袁承斌譯　國立北平圖書館館刊六卷五號

永歷太妃遣使於羅馬教皇攷　高勞　東方雜誌八卷五號

朝鮮迎接都監都廳儀軌　文獻叢編十二，十三，十五，十六輯

明外族賜姓攷錄　張鴻翔　輔仁學誌三卷二期
內容：(1)緒言，(2)韃靼，(3)瓦剌(4)女直，(5)回鶻，(6)安南，(7)種族未詳者，(8)種族與本名皆略者，(9)只有賜姓與本名者，(10)結論，

明清兩代來華外人攷略　張恩龍　圖書館學季刊四卷三，四合期五卷一，二期

清朝與西藏往還記略　劉振卿　北平晨報藝圃(二十年八月十四。十五，十八，十九日二十二，二十五，二十六，三十一日。九月一，二日)

乾隆朝外洋通商案　史料旬刊二十，二十二，二十四，三十一期
三寶摺，楊魁摺，慶復摺，蘇昌摺，潘思榘摺，新柱摺，李侍堯摺……。

夷務始末外鴉片戰後中英議和史料數件　關瑞梧　史學年報第三期

清嘉慶二十一年英使來聘案　文獻叢編第十，十一輯（西歷紀元一八一六年）

清嘉慶朝中外通商史料　文獻叢編第九輯

英使馬戛爾尼來聘案　掌故叢編第五，六輯

道光朝外洋通商案　史料旬刊二十一，二十三，二十五期　富呢揚阿摺，盧坤等片三，盧坤祁塤摺，哈豐阿等摺，昇寅片。

道光朝籌辦夷務始末之史料的價值　蔣廷黻　清華週刊三十七卷九期（文史專號）

鴉片戰爭新史料　淮安笑虹朱默藏　國聞週報社選　國聞週報十卷四十六，四十八期

英吉利佔領廣州之役史料　夏定域　國立中山大學語言歷史學研究所週刊十集一一〇期

英法聯軍廣東故十三行行商停戰事史料　梁嘉彬　國立中山大學文史研究所月刊一卷一期

東印度公司的解散與鴉片戰爭　千家駒　清華週刊三十七卷九，十期

紀甲申中法戰爭馮王關前諒山之捷　惜陰　人文月刊二卷九期

光緒十十一兩年間清臣處理朝鮮亂事關係文件　問漁　人文月刊二卷八期

清光緒八年處理朝鮮大院君倡亂事件密檔之一斑　編者　人文月刊一卷六期

兩件外交史料　協民　北平晨報藝圃（二十一年十月十七日）

中外交涉紀要　東方雜誌六年六至十一期

關于中俄初期國際關係的一些史料　陳紹箕　史地叢刊第一輯
——中國近代國際關係變遷史研究之一——

中俄密約辨僞　王芸生　國聞週報九卷二十八期

關於上海法租界外馬路劃分警權案文件　人文月刊一卷九期

四國天津條約成立之經過　陳恭祿　金陵學報一卷二期

暴日侵略中國年攷　林仲芳　倘志週刊一卷二十，二十一期合刊

甲午戰爭中國失敗的原因　吳景賢　學風一卷九期

甲午中日海戰見聞記　泰萊(W.F.Tyler著)張蔭麟譯　東方雜誌二十八卷六，七號

日俄戰後之滿洲商業　安盛松之助原著　方保漢譯　新亞細亞月刊三卷二期

二十一條約的研究　王鐵崖　清華週刊三十六卷八期

二十一條之秘幕　轉載大公報　倘志週刊二卷一期

二十一條秘幕別紀　轉載大公報　倘志週刊二卷二期

記宣統二年美國特組商團來游中國　惜陰　人文月刊三卷二期
——(惜陰筆記之一)——

中國不平等條約的現狀　周鰥生　武大社會學季刊一卷四期

日人渡邊親雄對于蘇俄提議訂立日俄不侵略條約之見解　古魯　人文月刊三卷三期

片馬交涉始末記　東方雜誌十卷九號

日本侵略滿蒙之攷察　葉艮　朝暉二，三期

日本之滿蒙侵略與中日關係　汪澗塋　現代月刊一卷四期

日本侵略滿蒙之經過　覃厚仁女士　現代學生二卷二期

中國欲預聞日俄泊資模斯議約未允　惜陰　人文月刊二卷八期
——惜陰堂筆記之一——

日本侵略中國的發動機　劉叔雅　獨立評論十九，二十號

日本帝國主義積極侵略中國之原因　李爾重　現代月刊一卷五期

日本無產政黨對華政策之研究　梅嵩南　朝暉一，二，三期

對日外交痛史　沈恩浮　人文月刊二卷九期

對日經濟絕交之史的回顧與救濟方策　澥寺　現代月刊一卷五期

同江富錦之役回顧談　張其昀　國風半月刊七號

一九三一年日海軍寇華記　甯墨公　不忘創刊號

斐律賓史上李馬奔 Limahong 之眞人攷　張星烺　燕京學報第八期

斐律賓史上 Limahong 之眞人考『補遺』　李長傅　燕京學報第九期

『斐律賓史上李馬奔』Limahong『之眞人攷』補正　黎光明　燕京學報第十期（附林道乾事蹟攷補正）

南洋華僑移殖史鳥瞰　李長傅　新亞細亞月刊一卷四期

南洋與中國革命　胡漢民述　張振之記　新亞細亞月刊一卷五，六期

美利堅第一次呈遞之漢譯國書　生　北平晨報藝圃（二十二年五月十三日）

三千年來一大變局——中西接觸與中國問題的發生——　王造時　新月三卷十期

外人在華享有內河航行與沿海貿易權之條約根據　于能模　東方雜誌二十八卷二十二號

（6）近代檔案

清順治朝揭帖　文獻叢編十三輯

清順治通劉二虎詔　附始末的說明　河北第一博物院半月刊十六期

清順治通緝鄭成功詔　鄭成功抗清始末　河北第一博物院半月刊十七期

清康熙硃批諭旨　文獻叢編第九至十二輯

年羹堯摺　掌故叢編第四至八輯

雍正朝文字獄范世傑呈詞案　文獻叢編第七輯（福建學政戴瀚摺）

雍正硃批諭旨不錄奏摺　文獻叢編第八至十輯

清雍正朝關稅史料　文獻叢編第十，十一輯，（清雍正硃批諭不錄奏摺）

直隸總督方觀承奏據饒陽縣稟有劉四冒稱正紅旗宗室景壽家人招搖騙情事請勅宗人府會部提審摺　史料旬刊二十六期

直隸總督方觀承奏明正定城南滹沱河堨工停辦歲修摺　史料旬刊二十六期

安西改設郡縣移駐營汎案　史料旬刊二十二期　吳達善，楊應琚，劉順摺，楊應琚，吳達善摺二，

安南檔　文獻叢編第十一至十三輯——安南阮氏黎氏之爭——

黎奇珍潛赴安南滋事案　史料旬刊四十期

安南攻剿沙匪案　史料旬刊四十期

安南脫回廠徒案 史料旬刊二十一，二十二，四十期 熊學鵬摺三，薩載摺，徐績摺，陳煇祖片，李質穎摺，李侍堯摺二，三寶摺……。

羅敎案 史料旬刊二十四期 雅爾哈善摺，喀爾吉善摺，

吏部察議杜篤祜參戶部本 掌故叢編第四輯

刑部議杜篤祜參戶部本 掌故叢編第四輯

杜篤祜參戶部錢糧不銷算本 掌故叢編第四輯

吏部議杜篤祜參劉顯績本 掌故叢編第五輯

劉顯績陳說杜篤祜參本 掌故叢編第五輯

杜篤祜參劉顯績本 掌故叢編第五輯

吏部議陳調元王廷諫宋權本 掌故叢編第五輯

陳調元參宋權本 掌故叢編第五輯

王廷諫參宋權本 掌故叢編第五輯

郝傑乞賜進士袍服本 掌故叢編第六輯

楊璜議獄以弭天變本　掌故叢編第六輯

許作梅祈賜處分本　掌故叢編第六輯

朱廷諭陳三事本　掌故叢編第六輯

向玉軒畿地圈撥將盡本　掌故叢編第六輯

王守履自劾本　掌故叢編第六輯

桑芸參馮銓本　掌故叢編第六輯

羅國士參馮銓本　掌故叢編第四輯

李森先參馮銓父子本　掌故叢編第四輯

杜立德參馮銓本　掌故叢編第四輯

吳達參馮銓本　掌故叢編第四輯

鄂爾泰摺　掌故叢編第四至六輯

清乾隆九十兩年科場案　史料旬刊三十三，三十四期

上諭十四，哈達哈等摺，周學健摺二，阿里袞摺，準泰摺，蔣溥摺，陳弘謀等摺。

清乾隆朝福建督撫伍拉納浦霖等受賄被誅案　史料旬刊三十至三十四期　魁倫摺，附片，浦霖摺，姚棻摺……。

韓德榮倡立邪教案　史料旬刊三十期　碩色摺，阿里袞摺，準泰摺

查辦戲劇違礙字句案　史料旬刊二十二期　郝碩摺，圖明阿摺

徐述夔詩案附殷寶山案　故叢編第四至六輯

張子文冒用兵部火票案　史料旬刊二十一期　方觀承摺，黃廷桂摺二，黃廷桂等摺

江蘇蘇松等處聚衆阻糶案　史料旬刊二十九期　譚行義摺二，尹繼善摺，安寧摺四，尹繼善安寧摺。

黃佔等搶取蘇祿貢使貨物案　史料旬刊二十四期　喀爾吉善潘思榘摺三，

高樸私鬻玉石案　史料旬刊二十至二十八期　巴延三摺，勒爾謹摺，薩載寅著摺，附片，畢沅摺，伊齡阿摺，舒文摺……。

陳學愈逼命行賄案　史料旬刊二十九期　訥親摺二，方觀承摺四，

趙雲鵬揑造圖記誆騙錢文案　史料旬刊二十三，二十四期　楊廷璋摺，富尼漢摺，彰寶摺，海明摺，良卿摺……。

老官齋案　史料旬刊二十七至二十九期　訥親摺三，新柱摺，喀爾吉善新柱潘思榘摺四，喀爾吉善摺二，武進陞摺三，新柱等摺二　薛瑞……。

陝西扶風縣罷考案　史料旬刊二十六期　永常鐘音摺二。

緬匪進貢還人案　史料旬刊二十二，二十三期　李侍堯摺二，附片，裴宗錫摺四，海祿摺三，

準噶爾夷人進貢案　史料旬刊二十期　黃廷桂摺二，尹繼善摺四。

準噶爾夷人貿易案　史料旬刊二十四期，二十五期，二十七期　永常等摺，永常摺黃廷桂摺李繩武摺……。

衍聖公請廢告子從祀裁減廟戶案　史料旬刊二十期　孔昭煥摺二，白鍾山摺二，

奏功德案　史料旬刊二十八期　李質穎摺二，巴延三摺三，農起摺三。

修建寧壽宮工程案　史料旬刊二十五，二十六期　福隆安等摺二，劉浩英廉金輝摺四。

山東巡撫岳濬奏請改建濮州堯陵廟宇以復眞蹟摺　史料旬刊二十期

直隸總督周元理奏報乾隆四十三年直省戶口倉穀數目摺　史料旬刊二十一期

四川巡撫王士俊密陳四事摺　史料旬刊三十三期

兩廣總督李侍堯奏覆查明暹羅與花肚番構兵情形摺　史料旬刊三十期

阿里袞明德奏報查明歷次陣亡傷亡官兵摺　史料旬刊二十四期

經略苗疆事務湖廣總督張廣泗密陳元展成哈元生貽誤封疆請以韓勳劉永貴署理貴州提。

鎮摺　史料旬刊二十期

經略苗疆事務湖廣總督張廣泗密陳董芳諸人行事心性摺　史料旬刊二十期

阿里衮明德奏緬賊差人投書探信遮放土司多萬福並不報明聽候辦理除將多萬福嚴行監禁已委潞江土司線維坤協理遮放土司印務摺　史料旬刊二十五期

雲貴總督李侍堯奏陳巡閱邊境情形摺　史料旬刊二十二期

陝甘總督宜綿奏報搜獲立昌號醬園收藏玉器並訊取供詞摺　史料旬刊二十九期

查禁制錢剪邊私鑄案　史料旬刊二十八期 高晉摺，彰寶摺，吳紹詩摺，永德摺。

內務府成造物品案　史料旬刊二十三期 內務府摺二，三和英廉摺，三和摺。

貴州威寧媽姑鉛廠拴毆廠官案　史料旬刊二十一期 開泰摺二。

兩江總督那蘇圖查奏太倉州并各屬所存蟒鏈悉行毀燬摺　史料旬刊三十一期

江蘇巡撫楊魁奏報贛榆縣韋玉振爲父刊行述擅用赦字寶山縣范起鳳藏有違礙書籍不早呈繳飭縣帶犯至蘇審究摺　史料旬刊二十九期

兩廣總督李侍堯奏審擬續獲高明縣民黎奇珍娶逃婦林亞妹爲妻商同陳嘉拔等謀殺謝幹

儒一案案犯摺　史料旬刊二十五期

管安徽巡撫事張師載奏明高堰山盱等處暴風打壞石工淹沒船隻人口情形並非外越埽工停修之故摺　史料旬刊二十七期

陝西巡撫陳弘謀奏覆陝西一省古昔帝王陵寢聖賢忠烈墳墓應行圈築圍牆防獲呈候欽定摺　史料旬刊三十一期

彙核嘉慶十七年各直省錢糧出入清單　史料旬刊二十二至三十期

清嘉慶朝修建各處殿宇案　史料旬刊四十期

清道光朝留中密奏　原件存永壽宮　史料旬刊三十五至三十九期

清道光朝關稅案　史料旬刊三十一，三十二，三十三，三十四，四十期　達三，福森，成剛，惠顯，廣泰，阿爾邦阿，嘉祿，魏元煜，和世泰，帥承瀛等摺子。

清道光朝留中密奏專號第一　史料旬刊三十五期　鄧廷楨，林則徐，琦善，耆英，楊芳，黃爵滋等摺片

清道光朝密奏專號第二　史料旬刊三十六期　裕謙，劉韻珂，駱秉章，瑞元，朱琦，劉鴻翱，梁寶常，李星沅，徐廣縉，楊殿邦，等摺片

清道光朝密奏專號第三　史料旬刊三十七期
奕顥，賽尙阿，伊里布，陶澍，烏爾恭額，朱士彥，鐘祥，敬徵，顏伯燾，周天爵，牛鑑，怡良，周春祺，吳文鎔，祁寯藻，布彥泰，寶興等摺片

清道光朝密奏專號第四　史料旬刊三十八期
吳其濬，富呢揚阿，朱昌頤，鄂順安，祝慶蕃，蘇都禮，黃鍾音，薩迎阿，崇恩，潘錫恩，張祥河，季芝昌，王植，陸費瑔，程矞采，斌良，全慶，奕興，穆彰阿，張芾，納爾經額等摺片。

清道光朝密奏專號第五　史料旬刊三十九期
內容有佚名附片，諭旨，及鈔件

清惇親王綿愷府第寓園囚禁多人案　史料旬刊三十二期
部察院摺，戴銓摺等，宗人府摺……。

宮內拿獲竊賊案　史料旬刊四十期

福建鐵尺案　史料旬刊四十期

光緒辛丑電報　文獻叢編第八，九輯。
中多關于光緒二十七年(西紀一九〇一年)辛丑條約之件，爲中國全權大臣奕劻李鴻章等由北京發往西安者

河南青陽教　史料旬刊二十七期
徐績摺二，榮柱摺二。

醇親王奕譞致軍機處尺牘　文獻叢編第七至九輯

陳夔龍奏摺殘稿　青尼　燕京圖書館報二十九期

郵傳部右侍郎盛宣懷奏呈各省督撫幣制奏議摘要清單　東方雜誌六年七，八期

郵傳部右侍郎盛宣懷奏呈各種幣制條陳　東方雜誌六年八期　後附有奏陳幣制未盡事宜片

郵傳部右侍郎盛宣懷奏陳畫一幣制辦法摺　東方雜誌六年六，七期

郵傳部奏核銷贖電收支用款摺　東方雜誌第六年五期(并單)

山東巡撫袁奏改元伊始請因勢利導以開民智隨時變通以紓民困摺　東方雜誌六年四期

山東巡撫袁樹勛陳銅圓十幣敬籌治標三策摺　東方雜誌六年五期

山東巡撫袁樹勛奏東省州縣異常虧累亟應變通辦理摺　東方雜誌六年五期

新授山東巡撫孫寶琦條陳新政摺　東方雜誌六年九期

東三省總督徐世昌署吉林巡撫陳昭常奏瀝陳吉林財政困難情形摺　東方雜誌第六年五期

兩江總督張人駿奏勸業會佈置情形摺　東方雜誌六年十三期

兩江總督端江蘇巡撫陳會奏創辦南洋第一次勸業會摺　東方雜誌六年四期

調任兩江總督端方奏南洋勸業會請降旨宣示綱要摺　東方雜誌六年九期(附又奏請將赴賽物品概免沿途釐稅片)

署理兩廣總督袁樹勛奏嚴禁緝匪花紅請永遠裁革摺　東方雜誌六年十三期

署兩廣總督袁樹勛奏覆陳粤省賭餉籌辦情形摺　東方雜誌六年十一期

交旨　東方雜誌第六年三至十三期
按：係當日大臣奉旨後，傳諭他的屬下，實行照辦爲之交旨

電旨　東方雜誌第六年三至十三期

諭旨　東方雜誌第六年一至十三期
自光緒三十四年起

會議政務處奏議覆度支部奏幣制重要宜策萬全摺　東方雜誌六年四期

農工部會奏議覆南洋等籌設勸業會及賽物免稅等摺　東方雜誌六年九期

農工商部奏議覆御史王履康奏振興絲業請飭上海商會籌擬　東方雜誌六年四期

內閣會奏升祔大禮摺　東方雜誌六年十三期

禮部奏恭備升祔大禮請旨欽定摺　東方雜誌六年九期

宣統三年電報檔選錄　清軍機處存檔　文獻叢編十五，十六輯

(7)官制

西周官制攷略　牛夕　清華週刊三十九卷二號

周官六官沿革攷　敖士英　女師大學術季刊二卷一期

秦代官制攷　作民　清華週刊三十八卷十二期
內容：（1）緒言（2）中樞政務之重心（3）其他中央官吏（4）武官及封爵（5）郡縣官吏（6）法治。

「九品中正」的研究　許世英　清華週刊三十六卷九，十期合刊

唐宋時代之轉運使及發運使　黃現璠　進展月刊二卷十二期

歷代兵制論略　程石泉　建國月刊九卷二期

太平天國制度之研究　丁紹曾　史地叢刊第一輯
（1）上帝教之教旨（2）職官之設置（3）軍事上之組織（4）田畝之分配（5）新歷之頒布

嵩園讀書記之二——五官　黃仲琴　嶺南學報二卷三期

（8）民族

中國民族之來源　衞聚賢　史地叢刊第一輯
內容：（1）緒論（2）殷爲中國的土著，（3）殷民族由南方沿海北上的，（4）夏爲外來的民族。

古華民族遷徙攷　李裕增　河北第一博物院半月刊四十，四十一，四十二期

中國古代民族底研究　汪馥泉　微音月刊一卷五期

中國民族之歷史的發展　和田清著　賀昌英譯　進展一卷二期

周代西方民族之東殖　李峻之　清華週刊三十七卷九，十期

古代中國民族東北遷移的一些史料　梁園東　中庸半月刊一卷三期

我國民族之轉移及混化　殷淑慧　朝華月刊二卷一，二合期

漢族文化的開拓及其厄運的奮鬥　劉徹　南方雜誌二卷四期

夏民族攷　程憬　大陸雜誌一卷五，六期

夏殷民族攷　姜亮夫　民族一卷十一，十二期二卷一，二期

殷商民族發源地質疑　陳紹箕　學術月刊一卷二，三期

讀殷商民族發源地質疑後　衞聚賢　學術月刊一卷二，三期

中國民族前途之史的觀察　衞聚賢　前途雜誌一卷十期

國史上之民族年代及地理述略　繆鳳林　史學第一卷一期

中國民族成立之程序　鄒昕　天津益世報學術週刊（十八年一月七，十四，二十一日）

——駁胡適之「中國民族係夏商周楚秦各民族合成說。」

百年來中華民族之海外發展　羅錦澄　新亞細亞月刊二卷一期，二期

中國邊境各民族之對華歷史與受治帝國主義的經過　華企雲　新亞細亞月刊二卷三期，四期

中華民族性的歷史觀　陳高傭　新中華一卷二十四期

中國民族的特點　梁園東　前途一卷四期

中華民族與中庸之道　蔡元培　東方雜誌二十八卷一號

中華民族獨立運動的新趨勢　白崇禧　南方雜誌創刊號

中國民族的危機及任務　陸一遠　前途卷七期

中華民族之危機及我們今後之任務　陸一遠　南方雜誌創刊號

中華民族的潛勢力與今後之出路　壽昌　建國月刊九卷五期

中國民族的向外發展　李崇厚　前途一卷四期

中華民族復興問題之史的觀察　趙正平　復興月刊一卷一至五期

中國民族復興與文化運動　迪豪　進展月刊一卷六期

民族觀點上中華歷史時代之劃分及其第三振作時期　張君勱　再生雜誌二卷二期

中國民族復興之社會學底攷察　陸紓農　建國月刊九卷五期
論中華民族之復興　吳康　中庸半月刊一卷創刊號
論中國民族性及今後之出路　何漳　廣西青年十五期
蒙古民族之由來　張其春譯　國聞週報十卷二十一期
蒙古種族是那裏來的　張振之　新亞細亞月刊二卷四期
外蒙古民族之分類　李際亨　西北研究八期
青海之民族狀況　黎小蘇　新亞細亞六卷二，三號
青海蒙古六部二十九旗調查　新青海三期
興安嶺外的蒙古民族　李紫珊　新亞細亞四卷六期
青海玉樹二十五族分區調查　新青海三期
青海各民族移入的溯源及其分布之現狀　丘向魯　新亞細亞五卷三期
青海環海及黃河南北各藏族區分調查　新青海三期
西北民族研究計劃芻議　凌純聲　方志月刊六卷四期

中國南方民族源流攷　郎擎霄　東方雜誌三十卷一號

中國內地移民史——湖南篇　譚其驤　史學年報四期

按分上下二篇（上篇）歷史上之陳績（下篇）今日湖南人之由來

湖南人由來攷　譚其驤　方志月刊六卷九，十期

西南民族的研究　楊成志　西南研究創刊號

（西南民族自序）

從西南民族說到獨立羅羅　楊成志　攷古學雜誌創刊號

（民十八年六月七日在雲南東陸大學演講）

雲南民族調查報告　楊成志　國立中山大學語言歷史研究所週刊第十一集第一二九至一三二期合刊

內容：（1）緒言，（2）獨立羅羅，（3）中羅字典，（4）獨立羅羅歌謠集，（5）關于花苗的語言和慣俗一般，（6）關于青苗的語言和慣俗一般，（7）昆明各民族的分析和比較，（8）雲南民族的資料，（9）雲南民間文藝集的資料，（10）安南民俗的資料，（11）此次收羅各民族民俗品總登記表

單騎調查西南民族述略　楊成志　國立中山大學語言歷史學研究週刊十集一一八期

古代越族攷上篇　羅香林　國立中山大學文史學研究所週刊第一卷第二期

吳越民族　衞聚賢　進展一卷二，三合刊

福建幾種特異的民族　翁國樑　民俗八十期

桂猺　趙希超　史地叢刊第一輯

苗族小史　撒得牧師筆記　芝軒譯　小說月報十一卷三號

苗族說略　河北第一博物院半月刊四至十期

錢江九姓漁戶攷　童振藻　嶺南學報第二卷第二期
內容：（1）緒論，（2）來歷，（3）人口，（4）姓氏，（5）船舶，（6）生計，（7）習俗，（8）教育，（9）解放之經過之事情，（10）以後教養之方法，（11）結論。

客家研究導論序　朱希祖　國風半月刊四卷三期

客家研究後記　羅香秋　清華週刊三十五卷一期
按：（客家係閩贛粵湘交界地之一支漢族）

台灣番族的研究　陳表　新亞細亞月刊一卷六期

安南民族概別　楊成志　西南研究創刊號
——安南風土誌的一章

檀香山之民族　林德兒作　李笠農譯　地學雜誌十九年一期
（此篇載在太平洋雜誌 Mid-Pacific Magazine 九月號）

西馬拉雅山脈史前的先民住窟　H.do erro 著　賀昌羣譯　東方雜誌二十八卷十四號

（9）傳記

呂不韋　張沅長　大陸雜誌一卷八期

四皓論　朱士煥　民彝雜誌一卷九期

司馬遷傳　汪定　清華週刊三十四卷一期

讀史記對于王國維太史公行年攷之異議　蕭鳴籟　現代史學一卷二期

楊雄的姓　黃仲琴　嶺南學報二卷一期

劉向之生卒及其撰著攷略　葛啓揚　史學年報一卷五期

班固誕生一千九百年紀念　楊樹達　大公報文學副刊二百九十九期（二十一年五月二十三日）

內容：班固所據史料攷：（一）本之父業（二）本之劉向歆父子，（三）本之馮商，（四）本之楊雄（五）本之馮衍，（六）本之韋融（七）餘論，

漢代出使西域的兩位英雄　石泉　建國月刊九卷四期

張騫與班超

許叔重事　敬言　東吳一卷一期

內容：（1）里居，（2）生平，（3）官職，（4）著述，（5）師友弟子。

虞仲翔先生年譜　裴占榮　國立北平圖書館館刊七卷一號

按：虞翻字仲翔，會稽餘姚人。生于漢靈帝熹平元年壬子（一七二）至蜀漢延熙四年辛酉（二四一）

以上秦漢

北周毀佛主謀者衛元嵩　余嘉錫　輔仁學誌二卷二期

賈魏公年譜　內藤虎次郎著　張其春譯　方志月刊六卷一期

按：賈耽字敦詩精地理之學生於唐開元十八年庚午卒于順宗貞元二十一

盧杞論　馬其昶　民彝雜誌一卷四期

唐玄奘法師年譜（續前）劉汝霖　女師大學術季刊二卷一期

唐玄奘法師年譜　陳思　東北鑛鐵十七，十八期

玄奘三藏　孤鷺　北平晨報學園六至十一號（十九年十二月二十四，二十五，二十七，二十九，三十，三十一日）

孔穎達年譜　內藤虎次郎著　于式玉譯　燕京大學圖書館報第六期
按：此篇係日本每日新聞社影印翁澤文庫藏宋版「尙書正義」中，附有內藤所作撰者攷之一，

劉知幾之平生　傅振倫　學文一卷四期
劉子玄先生年譜後記

李衛公論　朱士燾　民彝雜誌一卷九期

王玄策事輯　馮承鈞　清華學報八卷一期
按：爲繼玄奘赴印度之法師

以上六朝至唐

陳亮的平生　何格恩　嶺南學報第二卷第二期
按：陳亮字同甫號龍川婺州永康人，生宋紹興十三年，（一一四三）卒紹熙五年（一一九四）

葉適在中國哲學史上之位置 何格恩 嶺南學報二卷四期
內容：（1）緒論，（2）傳略，（3）時代，（4）師友，（5）思想概要，（6）結論，（7）參攷書目表。

李明仲八百二十週忌之紀念 北平晨報藝圃（二十年三月二十八，三十，三十一日。四月一，四，六，十，十二，十四，十七，十九，二十二，二十四，二十六，二十七，二十八日。）
（李明仲宋代之營造學家）

民族英雄——岳武穆傳略 清流 春笋第六，七期合刊
內容：（1）緒言，（2）生世的概略，（3）岳飛的為人，（4）為將的智謀，（5）被害的前後，（6）對後世的影響和歷代對他的批評。

姜白石與姜石帚 夏承燾 暨大文學院集刊第一集
按：此文論任公先生姜石帚與姜白石非一人之斷語

耶律楚材之生卒年 陳垣 燕京學報第八期

地理學家朱思本 內藤虎次郎著 吳晗譯 國立北平圖書館館刊七卷二號
朱思本字本初元江西臨川人

以上宋元

平倭名將俞大猷戚繼光合傳 横海 建國月刊九卷五期

中國法書大家文徵明 編者 故週週刊二八八至三〇〇期
內容：（1）文徵明事蹟，（2）文徵明至明代法書上之地位，（3）文徵明法書作法，（4）尾語。先生名璧號衡山居士明成化六年庚寅生嘉慶三十六年己未卒，（一四七〇——一五五九）蘇州長洲縣人。

袁中郎師友攷　任維焜　師大國學叢刊一卷二期

明代畫家沈石田先生傳　芸人　藝觀第二期，第三期

張篁溪生壙誌銘　王樹枏　民彝雜誌一卷五期
名伯楨，號滄海，字篁溪。

方密之先生傳　馬其昶　民彝雜誌一卷一期
諱以智，號曼公，晚明時人。

左忠毅公傳　馬其昶　民彝雜誌一卷七期
按：左公諱光斗，字共之，一字蒼嶼，明朝人。

張參政傳　馬其昶　民彝雜誌一卷一期
諱滄，字希古，號瀼琴，明朝人。

姚休那白靖識方羽南鄧顛崖陳朗生傳　馬其昶　民彝雜誌一卷十一期
按：姚先生諱康，字休那，原名士晉；白先生諱瑜，字暇仲，一字安石；方先生諱鯤，字羽南；鄧先生諱森廣，字東之，號顛崖；陳先生諱昉，字朗生；均晚明文士。

張忠節公傳　馬其昶　民彝雜誌一卷二期
諱秉文，字含之，號鍾陽，明萬歷人。

姚端恪公傳　馬其昶　民彝雜誌一卷十一期
諱文然，字弱侯，號龍懷，明人。

張湖上先生傳　馬其昶　民彝雜誌一卷二期
諱載，字子容，明朝人。

紀念明末先哲徐文定公　竺可楨　國風半月刊四卷一期
徐光啟字子先號玄扈上海人，爲天主教徒，生于明嘉靖四年，嘗從意國人利瑪竇習「天文」，「歷法」，「算術」，「火器」等，卒于天啓六年。

徐光啓逝世三百年紀念　李書華等　國風半月刊四卷一期

明賢徐文定三百週年紀念　徐景賢　嚴肅　人文月刊四卷七期

徐光啓字子先別號玄水南直上海人卒于明崇禎五年（一六三三）

以上明

清初審音家趙紹箕及其貢獻　趙蔭棠述　輔仁學誌三卷二期

戴南山先生傳　馬其昶　民彝雜誌一卷四期

按：戴先生諱名世，字田有，一字褐夫，號南山；清順治間人。負才能文，聞名當世。後因都御史趙申喬劾其所著南山集有悖逆不道之文，遂逮繫入獄，以康熙五十二年二月論死。

革命先烈桐城戴南山先生　龔殷波　學風一卷五期

梅勿庵先生年譜　錢寶琮　國立浙江大學季刊一卷一期

梅文鼎，字定九，晚號勿庵。

梅定九年譜　商鴻逵編　中法大學月刊二卷一期

三百年前之算學大家——梅定九先生　龔顯波　學風一卷二期

錢田間先生傳　馬其昶　民彝雜誌一卷十期

諱澄之，字飲光；初名秉鐙，字幼光，號西苑道人。

姚編修葉庶子傳　馬其昶　民彝雜誌一卷十二期

按：姚先生諱範，字南青，號薑塢；葉先生諱酉，字書山，號花

。南

疊石名家張南垣父子事輯　謝國楨　國立北平圖書館館刊五卷六號

方恪敏公傳　馬其昶　民彝雜誌一卷十期

諱觀承，字宜田，一字遐穀，號問亭。

清山西布政使張公墓志銘　馬其昶　民彝雜誌一卷五號

諱紹華，字絅甫，一字筱傳。

張工部傳　馬其昶　民彝雜誌一卷六期

諱芑，字武仕，號雪岑。

張逸園傳　馬其昶　民彝雜誌一卷四期

諱若瀛，字印沙，號逸園。

張文端公傳　馬其昶　民彝雜誌一卷三期

諱英字敦復。

張恂所公傳　馬其昶　民彝雜誌一卷三期

諱士維，字立甫，號恂所。

張文和公傳　馬其昶　民彝雜誌一卷三期

諱廷玉，字衡臣，號硯齋。

山東之抄書家——盧德水先生　王獻唐　山東圖書館季刊一集一期

朱笥河先生年譚　王蘭蔭　師大月刊第二期

朱筠字竹君號笥河順天大興人，生于清雍正七年（一七二九）卒于乾隆四十六年（一七八一）

朱笥河先生年譜　羅繼祖　東北叢鐫十六期

劉端臨先生年譜　劉文興　國學季刊三卷二號
劉氏名台拱，字端臨，號子階，一字江嶺，上世蘇州人，明宣德正統間，始遷寶應，清乾隆十六年，辛未（一七五一）先生生嘉慶十年（一八〇三）卒。

段玉裁先生年譜　劉盼遂　清華學報七卷二期

顧千里年譜　汪宗衍　圖書館學季刊四卷二期

顧千里年譜　林堅之　北平晨報學園五八至六〇期又六三期（二十年三月十九，二十，二十一，二十六日。）

焦里堂先生年譜　王永祥　東北叢鐫十三期
名循字理堂，晚號里堂老人。

戴東原的繼承者焦里堂　王永祥　東北叢鐫一卷十二期

汪中生平及其述學　黃賢俊　國聞週報八卷三十六期

紀曉嵐先生年譜　王蘭蔭　師大月刊六期
紀昀字曉嵐，一字春帆，晚號石雲；獻縣人，雍正二年甲辰（一七二四）生嘉慶十年乙丑（一八〇五）卒

姚惜抱先生傳　馬其昶　民彝雜誌一卷五期
按：姚先生諱鼐，字姬傳，一字夢穀，名其軒曰惜抱軒，故學者稱之曰惜抱先生。以善為古文辭名天下，繼桐城方劉二君之業，延古文一脈之傳。

崔東壁先生故里訪問記　洪煨蓮　顧頡剛　燕京學報第九期
附：（圖後附說趙貞信作）

清代兩個大輯佚書家評傳 王重民 輔仁學誌三卷一期
章宗源 馬國翰

戴莕洲先生傳 馬其昶 民彝雜誌一卷六期
諱鈞衡，字存莊，號莕洲。

姚按察傳 馬其昶 民彝雜誌一卷六期
諱瑩，字石甫，號幸翁，一字明叔。善古文辭。

江雨民先生傳 張家驄 民彝雜誌一卷三期
諱霖；字雨民。

方明善先生傳 馬其昶 民彝雜誌一卷十期
諱學漸，字達卿。

張潼關潘遵義傳 馬其昶 民彝雜誌一卷八期
按：張公諱聰賢，字愛濤；潘公諱光泰，字稺青，原名馨字掌文。

馬魯陳先生傳 馬其昶 民彝雜誌一卷八期
諱宗璉，字器之。

馬徵君傳 馬其昶 民彝雜誌一卷八期
諱三俊，字命之，號融齋。

汪仲伊先生小傳 藝觀第一期

包愼伯先生年譜傳 胡韞玉 國學叢編第一，二集合刊
包世臣，字愼伯。

曾文正公逝世六十年紀念 郭斌龢 大公報文學副刊二五三期（二十一年十一月七日）
曾文正公與中國文化

顧尙之先生傳略 姚光 國學叢選第六集
顧觀光字賓王，號尙之，江蘇金山人。

李昭壽事略 謝興堯 北平晨報藝圃（二十一年八月十三，十五，二十二，二十六，二十九，三十日。九月二，三，五，六，七，九，十，十四日。

洪楊危談之一

節錄瞿兌之先生著李文忠集傳　河北第一博物院半月刊二十五期二，三，四期

書合肥軼聞　惜陰　人文月刊三卷七期

丁松生先生家傳　俞樾遺著　浙江省立圖書館月刊一卷七，八期合刊

清孫詒讓先生傳　瑞安董允輝　燕大月刊六卷三期
永嘉耆舊傳儒林之一

南皮張故相遺聞　東方雜誌六年十一期
（張文襄）

福建繆晉綏晉綺兩先生墓表　繆金源　北大學生一卷四期

清兵部尚傳徐公筱雲事略　談文灴　國學叢選第十三，四集
諱用儀號筱雲浙江海鹽人

吳摯父蕭敬孚二先生傳　馬其昶　民彝雜誌一卷七期
按：吳先生諱汝綸字摯父；蕭先生諱穆，字敬甫，一字敬孚；兩先生均以古文辭擅名。

國立北京大學第一任校長桐城吳摯甫先生　龔顧波　學風一卷八期

姚叔節墓誌銘　馬其昶　民彝雜誌一卷七期
按：姚先生諱永概，字叔節，係桐城後入，有文名。

他塔喇文貞公家傳　李國松　青鶴雜誌一卷三期

陳先生墓表　馬叙倫　中大國學叢編一期四册
名黻宸，字介石，浙江瑞安人。

瑞安陳公墓誌銘　孫興唯是第三册
名芾，原名黻宸，溫州瑞安人。

瑞安陳醉石先生事略　林損唯是第二册
諱侠，字醉石。

讀「南海康先生傳」　一士　國聞週報九卷二十期

英歛之先生行蹟　徐致遠　公教青年會季刊一卷二期
諱華，號安蹇，晚號萬松野人，京師旗籍

國學辜湯生傳　惜陰　人文月刊二卷四期

外務部左丞辜君傳　羅振玉　東北叢鐫十三期
君諱湯生，字鴻銘，先世福建同安人，君考商於南洋之峡啷嶼，因家焉。

廖季平先生評傳　侯堮　大公報文學副刊二百三十九期（二十一年八月一日）
廖平字季平四川井研縣人，生于咸豐二年，卒于民國二十一年

井研廖季平師與近代今文學　蒙文通　大公報文學副刊二百四十一期（二十一年八月十五日。）

新中華一卷十二期

廖季平之生平　尙志週刊二卷二期

廖季平與清代漢學　蒙文通　國風半月刊四號

陳臥子先生傳　高燮　國學叢選第十二集
陳子龍字臥子，一字人中，又字懋中，號軼符，華亭人。

劉伯明先生事略　國風半月刊九號

辛亥革命史中之一人——程德全　黃炎培　人文月刊二卷一期
程德全，四川夔州雲陽縣人。生清咸豐十年一八六〇，歿民國十九年一九三〇。

洪蓮生先生傳　葉玉麟　民彝雜誌一卷四期

獲鹿張君墓表　高步瀛　中大國學叢編一期五冊
諱亘弼，字佑卿。

召試經濟特科平陽宋君別傳　馬叙倫　中大國學叢編一期四冊
初名存禮，更名恕，字燕生，溫州人。

石門賈君墓誌銘　余嘉錫　中大國學叢編一期一冊
賈文純字亦粹

清故候選訓導廩貢生桃源聶君墓誌銘　余嘉錫　中大國學叢編第一期三冊
諱兆鄴，字儆心，

清提督銜貴州威寧鎮總兵方君墓誌銘　馬其昶　民彝雜誌一卷五期
諱致祥，字心齋。

清故光祿大夫奉天交涉使許君墓誌銘　陳三立　小說月報十一卷一號
諱鼎霖，字久香，贛楡人也。

清授資政大夫福建鹽法道陳公行狀　鍾廣生　東北叢鐫十四期
諱劉，字亮伯，號寂園。

清處士甘君紹堂墓誌銘　林紓　民彝雜誌一卷七期
諱培紀，字紹堂，四川人。

康烈士廣仁傳　梁啓超　不忍雜誌九十册。

孫逸仙傳　宮崎滔天遺稿　建國月刊五卷四，五期

總理先族之故鄉及世系之研究　高良佐　建國月刊九卷六期

公教愛國烈士安重根　卑牧　公教青年會季刊一卷二期

中華民國陸軍少將三等文虎章二等嘉禾章奉天省軍務廳長參謀長張君墓碑銘　林損　中大國學叢編一期三冊　名戊秋

大元帥張公神道碑銘　鍾廣生　東北叢鐫十六期

圓明圓總管世家　指嚴　小說月報五卷二號

李君伯芝墓誌銘　馬其昶　民彝雜誌一卷十一期　諱士倬

高孝懿先生傳　高燮　國學叢選十一集　名汝璞，字韞甫。

錢友梅先生墓誌銘　高燮　國學叢選第十集　名長清號振遠

談少琴先生傳　高燮　國學叢選第十三，四集　諱庭梧字少琴，海鹽人。

王祖康壙銘　高燮　國學叢選第四集　王祖康，丹徒人，王祖庚之弟。

清封朝議大夫翰林院庶吉私謚貞獻先生顧公行狀　高燮　國學叢編第九集

許雄仲家傳　高燮　國學叢選第十三，四集

劉君道生家傳　高燮　國學叢選第十集
名鳳岡，浙江人。

韓佩青家傳　高燮　國學叢選第十集
名組章字瓶窪，號佩青

鄒亞雲傳　柳棄疾　國學叢選第四集
鄒詮字亞雲，江蘇青浦人。

沈君德麟傳　談文灯　國學叢選第十三，四集
字虹夫，海鹽人。

徐六如先生傳　談文灯　國學叢選第十三，四集
名丙奎，字六如。

徐君小蓮傳　談文灯　國學叢選第十三，四集
諱震，字小蓮。

張銘齋先生傳　談文灯　國學叢選第十二集

馮君忠輔傳　談文灯　國學叢選第十三，四集
諱士怡字忠輔，海鹽人。

外舅葉公少臣家傳　顧鴻鈞　國學叢選第十一集
諱增爾，字少臣，安徽人。

內弟葉君鶴軒家傳　顧鴻鈞　國學叢選第十五，六集
名苑椿，字鶴軒，安徽人。

談夢石小傳　查濟　國學叢選第十五，六集
談字祥麟，文灯其名，夢石，乃別字也。

陶聘三家傳　胡蘊　陶名嘉祥　國學叢選第十集

侯端傳　姚光　字敬莊　國學叢選第十三，四期

司寇公家傳　姚光　諱士愼，字仲含　國學叢選第十三，四期

族弟齊耿小傳　金天翮　名齊耿，字軼章　國學叢選第十二集

薛橋傳　吳光國　字竹居，揭陽人。　國學叢選十二集

朱天梵小傳　謝珩　名光，字犖才，上海人。　國學叢選第十五，六集

朱冀成耀能傳　張鶴　國學叢選第十三，四期

朱曼君先生誄　尹桐陽　民彝雜誌一卷四期

顧瀨泉先生傳　高煌　顧名深　國學叢選第九集

簹溪釣徒傳　葉玉麟　民彝雜誌一卷五期

張君瑛如傳　葉秉常　名新　國學叢選第十集

陳湘蘭墓誌銘　金天翮　諱廷芬，字湘蘭，湖北鄂城人。　國學叢選第十三，四集

許雄仲墓誌銘　金天翮　諱寶廉，字樹人，一字文若，號雄仲。　國學叢選第十三，四集

高舍槐先生墓誌銘　陳蛻　國學叢選第一，二合刊
高煒字吟槐，民初人

南溟傳　高煌　國學叢選第五集
南溟係著者之堂姪

胡君儀緇家傳　張孔塽　國學叢選第十五，六集
名常德，字少芸，一字儀緇，婁縣人。

缶盧先生小傳　諸宗元　國學叢選第十五，六集
吳俊卿，字倉頡，浙江安吉縣人。

郭君同舟傳略　葉秉常　國學叢選第十集
名誠

蛻老遺事　胡懷琛　國學叢選第五集

以上清至民國

王昭君　張長弓　嶺南學報第二卷第二期
關于昭君之名字，籍貫，入宮，入胡，和戎，住胡之生活及死，靑塚及其古蹟及鄉俗的攷釋

明懿安皇后外傳　清紀文達遺著　小說月報五卷十二號

香妃與郎世寧　汪亞塵　藝風一卷二期

金川妖姬志　措叢　小說月報五卷一號
按：本篇與淸季大小金川亂事，頗有關涉。

鎭海李君側室胡氏權厝銘　孫宣　靑鶴雜誌一卷一號

先本生生母事略　高燮　國學叢選第四期

先妣事略　袁思亮　青鶴雜誌一卷二期

先妣勞太夫人行狀　康有為　不忍雜誌九，十冊

仲姊羅宜人墓誌　康有為　不忍雜誌九，十冊

嵩明謝烈婦李氏表頌　章炳麟撰　中大國學叢編一期三冊

顧太夫人五十生辰徵詩文啓　國風半月刊　創刊號

以上婦女

退思園軼事　劉振卿　北平晨報藝圃（二十一年六月二十八日）

謨貝子軼事　劉振卿　北平晨報藝圃（二十一年四月一，二日）

袁弘毅墓誌銘　沈恩孚　人文月刊二卷四期

毛元徵傳　柳詒徵　國風半月刊六號

胡壹修先生行述　國風半月刊二號

倪高士年譜　番禺沈修艮伯眉編　湖社月刊六十二，六十三，六十四，六十五冊

慈谿馮君木先生述　陳訓正　國風半月刊七號

涇陽王徵傳　陳垣　文社月刊二卷二册

紀昀文達公小像　附影像　第一博物院半月刊十期

李德燿行樂圖　附其傳略　河北第一博物院半月刊二十五期

李延基行樂圖　附其傳略　河北第一博物院半月刊二十七期

李宗城畫像　附其傳略　河北第一博物院半月刊二十七期

張三丰畫像　附其事略　河北第一博物院半月刊二十五期

棲霞寺印楞禪師塔銘　章炳麟　中大國學叢編一期二册

太虛大師解行之特點　法舫述　海潮音十一卷七期

李木齋先生壽叙　葉湎蓀　民彝雜誌一卷七期

內容：多關于李君平生事蹟之略傳。

以上軼事

周漢時代之商政商界偉人攷　復忱　天津益世報學術週刊（十八年五月十三日）

元代列傳中漢官與其政治生活　夏光南　民衆生活二十九，三十四期

明清蟫林輯傳　汪闇總輯　圖書館學季刊七卷一期　明清兩代藏書家約七百餘人。

蟫林輯傳　汪闇　江蘇圖書館第四年刊
按：本篇專輯清季一代藏書事迹得五百五十人。

明儒生卒年表明　何子培　中山大學文史研究所輯刊一卷一册

明季留都防亂諸人事蹟攷　柴德賡　師大史學叢刊一卷一期

中國歷代名人變態行爲攷　張耀翔　東方雜誌三十卷一號
（1）身體，（2）感覺，（3）注意，（4）記憶，（5）思想及聯念，（6）情緒，（7）智能，（8）語言，（9）社交（10）嗜好，（11）技能，（12）睡夢醉酒，（13）瘋狂自殺，（14）總結。

清代民族思想之先導者　高良佐　建國月刊九卷五期
內容：（1）顧亭林，（2）黃梨州，（3）王船山，（4）朱舜水，（5）閻古古賈鳧西及其他，（6）賭儒學說之影響，

論清初六大畫家　富岡謙藏述　張我軍譯　天津益世報文藝週刊第一至五期（十八年四月四，十一，十八，五月二，二十五日。）
——四王——吳惲——

雍乾間奉天主教之宗室　陳垣　輔仁學誌三卷二期
（上編）蘇努父子（下編）簡親王德沛

閩中理學名臣詩學名家攷　孫克剛　廈大週刊二百五十一期

十八賢傳　陳舜俞　海潮音十三卷五號

婺源學者傳略　吳保障　學風一卷九期

劉海峯王晴園朱歌堂張勛園倪司城五先生傳　馬其昶　民彝雜誌一卷三期

按：劉先生諱大櫆字才甫，一字耕南，號海峯；王先生諱灼，字明甫，一字悔生，號晴園又號濱麓；朱先生諱雅，字介生，一字岑南，號歌堂；張先生諱敏求，字燮臣，號勛園；倪先生諱之鍇，字司城；五先生均爲陽湖派健者，而海峯更爲諸先生之冠。

許胡左劉張五先生傳　馬其昶　民彝雜誌一卷四期

按：許先生諱鯉躍，號春池；胡先生諱虔，字雒君號楓原；左先生諱朝第，字筐叔，一字偉安；劉先生諱開，字明東，號孟塗；張先生諱聰咸，字阮林；以上五先生，皆著籍桐城，姚門，以擅長古文，承繼家法知名者。

諸張傳　馬其昶　民彝雜誌一卷七期

按：所謂諸張者，均清人，有張廷瓚，廷璐，廷瑑，若震諸人。

張氏三世循良事狀　李國松　青鶴雜誌一卷七期

桐城耆舊傳序　馬其昶　民彝雜誌一卷十期

柏堂師友言行記　方存之　民彝雜誌一至十期

以上合傳

(10)雜攷

中國古代父子祖孫同名攷　劉盼遂　中大國學叢編一期一冊

「家」之來源與中國古代士庶廟祭攷　姜亮夫　民族一卷八期

(1)理感——說明「家」字之意義(2)豕為象之變(3)象與家之關係,(4)象神變轉之遺痕(5)象之轉變為豕,(6)家為士庶廟祭攷

周典籍入楚說　許同莘　東北叢鐫十八期

春秋時代的條約　時昭瀛　武大社會科學季刊二卷一號

門閥觀念不始於魏晉攷　梁東園　地史叢刊第一輯

唐宋櫃坊攷　日本加藤繁著　王桐齡譯　師大月刊第二期

三井寺藏唐「過所」攷　日本內藤虎次郎著　萬斯年譯　北平圖書館館刊五卷四號

(過所即古代度關津時所用文書)

宋代房錢攷　加藤繁著　王桐齡譯　師大月刊六期

(1)免除房錢地錢例(2)減少房錢地錢例(3)房錢日計例(4)樓店務或店務(5)結論

代宋地契攷　小林高四郎　前途雜誌一卷九期

清制之筵席攷　劉振卿　北晨藝圃(二十年七月八日,十日,十一,十三,十四,十七,二十一,二十二,二十四。)

唱晚籌　劉振卿　北晨藝圃北平晨報(二十一年四月五,八日。)

九白之貢　劉振卿　北晨藝圃北平晨報（二十一年四月九，十一，十二日。）

中國人辮髮之歷史　日本桑原隲藏著　楊筠如譯　暨大文學院集刊第二集

中國茶事叢攷　商鴻逵　中法大學月刊四卷一期
——造茶與飲茶之沿革——

中國郵政事業的發展　華君　中學生三十九號
（1）引言（2）驛傳（3）初期的郵局（4）二個特色——最長的郵長和最苦的郵程

度量衡制攷　謝彥談　朝暉十一期

中國歷代制度沿革　謝彥談　先導一，二，三期

六 地學

(1)通論

中國古代地理學之發展 鍾道銘 國立中山大學文史學研究所月刊一卷一期

戰國時代前中國地理知識的界限 周一良譯 國聞週報八卷七期

清儒西北地理學述略 唐景升 東方雜誌二十八卷二十一號

研究中國地理的新途徑 張其昀 地理雜誌四卷五號

十五年來中國之地質研究 章鴻釗 學藝百期紀念號

十五年來中國之地理學界 蔡源明 學藝百期紀念號

中華古代文化之發展及其地理背景 張印堂 地學雜誌二十年二期

中國文化之起源及其地理背景 美彌蕭普原著 朱炳海譯 方志月刊六卷二期

中國地形演化之歷史及地文地理之說明 方志月刊六卷二期

中國地文期概說 謝家榮 清華週刊四十卷七,八期

中國歷代人物之地理的分布 朱君毅 廈門大學學報一卷一期

現代中國名人的地理之分布　陳紹箕　中庸半月刊第一卷七號
內容：(1)小引，(2)材料與方法，(3)圖表的解析。

清代各省人文統計之一斑　黃炎培　人文月刊二卷六期

中國地理區域論　王長傳　地學季刊一卷一期

民生區域之概念　張其昀　地學雜誌四卷二期
按：本篇係著者改革省區之基本原理一文第四節，原文共六節，已載於二十年三月四月號時事月報。

古代中國人之地理環境　杜畏之　讀書雜誌三卷六期

論中國地史及其與人民之關係　梁宗鼎　東方雜誌十卷一號

中國大地體之構造與歷史　巴克斯頓著　蔡源明譯　地學雜誌十九年一期

中國地形淺說　李長傳　地學雜誌二十年二期

中國之生物地理　蔡源明譯　地學雜誌二十一年一期

關于中國自然區域的幾點參攷　翁詠霓講　朱炳海記　地學雜誌四卷三期

稻米之地理環境　張其昀講　李絜非記　地學雜誌四卷三期

中國地理教室設備擬　張雨峰　地學雜誌十九年一期

克勒脫納博士演講詞　編者　地理雜誌四卷一期
內容：(1)中山大學地理系在雲南四月來的工作經過，(2)雲南地理的情形，(3)從政治地理上窺測片馬問題。

中外地理地名更置錄　葛綏成　地理雜誌三卷六期

內務部改定各省重複縣名及存廢理由清單　東方雜誌十卷九號

中國商港建設現在及將來　陸爲震　東方雜誌二十八卷十號

漢以前人口及土地利用之一斑　萬國鼎　金陵學報一卷一期

先秦兩漢地理圖籍攷略　汧支　地學雜誌十九年三期
內容均係關於地理專著方面之目錄提要。

中國地圖史料輯略　王庸　國立北平圖書館刊六卷五號

乾隆內府銅版地圖序　朱希祖　國立中山大學文史學研究所月刊一卷一期

讀故宮博物院重印乾隆內府輿圖記　翁文灝　方志月刊五卷四期

輿圖備攷全書跋　房兆穎　燕京大學圖書館報第十期
按：輿圖備攷全書十八卷，明潘光祖彙輯。

中華民國新地圖序　翁文灝　方志月刊六卷十期

浙江輿地全圖序　談文炡　國學叢選第十五，六集

(2)區域 古蹟附

就歷史觀察中國的省制　李劍農　新時代半月刊一卷四期

縮小省區問題　張雨峯　地學雜誌十九年二期

首都設計餘談　古力治　方志月刊六卷一期

北平附近地誌研究　張其昀　地理雜誌四卷一號

山西地理攷察　許桂馨　地學雜誌二十年二期

江西之住民與都市(附圖)　蔡源明　地學雜誌十九年三期

甘肅近況實錄　叶貞　大戈壁一卷五期

隴海戰區各邑沿革考　芸生　國聞週刊七卷二十九期

福建省之經濟地理　林榮同　方志月刊六卷九期
內容：(1)閩省經濟概況及其危機，(2)閩省國有物產及衰落之原因，(3)發展經濟計劃，(4)結論。

廬江風土誌　李絜非　學風三卷三期
內容：(1)廬江之沿革與四境，(2)廬江之地理人文。

懷甯風土誌　李絜非　學風三卷一期，二期
內容：(1)懷甯之歷史沿革，(2)懷甯之地理人文。

蕪湖風土誌　李潔非　學風月刊三卷四期

滁縣風土誌　李絜非　學風月刊三卷六期

宣城風土誌　李絜非　學風月刊三卷五期

廣東揭陽縣概況　林德侯　方志月刊六卷九期

遼寧省鳳城縣　金崇安　方志月刊六卷七期

西康圖經　任乃强　新亞細亞月刊五卷三期至六期連期刊登

西康康定縣　高上佑　方志月刊六卷六期
康定舊名古魚通又名打箭鑪

陝西盆地的地文　謝家榮　方志月刊六卷三期
內容：（1）陝西是一個盆地，（2）三門期紅色土是盆地中的主要沈積物，（3）重要河流發生于唐縣期剝蝕面之上，（4）唐縣期以後的剝蝕，（5）河套成因的一解。

山西陝西間黃河之地文發育史　壬竹泉著　林蓮夫譯　方志月刊六卷十期

明末清初之四川　顧頡剛　黎光明　東方雜誌三十一卷一號

關于四川的幾張地圖　張其昀講　地理雜誌三卷五期

四川的地形演化和人生關係　翁文灝　清華週刊四十卷七期，八期

貴州現狀　何覲洲　西南研究創刊號

雲南地理的考察　克勒脫納　新亞細亞月刊二卷六期

雲南的五種特徵　楊成志　西南研究創刊號

江寧地志大綱　胡煥庸　王維屏　方志月刊七卷一期
內容：（1）引言，（2）疆域，（3）面積，（4）地形及山峯，（5）河流，（6）道路，（7）城鎮，（8）土地利用。

蘇州之地理環境　龔壽鶴　地理雜誌四卷四期，五期

鎮江雜記　柳定生　方志月刊七卷一期
內容：（1）名稱及沿革，（2）地形，（3）經濟概況，（4）交通及市政，（5）名勝，（6）史勢，。

海州鹽業及鹽民　問漁　人文月刊二卷三期

長江三角洲上人文現象一瞥　鄭勵儉　師大月刊三期
內容：（1）歸國的沿途，（2）上海，（3）長江三角洲的縱貫，（4）我國的新首都，（5）黃海三角洲的橫斷。

武進城市小誌　奚祝慶　地理雜誌四卷四期

上海市沿革略說　蔣奎梧　大陸雜誌一卷七期

上海發展之回溯　曹玉璽　史學二期

內容：（1）名稱之淵源與風俗之流變，（2）疆域之變遷及戶口之增減，（3）市舶司之設及對外貿易概況，（4）商埠及租界開闢之經過，（5）工商業之起源，（6）市政之過去及現在。

上海的企業組織　郁永言譯　中央學半月刊二卷六期

——譯自支那研究上海專號——

江陰小志　王維屏　地理雜誌四卷四期

江蘇阜寧縣　江元鼎　地理雜誌四卷四期

由中國經濟史上所見之江蘇儀徵縣　夏廷域　中山大學文史學研究所輯刊一卷一冊

紹興　陶元慶　亞波羅三期

寧波市在國際通商史上之地位　張道淵　國風半月刊三卷九期

說安慶　金天翮　國學叢選第十集

安徽無為縣小誌　盧蓥　地理雜誌四卷四號

說徐州　金天翮　國學叢選第十集

福建浦城概況　朱程　國風半月刊三卷十二期

廈門志略　張月娥　地理雜誌四卷六號

神秘的汴梁　羅慕華　北平晨報學園四三三號（二十一年十二月二十日）

鄉土叢談——長沙　辜祖文　方志月刊六卷二期

四川萬縣商港誌略　汪肇修　方志月刊五卷三號

說兗州　金天翮　國學叢選第十集

談曲阜　蕤郊　中學生第九號

青弋江流域概況　胡瀓咸　地理雜誌四卷四期

延邊四縣之重要市鎮　張傑三　北平華北日報（十八年四月二日至六日連日刊登）

澳門劃界初記　東方雜誌六年四期，五期，十二期（附錄澳門之歷史）

澳門之過去與將來——附澳門紀遊——　朱俠　國風半月刊三卷十期

古蹟

北平宮殿池囿攷　袁震　清華週刊三十五卷四期

讀帝京景物略　沈啓无　燕京大學圖書館報第二十四期

燕都叢攷餘話　蘤裳　北平晨報藝圃（二十一年二月二十六日；三月一，二，五，十二，十四，十六，十九，二十五，二十六日；四月，一，四，五，八，十三，十八，二十二，二十七日；五月四，十，十六，二十，二十七日；六月一，八，十八，二十五，二十七，二十九日；七月四，九，十一，二十八日。）

四十年前之二閘　劉振卿　北平晨報　藝圃（二十一年八月十六，十七，二十三，二十七日。）

盛京故宮攷　金息侯講演　北平華北日報（十八年六月十日，十一日。）

清代妃園記　劉振卿　北平晨報藝圃（二十年十月五日，七日。）

圓明園遺聞　笑然作　北平晨報藝圃（二十年五月三十，三十一日；六月一，二，三，四，六，九，十，十一日。）

乾隆西洋畫師王致誠述圓明園狀況　唐在復譯　中國營造學社彙刊二卷一期（節譯天主教修士王致誠 Ferire Attiret 致達索 M. d'Assaut Toises函，一七四三年十一月一日自北京發。）

圓明園罹刼七十年紀念述聞　覺明　中國營造學社彙刊二卷一期（轉載大公報文學副刊第百五十一及百五十二期十九年十二月一日，二日。）

圓明園匾額清單　中國營造學社彙刊二卷一期

明孝陵志　王煥鑣　國風半月刊六號，八號

吾國長城之歷史　復忱　天津益世報學術週刊（十八年六月十日）

橋山黃帝陵攷　邵元冲　建國月刊九卷四期

白骨塔和將台　陶元慶　亞波羅六期

二閘攷　劉振卿　北平晨報藝圃（二十一年九月二十一，二十三，二十六，二十八日；十月一，四，八，十四，十五，十九，二十四，二十五，二十六日；十一月一，十二，十五日。）

湖汶鄉　吳永成　地理雜誌四卷四期

薛濤墓　悼紅　北平晨報藝圃（二十一年八月十二日）

安慶舊藩署名勝古蹟略攷　東原　學風二卷九期

連平的山川和古蹟　清水　民俗九十二期

楊文廣平關十八洞所載古跡　林語堂　厦大國學週刊一卷二期

撒馬兒罕之名勝　Boris Pestovski撰　劉德九譯　暨大文學院集刊第二集（按撒馬兒罕即中國所稱之康居）

重纂保國寺志序　太虛　海潮音十一卷七期

(3)方志

中國地方志綜錄初稿　朱士嘉　地學雜誌二十年一期，二期

中國方志攷　國聞週報十卷一期至二十五期連期刊登

中國地方志統計表　朱士嘉　史學年報四期

本館搜藏地方志三志　法三　學風一卷六期

讀方志偶記　杕　北平圖書館讀書月刊一卷二號，七號，十二號

福建最後修方志表　康爵　中華圖書館協會會報八卷五期

擬續修福建通志體例　胡編玉　國學叢選十集

志例叢話　兌之　東方雜誌三十一卷一號

茲篇內容所論及者有方志通詮，方法，地理，建置，古蹟，經濟，社會，風俗，人物，民族，通紀，叢錄，識跋，雜例等。

論各縣亟宜修輯志乘　姚光　國學叢選第四集

各省新脩通志體例之商榷　金天翮　國學叢選第九集

浙江之縣志與省志問題　陳訓慈　浙江圖書館館刊二卷二期

答余季豫論通志體例書　陳銳　中大國學叢編一期四册

與江彤侯先生論修通志書　凌潛夫　學風一卷三期

覆潛夫書論志書性質　彤侯　學風一卷四期

請省會提修江南通志並各縣志案書　高燮　國學叢選第四輯

重修山東通志事例商榷　劉復　山東省立圖書館季刊一集一期

安徽通志凡例　學風一卷六期

編輯北平志蠡測　傅振倫　地學雜誌十九年一期，二期

河北新河縣志序例　傅振倫　北大學生一卷四期

鄞縣通志草創例目　陳訓正　方志月刊六卷一期

金山縣修志體例商榷書　高燮　國學叢選第十一集

嘉靖上海縣志跋　陳乃乾　圖書館學季刊七卷一期

交河縣河流志　蘇莘　地學雜誌十九年三期

河套圖志序　張鵬一　國風半月刊六號

(4)邊疆與國防

漢唐間西域及海南諸古地理書叙錄　向達　北平圖書館館刊四卷六號

明代海防圖籍錄　王以中　清華週刊三十七卷九，十期合刊（文史專號）

中國邊疆之沿革與現況　華企雲　新亞細亞月刊一卷二期，三期

中國邊疆之勘界與失地　華企雲　新亞細亞月刊二卷二期

邊疆失地史略　白眉初　地學雜誌二十一年一期，二期

西北地理環境與探險生活　賀昌羣　中學生月刊十六號

層化的中國西北地名及其解釋　鄭德坤　東北叢鐫十三期　燕京學報十一期

徐炳昶講演新疆邊防　徐炳昶　天津益世報學術週刊（十八年二月二十六日）

天山北路唐代州縣之研究　賀子才　西北研究三期

高昌疆城郡城攷　黃文弼　國學季刊三卷一號

昆侖流水流沙攷　壹公　西北研究五期

玄奘西行跡圖　方志月刊六卷二期

西北紀行　許公武　新亞細亞四卷四期

西北紀遊　醒民　北平晨報藝圃（二十年一月一，六，八，十六，十七，三十日；二月五，六，九日。）

西北富源之蘊藏及其開發　胡鳴龍　新亞細亞月刊五卷五期

邊疆述聞——新疆雜錄　許公武　新亞細亞月刊五卷六期

新疆狀況紀要　長君　西北研究五期

新疆天山北路概況　天祜　西北研究六期

新疆天山南路概況　日本胡沙征入作　天祜譯、西北研究八期

青海概況　海珊　新青海創刊號

新青海省之鳥瞰　朱允明　新亞細亞月刊二卷四期

青海省概觀　向波　西北研究四期

青海視察記　馬鶴天　新亞細亞四卷四期，六期

青海現狀之一斑　黎小蘇　新亞細亞五卷四期

青海遊記　徐希期　方志月刊六卷十二期

青海漫遊記　楊希堯　新亞細亞月刊二卷二期，三期，四期

青海旅行遇匪紀略　郝景盛　北大學生一卷三期

關於東北之圖書舉要　編者　南開一一四期

滿洲名稱之種種推測　馮家昇　東方雜誌三十卷十七期

東北經濟地理摘談　李玉林譯　地理雜誌四卷六號

東三省之經濟地理　何淬廉講　郭則虬記　南開一一七期

滿洲土地利用圖　村越信夫著　沈思嶼譯　地理雜誌四卷二期

滿洲地理研究　李長傅　新亞細亞月刊二卷二期

東三省之攷察　張其昀講　李玉林記　地理雜誌三卷五期，六期

東三省熱河早爲我國領土攷　陸費逵　新中華一卷三期

東北四省之建置歷史與民族源流　胡伯玄　新亞細亞三卷四期，五期

東北之歷史的攷察　黄現璠　進展月刊一卷八期，九期

內容：（1）引論，（2）漢代之東北，（3）三國至南北朝時代之東北（4）隋唐與高勾麗戰爭，（5）遼金時代之東北，（6）元代之東北，（7）元代之東北，（8）清代之東北，（9）結論。

滿洲發達史　稻業君山著　楊成能譯　東北叢鐫十二期至十八期連期刊登

清代滿洲之封禁及開發　魏崇陽　新亞細亞三卷二期

鴨江行部志地理攷　朱希祖　地學雜誌二十年一期

安東古縣城攷　周鳳陽　東北叢鐫十七期

日俄侵略下的呼倫貝爾　何璟　新亞細亞月刊三卷二期
內容：(1)緒言，(2)呼倫貝爾的地理環境及其歷史沿革，(3)呼倫貝爾的民族概況，(4)呼倫貝爾的政治組織，(5)呼倫貝爾的經濟現狀，(6)呼倫貝爾獨立運動的眞像及其內幕，(7)呼倫貝爾問題與蘇聯外蒙之關係，(8)結論。

官文書不應稱海拉爾河爲阿爾公河說　許同莘　東北叢鐫十四期

與安區屯懇現狀　鄧啓東　地理雜誌三卷六期，四卷一期

從政治地理上窺測片馬問題　克勒脫納博士講　沙朗如記　新亞細亞月刊二卷六期

瀋陽與新陪都之意義　張其昀　地學雜誌四卷五號

說耶字碑國界　魏聲龢　東北叢鐫十七期

黑龍江省臚濱縣附近中俄國界說(附圖)　王恒升　地學雜誌十九年二期

中國歷史上之朝鮮半島　君度　燕大月刊七卷一期，二期
內容：(一)半島初入中國版圖時代，(二)漢族移民第一期與半島文化之開闢，(三)漢族移民第二期與漢韓民族之混合，(四)兩漢魏晉之置郡時代，(五)高勾麗百濟新羅之鼎峙與潘屬時代。

熱河省形勢論　張其昀　國風半月刊創刊號，二號，四號

熱河概況　畢立　新亞細亞四卷五期

蒙古源流概論　無量　南開一〇四期

外蒙的見聞　畏之　東方雜誌二十八卷六號

蒙古史略　鄭寶善　新亞細亞三卷五期，六期

外蒙喪失史略　梁湊其　大弋壁一卷三期

蒙古現狀概況　向波　西北研究三期

內蒙經濟地理輯要　張印堂　地學雜誌十九年三期

日本近代之西藏研究論文目錄　師大史學叢刊一卷一期

西藏之史略　班禪額爾德尼述　西康劉家駒譯　新亞細亞月刊二卷五期

康藏之過去及今後之建設　劉家駒　新亞細亞三卷五期

康藏問題之歷史觀　鄒德高　新亞細亞月刊二卷五期

今日之康藏　唐聘　史地叢刊第一輯

近世西洋學者對于西藏地學之探察　楊曾威　清華週刊三十三卷十一期

英人侵略下之西藏　華企雲　新亞細亞月刊二卷五期

羌海探秘記　駱克（Joseph F. Rock著）李舍予譯　地學雜誌十九年二期，三期，四期

按：此篇見美國地學雜誌（National Geographic Magazine）一九三〇年二月八號，原題爲(Seeking The Mountains of Maystry)

海藏記行　宋錦屏遺稿　新青海二期，三期

西藏歸程記　心禪　小說月報五卷八號至十二號連期刊登

西藏的物產與商業　張廷勛　史地叢刊第一輯

西康人文地理述略　源泉　清華週刊四十卷七期，八期

西康地理調查述略　譚錫疇　師大月刊三期

西康實況述略　黃啓光　新青海二期

西康各縣之實際調查　馮雲仙　新亞細亞月刊二卷五期

內容計有：(1)瀘定，(2)理化，(3)得榮，(4)道孚，(5)鹽井，(6)甘孜等縣。

西康建省記之西康路程表　楊仲華　新亞細亞月刊二卷五期

越南史述略　王輯生　現代史學一卷二期

雲南的邊界問題　克勒脫那　新亞細亞月刊一卷四期

廣西對越的攻守問題　梁心　西南研究創刊號

「流求」臺灣？琉球？　錢稻孫　清華週刊三十七卷三期

臺灣之回憶　芸生　國聞週報八卷四十四期

臺灣設治沿革攷　張宗芳　河北第一博物院半月刊三十五期至四十八期連期刊登

三十五年來日本統治之下的臺灣　震未　北平華北日報副刊（十九年十二月三日。）

Lampacao攷　梁嘉彬　清華週刊三十五卷四期

按：Lampacao係澳門附近之小島，在明清時代，中葡貿易往來之要地。

廣東東沙島問題記實　東方雜誌六年四期，五期

（附錄大東沙島精確之調查）

中國邊疆之兩大甌脫地—帕米爾與江心坡　畢燕士　新亞細亞月刊二卷六期

內容：（1）總論，（2）帕米爾問題，（3）江心坡問題，（4）結論。

江心坡與國防　鄭鶴聲　北平華北日報（十八年五月八日至十二日連月刊登）

江心波問題之實際攷察　謝焜　新亞細亞月刊二卷六期

內容：（1）引言，（2）江心坡之歷史的觀察，（3）江心坡之地理觀察，（4）江心坡與國防，（5）江心坡的外戶，（6）江心坡侵略的過去及現在，（7）江心坡問題的癥結，（8）結論。

嶺東地理與客家文化　李紹雲　地理雜誌三卷五期

昭八屬之歷史與地理　陳一得　民衆生活三十五期

(5)山脈與河流　附礦產森林

中國山脈新論　李長傅　地學雜誌十九年二期

最近百年來江蘇水患攷略　問漁　人文月刊二卷八期

東北之黃渤二海　張其昀　地理雜誌五卷一期　方志月刊五卷三號，四號

黃河論　O. J. Tadd著　復我譯述　北平華北日報科學副刊(十九年十一月二十九日。)

黃河之地文的說明　倫思爾G. J. Renner著　楊夢華譯　地學雜誌十九年二期(本文原名A Physiographic Interprctation of Huangho)

黃河與中國文化　許炳琨　史地叢刊第一輯　內容：(1)河流與文化，(2)黃河與中國文化，(3)治理黃河與振興中國文化。

修治江河淮運以興水利文　孫乃湛　民鳴一卷一期

治導黃河試驗計畫　李協　方志月刊六卷一期

對於揚子江之認識　李艮騏　清華週刊四十卷七期，八期

西江河道之研究 ＊黃法興 南方雜誌二卷四期，五期
按：西江源出雲南高地，沿南嶺之南麓向東南流，貫通廣西全省。

牂柯江攷 何觀洲 燕京學報十二號

象山仇家山 仇維嶽 地理雜誌四卷四期

礦產和森林

煤史 陳子怡 女師大學術季刊二卷一期

中國土耳其斯坦地下的寶藏 勒哥克（Albe Uon Cog）著 陶謙譯 地學雜誌十九年四期

中國地下富源的估計 翁文灝 獨立評論十七號

中國煤礦業的厄運—經濟戰的一個例 翁文灝 獨立評論二十三號

中央大學地質系發現紅山鐵礦 北平圖書館讀書月刊一卷五號 學術界雜訊欄

吾國古今礦學之多才 復忱 天津益世報學術週刊（十八年六月三日）

中國西北之天然富源 洪懋熙譯 地學季刊一卷一期

開發西北礦產之我見 振之 西北研究一期

山西鐵礦——新舊鑛冶業比較 丁文江 獨立評論十六號

東三省礦產在東亞的地位　侯德封　獨立評論三十號三十一號，三十二號

東北鑛產與中國之建設事業　任美鍔　新亞細亞月刊三卷二期

最新發現之東北鑛產　金憲卿　新亞細亞三卷二期

遼寧省礦產之研究　私語　尙志週刊二卷二期，三期

新疆鑛產誌略（附圖）丁道衡　地學雜誌十九年四期

十五年來中國之林業　陳植　學藝百期紀念號

吉會沿線之森林　北平晨報學園二三九號（二十一年一月十二日）

嫩江森林調查　滕國樑　新亞細亞月刊一卷六期

中國之天然富源　褚思玉　東吳一卷四期

（9）交通

歷代南米漕運數額　地理雜誌四卷三期（節錄桑原著楊鍏如譯由歷史上觀察的中國南北文化一文）

鑪藏道里最新圖攷　張其勤　東方雜誌第六年第一期

川康交通攷　任乃强　新亞細亞三卷四期

湘鄂路線商借外款情形　東方雜誌六年四期至十三期連期刊登

粵路最新之風潮　東方雜誌六年四期

東北鐵路之解剖　王華隆　春筝第六，七期合刊

中東路沿革略述　玄輯　先導半月刊十期

新奉吉長鐵路續約條款　東方雜誌第六年一期

評劉彥講吉會鐵路　朱偰　天津益世報學術週刊（十八年一月二十一日）

吉會鐵路問題之研究　陳淦　建國月刊七卷四號，五號，六號

東北已成鐵路一覽表　南方雜誌一卷四號

東省路權之危機　左宗倫　現代月刊創刊號

東三省地理形勢及鐵路概况　李春暉　南開週刊一一四期

日俄二國在我東北的鐵道戰爭　陳烈甫　新亞細亞月刊三卷二期

內容：（1）鐵道競爭與侵略政策，（2）東北鐵道之史的發展，（3）俄國的路鐵系統，（4）日本的鐵道系統，（5）中國的鐵道的系統，（9）競爭的現勢與將來，（7）結論。

改正中東鐵路站名議　許同莘　東北叢鐫十二期（續十期）

中東鐵路外交秘聞　仲雲　東方雜誌二十八卷五號
——維德伯爵回想錄的第一節——

中日兩國會議安奉鐵路問題　東方雜誌六年八期，九期

各省商辦路事彙錄　東方雜誌六年四期

中國鐵路問題和門戶開放　王鐵崖　建國月刊四期，五期

(7)遊記

丁格爾步行中國遊記　陳曾穀譯　東方雜誌九卷二號至八號連期刊登

惜抱使湘魯日記　姚鼐遺著　青鶴雜誌一卷四期至八期連期刊登

秦魯遊記　陳介卿　北平晨報藝圃（二十二年九月十三，十五，十六，二十六，三十日；十月二，四，六，七，九，十三，十六，十七日。）

秦遊日錄　傅增湘　國聞週報九卷三十二期至三十七期連期刊登

赴甘途中之經過　張全平　金陵女子文理學院二十一年

關中見聞紀要　吉雲　獨立評論二十八號，二十九期

西北紀遊　萬友竹　新亞細亞五卷四期
內容：（1）引子，（2）從南京到洛陽的途中，（3）到洛陽後，（4）遊白馬寺和北邙山，（5）遊龍門及其他，（6）遊孟津，（7）從洛陽到臨潼，（8）初到西安，（9）遷居臥龍寺後，（10）暫別西安到潼關，（11）從潼

潼關到洛陽的途中，(12)洛陽重到，(13)一些瑣記，(14)別矣西北。

西北遊記　萬友竹　新亞細亞月刊五卷四期

自西安至西寧遊記　徐近之　方志月刊六卷十期

千五百里的水路——從鎮遠到常德　丁文江　漫遊散記之一　獨立評論九號

常德到長沙的小火輪　丁文江　漫遊散記之二　獨立評論十號

個舊的土法採鑛冶金業　丁文江　漫遊散記之三　獨立評論二十一號

個舊錫務公司　丁文江　漫遊散記之四　獨立評論二十三號

雲南個舊　丁文江　漫遊散記之五　獨立評論二十號，二十四號

雲南的土著人種　丁文江　漫遊散記之六　獨立評論三十四號，三十九號

四川會的土著人種　文江　遊散記之七　單立評論三十六號

北遊記　高燮　國學叢選第十集

南行雜記　毛子水　獨立評論十八號

從上海到重慶　毛一波　新時代月刊四卷三期

嶺南紀行　朱偰　國風半月刊三卷七號

陝西攷察日記　王海波　學藝十一卷十號，十二卷一期至六號連期刊登

陝西攷察記　徐南騶　方志月刊六卷七期

貴州紀行　先艾　華北日報副刊（十八年六月）

遊黔雜記　何觀洲　新亞細亞月刊五卷五期，六期

四川遊記　翁文灝　地學雜誌十九年三期，二十年一期，二期

按：中所紀多關於四川各地地質之成分與構造

四川攷察記　方文培　方志月刊六卷七期

川遊紀要　潘承祥　國風半月刊三卷五期

猺山見聞錄　曾紀綍　南方雜誌二卷二期

按：猺山爲廣西桂林興安猺人所居之處

最近遊綏的見聞　丁道衡　西北研究六期

蘇萊曼東遊記　劉復譯　地學雜誌十九年，一期，二期，四期

徐霞客之故鄉——即今江陰之南陽岐——　王新屏　方志月刊六卷十期

京華遊覽續記　我一　小說月報五卷五號，六號

導遊頤和園恭記　錄董　東方雜誌第六年三期

居庸關與明陵遊記　薛吟白　燕大月刊六卷二期

遊伊闕記　張孔瑛　國學叢選十一集

晉祠遊記　我一　小說月報十一卷三號

錢塘江上游遊記　錢兆隆　地理雜誌四卷二期

西湖導遊記　錢基厚　青鶴雜誌一卷一期，二期

從西湖談到江南岸　鍾敬文　亞波羅六期

西湖夜遊記　李凡　國學叢選第四集

金陵覽古　朱楔　國風半月刊八號，十號，十一號

廬山遊記　黃炎培　小說月報五卷十一號

漳州新遊記　雷通羣　厦大週刊二百四十九期

泉州第一次遊記　陳萬里　厦大國學週刊一卷一期，三期

旅行大冶記　王熙豐　民彝雜誌一卷四期

乙未九日遊石莊記　馬振儀　民彝雜誌一卷八期

梧州之行　黎夫　微音月刊二卷一期，二期

酆都遊記　悼紅　北平晨報藝圃（二十一年七月五日。六月八，九日。）

龍潭一日　林文英　國風半月刊四號

象山港遊記　章甫　東方雜誌六年十二期

瀛海四週記　趙心佛　國聞週報九卷二十六期，二十七期

登泰山記　陳衍　東方雜誌八卷六號

重遊泰山記　傅振倫　地學雜誌十九年四期，二十年一期

偕金陵女大同學泰山春遊五日記　盧白　眞美善季刊一卷一期

游盤山記　陳興亞　北平晨報藝圃（二十一年七月二十九日，八月一，六，二十日；九月二，九，十三，十九，三十日；十月一，十一，十五，十七日。）

南華紀遊　林競　新亞細亞月刊二卷三期，四期，五期

華山遊記　達蘊　北平晨報藝圃（二十二年四月二十六日，五月二日。）

登太華記　傅增湘　國聞週刊九卷三十八期至四十一期連期刊登

廬山遊記　我一　小說月報十一卷四號

秦嶺偶涉　徐近之　國風半月刊二號

壬申遊峨日記　周熙　尙志週刊二卷四，五期合刊

太行山裏的旅行　丁文江　獨立評論十三號，十四號

黃山遊記　黃炎培　小說月報五卷十二號

黃山前海紀遊　黃賓虹　藝觀第一期

棲霞山遊記　黃炎培　小說月報五卷十號

武夷遊記　劉餘　北平晨報藝圃（二十年十二月八，九，十一，十二，十四，十五，十六，十九，二十八，二十九日；二十一年一月八，九，十五，十六，二十二，二十五，二十九，三十日；二月十二，二十，二十四日；三月十二，十四，十五，十六，十八，十九，二十三日；七月十二，十五，十九，二十三，二十六，三十日；八月一，三，五，六，九，十，二十三，二十七，三十日。

天山中三次探行記　英司空堡著　王鈞衡譯　地學雜誌十九年一期，二期（本文係在英國皇家地學會之講稿，刊於該會地學雜誌一九〇年七月號）

天台紀遊　金天翮　國學叢選十一集

燕子磯遊記　斯人　民鳴月刊一卷三期

普陀紀遊　蔣維喬　小說月報五卷六號

遊穹窿山記　方星煥　國學叢選第五集

滴水巖紀遊　蔣維喬　小說月報十一卷一號

遊黃桑峪記　張孔瑛　國學叢選十一集

跋皇華紀程　章式之　東北叢鐫十六期

胡孟雲施山蜀水紀行序　金天翮　國學叢選九集

蘇台庸史日記序　談文炟　國學叢選十三，四期

（8）雜攷

東方與徐方　程憬　大陸雜誌一卷七期，八期

鬼方黎國並見卜辭說　林義光　中大國學叢編一期二册

樓蘭之位置及其與漢代之關係　黄文弼　史學年報第三期

古三苗疆域攷　錢穆　燕京學報十二號

夏都攷　呂思勉　光華大學半月刊二卷二期

唐代莊園攷　日本加藤繁著　王桐齡譯　師大月刊第二期

冀州即中原說　劉盼遂　中大國學叢編一期二册

近代二十四藩建撤攷略(續)　白眉初　地理雜誌十九年一期，二期

清初東南沿海遷界攷　謝國楨　國學季刊二卷四號

秦三十六郡攷　錢穆　清華週刊三十七卷九，十期(文史專號)

周初地理攷　錢穆　燕京學報第十期

建州表　吳廷燮　東北叢鐫十三期，十四期

乾隆帝東巡道里攷　攸也譯　北平圖書館讀書月刊二卷八期，九期

清代雲南的鹽務　劉雋　中國近代經濟史研究二卷一期

道光朝兩淮廢引改票始末　劉雋　中國近代經濟史研究一卷二期
內容：(1)引票之沿革及其異同，(2)兩淮鹽務制度及廢引改票之原因，(3)兩淮變法之理論及採行票法之經過，(4)兩淮票法實施之情形，(5)兩淮票法實施後之成效及影響。

(9)史地界消息

史學界消息　蔣育幼　史學一卷一期，二期

北平史學會成立　北平圖書館讀書月刊二卷二號學術界雜訊

百衲本二十四史第二次出版　北平圖書館讀書月刊一卷三號學術界雜訊

地質調查所最近工作　北平圖書館讀書月刊一卷七號　學術界雜訊

東特教育廳組織之攷察團　北平圖書館讀書月刊創刊號　學術界雜訊

東北地理攷察團經過情形　張其昀　地理雜誌四卷五號

東北地理攷察團日記記略　沙璨　地理雜誌四卷五號

自渭北寄江東的一封信　徐近之紀旅途中所見　國風半月刊創刊號

中國西南各省科學調查之實況　樓桐茂述　新亞細亞月刊二卷六期——中山大學五年來對于黔，滇，湘，桂，粵，川，康，各地之科學調查的工作——

西北科學攷察團團員徐近之通訊　地理雜誌四卷一至五期連期刊登

史學系四年級旅行山東報告　畢紹㝗　勞幹　北大學生一卷五期，六期

江南地質旅行紀略　潘鍾祥　高振西　北大學生一卷五期，六期

視察錢塘江報告　白郎都　方志月刊六卷五期

原文載浙江水利局年刊，民國十八年

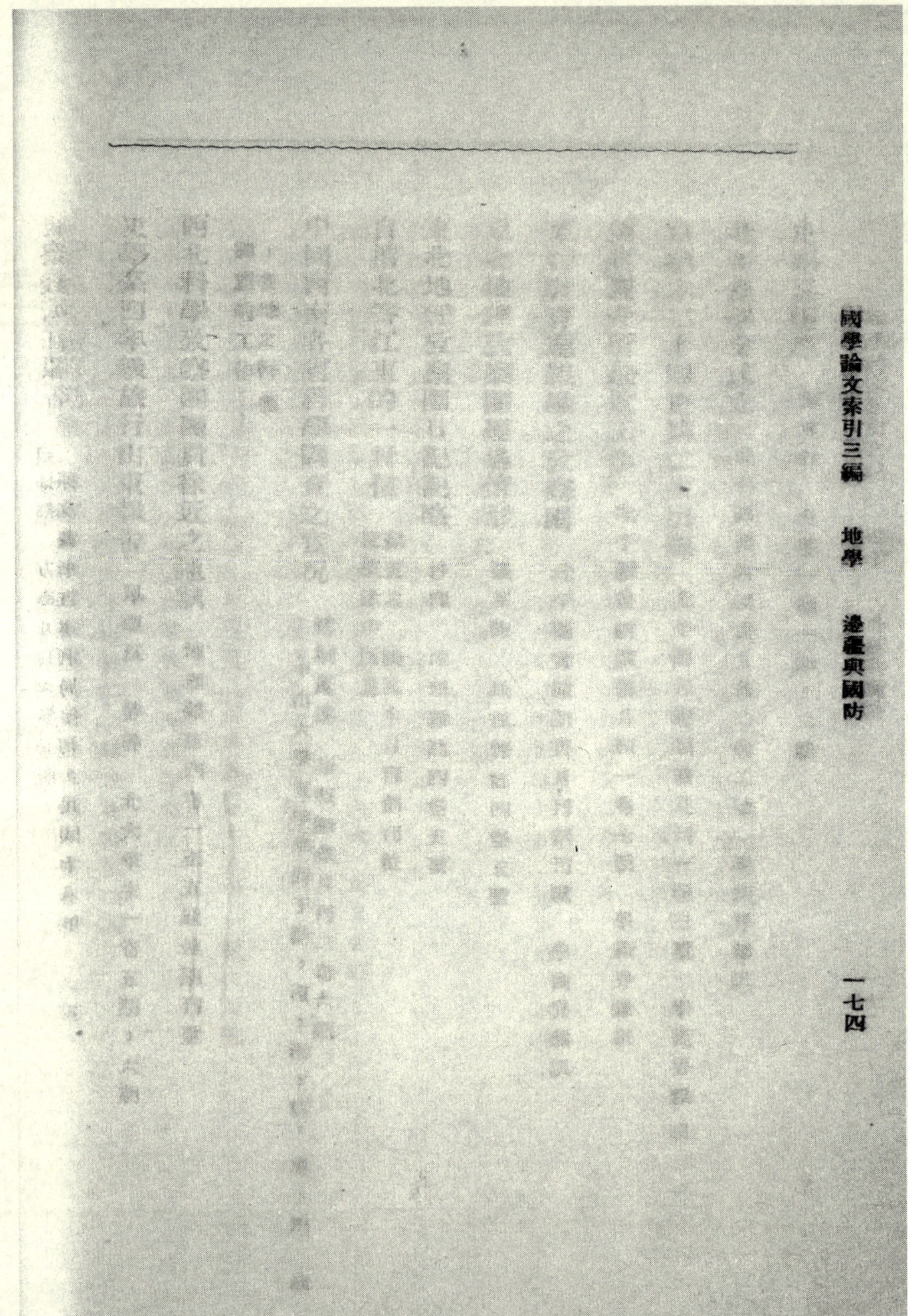

七 諸子

(1)通論

中國復興與諸子學說 陳柱尊 復興月刊一卷十期

周秦諸子的分派 蔣維喬 新中華一卷二十一期

內容：(1)道家儒家的名稱是起於秦漢以後，秦以前道儒並沒有分家，(2)到孟子莊子時代方有儒墨楊朱的分派，(3)老孔的學說蛻變爲法家的關鍵，(4)陰陽家的學說造成燕齊派的神秘思想，(5)呂不韋的折中派，(6)莊子荀子對于諸子的評判，(7)司馬遷班固從學術的見地對於諸子的分派。

先秦諸子學說與民生問題 儘裁 夜光三期

周秦諸子學略 胡韞玉 國學叢選十三期至第十六期連期刊登

周秦諸子流別新論 高亭 重華一卷一期

諸子名誼攷 張西堂 學文一卷二期

諸子攷略 姚永樸 民彝雜誌一卷一期至十二期連期刊登

九流不出於王官論駁議 朱穀 唯是月刊第一冊

班馬論敘諸子流別次第各異說 苗可秀 東北叢鐫一卷十二期

諸子百家兼通互見攷　吳壽鑄　學風三卷九期

諸子學案緒言　李大防　安徽大學月刊一卷二期，三期

論近人講諸子之學者之失　柳詒徵　學衡七十三期

老墨孔以前的思想　白壽彝　晨星半月刊第八期

老孔墨思想的產生　白壽彝　晨星半月刊第九期

老孔墨的生平　白壽彝　晨星第七期

戰國時儒道墨三家堯舜的比較　曹詩成　史學年報第一卷二期

儒道之系統的研究　朱士煥　民彝雜誌一卷十期

儒法兩家論治之比較　梁造今　文學叢刊第一集

道法兩家之異同及論仁上之檢討　韋瀾然　尚志週刊二卷一期，二期

論孔子汎愛與墨子兼愛之異點　董藝敏　女師學院季刊一卷一，二期合刊

論儒墨言愛之異同　姚秀齡　朝華月刊二卷三期

荀墨異同評論　張傑　光華大學半月刊一卷十期

從墨翟說到楊玉孫　許炳離　齊大月刊一卷二期，四期

莊子寓言篇墨子魯問篇爲研究兩書之凡例的討論　戴景曦　廈門大學週刊十二卷十九期

屈原莊周比較觀　董紹康　南開週刊一一八期

寫給章太炎先生的一封公開信　不失　鞭策週刊一卷二十五期

所謂「知」之意義　周輔成　北平晨報學園三一七號，三一八號（二十一年六月二十日

諸子攷略序　姚永樸　民彝雜誌一卷一期

（2）周秦諸子

A.儒家

說儒　李翹　勵學第三期

儒家哲學——孟子大學中庸會通研究——　錢賓四先生講　陳振漢記　南開週刊一一一期

儒家和五行的關係　徐文珊　史學年報第三期

儒家之性善論與其盡性主義　錢賓四　新中華一卷七期

儒家理想政治之解剖　錢亦石　學術月刊創刊號

知難行易和儒家學說　王星拱　新時代半月刊一卷二期

晏子春秋辯證　嚴挺　光華大學半月刊二卷二號

孔學管見　柳詒徵　國風半月刊三號

孔門學風　吳保障　學風一卷七期

孔子之風度　梅光迪　國風半月刊三號

孔子的眞面目　景昌極　國風半月刊三號

孔子學說果能推倒嗎？　覺生　朝華月刊一卷一期
內容：（1）時中說，（2）倫理說，（3）仁說。

緯讖中的孔聖與他的門徒　周予同　安徽大學月刊一卷二期
內容：（1）孔聖的誕生，（2）孔聖的異表，（3）孔聖的使命，（4）上天的啓示之一——獲麟，（5）上天的啓示之二——血書，（6）孔聖的憲法草案之一——春秋，（7）孔聖的憲法草案之二——孝經，（8）孔聖的告天，（9）聖的其他法典，（10）孔聖的史觀，（11）孔聖的言行散記。

孔子與西洋文化　范存忠　國風半月刊三號

孔子與亞里士多德　郭斌龢　國風半月刊三號

孔子與歌德　唐君毅　國風半月刊三號

如何了解孔子　穆鳳林　國風半月刊三號

我所見的孔子　自嘲　春筍季刊三卷一期

讀孟子　姚永樸　民彝雜誌一卷十期

孟子研究　王治心　文社月刊二卷二册，九册；三卷四册，六册

孟子哲學　馮友蘭　哲學評論三卷二期

孟子思想的分析研究　皆朋　光華大學半月刊二卷四期
內容：（1）俁子，（2）時代背景，（3）思想的淵源，（4）
思想的中心，（5）政治思想，（6）倫理思想，
（7）教育思想，（8）門戶之見，（9）批評。

孟子之辯論術　段凌辰　國立中山大學語言歷史學研究所週刊十集一一〇期
內容：（1）孟子善辯之原因，（2）孟子辯論術之研究，（3）
結論。

孟子之行為哲學說　岳兆璜　采社雜誌第五期

孟子大義　唐迪風　學衡七十六期

孟子之道德學說　晁松亭　孤興第一期，二期

思孟五行攷　譚戒甫　武大文哲季刊二卷三期

孟子文學的藝術之管見　楊壽昌　嶺南學報二卷一期
內容：（1）引言，（2）孟子思想之中心，（3）論證法，（4）比例法，（5）比喻法，（6）駁論法，（7）引證歷史法，（8）批詳歷史法，（9）歸納法，（10）提挈綱領法，（11）覆述法，（12）反覆說明法，（13）層遞引進法，（14）迎機利導法，（15）引人注意法，（16）描寫法，（17）與制敘述法，（18）記言記事錯綜法，（19）夾敘夾議法，（20）字法句法章法，（21）文氣，（22）孟子文學的來源及影響，（23）結論。

讀荀子　姚永樸　民彝雜誌一卷十期

讀荀子　馬其昶　民彝雜誌一卷四期

讀荀子　胡蘊玉　國學叢選第八集

讀荀三論　吳光耀　學衡六十九期

荀子學說　胡韞玉　國學叢選第十一集
內容：（1）性惡說，（2）貴學說，（3）尊師說，（4）大分說，（5）重禮說，（6）尊君說，（7）結論。

荀子小箋　邵瑞彭　唯是第三冊

讀荀箋記　高亨　東北叢鐫十七期

荀子校釋遴纂（勸學篇）　梁啓雄　重華一卷一期

荀子解蔽篇講記　馮振　暨大文學院集刊第一集

荀子法後王說　李桂生　山東大學勵學一期

荀子論禮通釋　羅根澤　女師大學術季刊二卷二期

荀子性惡篇講記　馮振　學藝十卷九號

荀子哲學之中心點　魏世珍　學藝十卷一號

荀子的認識論　楊大膺　世界旬刊十三期

人無有不善說　陳蛻　國學叢選第一，二期合刊

性善性惡議　錢邦泰　國學叢選第一，二期合刊

孟荀論性新釋　羅根澤　哲學評論三卷四期

讀姜叔明先生荀子性善證質疑　魏世珍　勵學第一期

子夏子張子游三氏賤儒攷　黃文炯　文學叢刊第一集

B.法家

周代法學家之著作攷　復忱　天津益世報學術週刊（十八年五月二十七日）

讀管札記　郭嵩燾　武大文哲季刊一卷二期，三期，四期

讀管子二　馬其昶　民彝雜誌一卷五期

校管異義　顏昌嶢　武大文哲季刊二卷四期

管子重農原理與重農政策　陳振鷺　復興月刊一卷十期

答德國顏復禮士問管子輕重書　張爾田　學藝十卷五號

管子集註序　顧頡剛　圖書館學季刊五卷三，四合期

現代人物的商君　曹覺生　學風一卷六期

韓非子舉正　孫人和　北平圖書館館刊五卷一號

韓非子補注　高亨　武大文哲學季刊二卷三期，四期

韓非別傳　陳祖釐　光華大學半月刊二卷四號

韓非子法學之研究　靜九　無錫國學專修學校叢刊第二册

內容：（1）緒論，（2）法之定義及其起源，（3）時代背景及其學說之淵源，（4）法學之根據——利己性，（5）法治主義，（6）法治主義之根本觀念——平等客觀，（7）法治與術治，（8）法治與勢治，（9）參驗與功利，（10）法家之節操，（11）法治之目的——無爲而治，（12）結論。

韓非政治法律思想　蘇哲　光華大學半月刊一卷九期

內容：（1）傳略，（2）著作，（3）環境與思想之出發點，（4）法律之意義，（5）法治與勢治論，（6）法治與人治論，（7）法治與人治論，（8）法治與德治論，（9）法律進化論，（10）法律之標準——功利論，（11）法律之平等觀，（12）列事政策，（13）思想之總結。

治古無肉刑而有象刑說之爲誤解象刑辨　彭翔生　齊大月刊二卷一期

C. 道家

道家思想之淵源　姚步康　青鶴雜誌一卷四期

道家學說研究　張默生　齊大月刊一卷五期，六期

道家的源流　陳柱尊　大陸雜誌一卷十二號

道家哲學與道教　胡哲敷　新中華一卷十九期，二十期

內容：（1）道教源流，（2）道教思想的分析，（3）道教思想與中國社會，（4）道教價值與老莊哲學。

司馬遷崇尙道家說　程金造　師大月刊第二期

現存老子道德經注釋書目攷　謝扶雅　嶺南學報一卷三期

讀老子　胡玉縉　國學叢選第八集

老子道說　在山　春筝二卷一期

老子學說與當時後世之關係　段凌辰　孤興第七，八合期

老子斠補　劉師培遺著　勵學第二期，三期

老子解說　李光英　釆社雜誌第四期，第五期

老子「益生曰祥」新解　不失　鞭策週刊十八期，十九期，二十期

關於老子「益生曰祥」的補充語　不失　鞭策週刊二十一期

老子思想之體系　章紹烈　安徽文大學月刊一卷四期
內容：（1）前言，（2）宇宙觀，（3）人生論。

老子哲學對於吾國的民族思想上的影響　鍾魯齋　民族二卷二期

老子文學色彩之觀察　余迺成　金陵大學文學院季刊一卷二期

辯証法顯微鏡下老子宇宙哲學　王名元　新時代半月刊四卷五期

老子年代攷　張覺人　學藝十二卷八號，九號

關於老子成書年代之一種攷察　錢穆　燕京學報第八期

與錢穆先生論老子問題書　胡適　清華週刊三十七卷九期，十期

談談老子的年代　盧方聿　北晨學園一六八號（二十年九月十八，二十，二十一日。）

「無」的根源性　丘　鞭策週刊一卷二十四期

舊鈔本老子河上公注跋　狩野直喜　國立中山大學語言歷史學研究所週刊十集一一三期

老子注叙　陳立三　青鶴雜誌一卷一期原精舍文存欄

老子古讀攷五則　陳維中　廈門圖聲二卷一期

老莊通義　胡淵如　國風半月刊十號

老莊的辯證法　李石岑　東方雜誌二十卷五號

關於老莊的辯證法的商榷　胡守愚　新中華一卷十二號

讀老子隨筆之一——韓非子解老喻老篇所記老子——　余德建　廈門圖書館聲二卷八期

敦煌石室老子義疏殘卷本劉進喜疏證　李孟楚　國立中山大學語言歷史學研究所週刊十集一二〇期

按：劉進喜隋朝人所注老子後人引存八則，其三皆與殘卷合此篇均錄之

讀關尹子　胡蘊玉　國學叢選十二集

列子通論　陳猷宸　歸納雜誌二期

讀列子湯問篇　唐懋　民彝雜誌一卷三期

莊子攷　武內義雄著　王古魯譯　圖書館學季刊四卷二期

莊周傳　丁儒侯　無錫國專校友會集刊第一集

讀莊子　胡藴玉　國學叢選第八集

莊子的形而上學的理論的根據　丘　鞭策週刊一卷十三期

老莊的辯證法　李石岑　東方雜誌三十卷五號

內容：（1）什麼是道，（2）道是動的不是靜的，（3）動由于反，（4）道與言的關係，（5）兩行之道，（6）主觀與客觀的統一，（7）結語。

莊子哲學管窺　胡國鈺　朝華月刊一卷二期

論莊子之懷疑主義

莊子哲學　羅根澤　哲學評論三卷二期

讀莊子劄記二則　毛乘雲　讀書月刊一卷八號

讀莊探驪　鄧崇禮　北平長報藝圃（二十年八月七日，十一日，十四日，十五日。）

莊子通釋　高燮　國學叢選第五集，第九集第十三，四期

讀莊初論　黃仲琴　嶺南學報二卷一期

內容：（1）緒論，（2）內外雜篇，（3）各篇互證，（4）各篇非

莊周作者，（5）儒家眼中之莊子，（6）莊子與易經，（7）莊周與楊朱，（8）老莊與黃老，（9）莊子與道家，（10）莊子與佛學，（11）結論。

讀莊再論　黃仲琴　嶺南學報第二卷第二期，

內容：（1）莊子居里，（2）莊子別名，（3）莊子與鶡冠子，（4）莊子與西漢諸儒。

莊子集解補正　胡懷琛　學藝雜誌十三卷一號

莊子考証　王先進　山東大學勵學一期

內容：（1）引言，（2）莊子書的演變與莊子的年代，（3）莊子內七篇考證，（4）齊物論的作者問題，（5）老子出于莊子以後的考證，（6）莊子諸篇年代略考，（7）結論。

逍遙遊解　伍劍禪　歸納雜誌一期

莊子逍遙篇新義　朱文熊　無錫國專校友會集刊第一集

齊物論解　伍劍禪　歸納雜誌二期

齊物論通恉　馬燮基　無錫國專校友會集刊第一集

讀莊子天下篇　姚錫鈞　國學叢選第一，二合刊

莊子天下篇之管見　周開章　文學叢刊第一集

跋宋本呂惠卿莊子義殘卷　傅增湘　北平圖書館館刊五卷二號

校輯呂註莊子義序　陳任中　國立北平圖書館館刊七卷六號
附讀呂惠卿傳

校道藏本南華眞經注疏跋　王重民　北平圖書館館刊四卷六號

莊子王本集註自序　李大防　安徽文大學月刊一卷一期

D. 墨家

墨學傳布考　李孟楚　國立中山大學語言歷史學研究所週刊十集一一八期

讀墨子　胡韞玉　國學叢選第十集

墨子各篇作期考　楊寬　學藝十二卷十號

墨子要略　欒調甫　國學彙編第一册

墨子書之傳本源流與篇什次第　欒調甫　山東圖書館季刊一集一期

墨子新詁　伍非百　歸納學報一卷一期

墨子舉正　孫人和　師大國學叢刊一卷二期

墨子引經考　羅根澤　國立北平圖書館館刊六卷三號

墨子引書考辨　楊寬　光華大學半月刊二卷三期
內容：（1）在中國而引中國書何勞翻譯，（2）尙賢尙同諸上下篇引詩何以有變？（3）墨子所引詩書爲何與今本出入。

墨子「辭過」義例　譚戒甫　武大文哲季刊一卷四期

墨子非攻篇繫爲攻伐天下之巨害也試申述其旨　艮弼　春笋一卷一期

二千年前的一個非戰論者——墨子　楊行健　尙志週刊二卷一期，二期

述墨子非攻說　伍非伯　不忘一卷三期

墨子哲學研究　蔣維喬　復興月刊一卷十號　光華大學半月刊二卷一至四期連期刊登
內容：（1）墨子的兼愛主義，（2）墨子的政治思想，（3）墨子宇宙觀，（4）墨子的方法，（5）結論。

述墨子兼愛學說　伍非百　建國月刊六卷一期

墨學非本於印度辨　楊寬　大陸雜誌一卷六期

墨子學說新評　王去病　建國月刊五卷五期

墨子學說之批評　徐國英女士　世界旬刊十期

墨子哲學研究　蔣維喬　復興月刊一卷十期

墨子科學　欒調甫　國學彙編第一冊

墨子的唯物論與國家論　石戈　實進半月刊十二期

墨子之社會思想　鄭獨步　眞美善七卷一號

墨經宇宙論考釋　楊寬　大陸雜誌一卷七期

墨經集說　戴長　東吳一卷一期

墨辯軌範　譚戒甫　武大文哲季刊二卷一號，二號

墨辯的作者問題　伍非百　建國月刊四卷六期

與顧頡剛先生論張君墨經作者考書　張爾田　北平晨報藝圃（二十二年四月十日）

讀墨子偶書　高基　國學叢選第一，二合刊

論尊禹宜提倡墨學　蔣維喬　青鶴雜誌一卷七期

翁方綱與墨子　胡適　猛進十二期

墨經集說　戴長　東吳一卷二期

墨經光學　譚戒甫　東方雜誌三十卷十三號

墨辯論式源流　譚戒甫　武大文哲季刊二卷四號
內容：（1）辯論分兩節——（a）墨論，（b）經說期；（2）三辯期。

關於墨子學辨的話　胡懷琛　大陸雜誌一卷十二號

讀梁任公先生墨子學案　吳壽祺　無錫國專季刊二十二年一册

內容：（1）緒言，（2）墨學與我國民族性，（3）墨學非攻與開邊黷武之影響，（4）墨學之基本觀念，（5）墨子新社會之組織法。

俞抄墨子三卷攷証（附書影一）　欒調甫　國學彙編第一册

墨子辨序　衛聚賢　國立中山大學語言歷史研究所週刊九集九十七期

直墨新程序　馬振儀　民彝雜誌一卷八期

E. 名家

論形名家之流別　譚戒甫　武大文哲季刊一卷二期

論晚周形名家　譚戒甫　武大文哲季刊一卷一期

公孫龍的知識論　弁宗三　百科雜誌創刊號

白馬一變　華伯熊　尚志週刊一卷九期，十期

公孫龍子跡府篇集訓校釋　胡道靜　學生雜誌十六卷七號

釋公孫龍子堅白篇　程啓槃　建國月刊九卷三期

堅白異同之辨　伍非百　建國月刊四卷二期

周秦名學三種序　王時潤　南開週刊一〇二期

中國古名家言序　伍非百　歸納雜誌二期　建國月刊八卷六期

F.雜家

司馬兵法的眞僞與作者　金德建　厦門圖書館聲一卷十二期，二卷一期

接子捷子爲一人考　鄭大洲　東北叢鐫十四期
按：捷子係周秦諸子之一，史記作接子，漢書藝文志作捷子。

愼懋賞愼子傳疏証　羅根澤　中大國學叢編一期四册

愼懋賞本愼子辨僞補　嚴挺　光華大學半月刊二卷三期

愼子流傳與眞僞　金德健　厦門圖書館聲二卷五期

愼子研究　梁寧瀚　青鶴雜誌二卷二期至五期連期刊登

楊朱之學　馮友蘭　清華週刊三十九卷一號

主張直接快樂主義的楊朱　謝涵　浙江大學文理科年刊第二期

讀呂氏春秋　馬其昶　民彝雜誌一卷五期

呂氏春秋中古書輯佚　李俊之　清華週刊三十九卷八號

與顧頡剛論五行說的起原　范文瀾　史學年報第三期

跋錢穆評「五德終始說下之政治和歷史」　顧頡剛　大公報文學副刊一百七十一期（二十年四月廿日）

古代的物占　李鏡池　嶺南學報二卷四期

內容：（上）古代物占的普通觀察，（中）易卦爻辭中的物占，（下）五藏山經中的物占，（附）山經物占表；鳥獸，虫魚，神。

五行家底歌謠觀　白壽彝　睿湖第二期

地支與十二禽　鄧爾雅　嶺南學報二卷一期

干支論　趙曾儔　史學雜誌二卷五，六合期

十支斯解　李裕增　河北第一博物院半月刊二期至二十二期連期刊登

十支新解雜編　李裕增　河北第一博物院半月刊二十二期至四十一期連期刊登

生肖偶說　魏建功　北大學生一卷五期，六期

G.漢魏以後諸子

賈誼思想的分析　姚璋　光華大學半月刊一卷二期

內容：（1）一生的事略，（2）古與今，（3）中央政府與地方

政府，（4）民本主義，（5）刑法與道德，（6）道德的解析，（7）本性與習慣，（8）人的生與死。

董仲舒哲學概觀　姚璋　光華大學半月刊一卷七期，八期
內容：（1）人生的事略，（2）從本體界說到現象界，（3）董子所謂道，（4）行道之方，（5）人性與教化，（6）意志與行爲。

董仲舒對於天治主義的貢獻　秩素　清華週刊四十卷一期

韓嬰的哲學　姚璋　光華大學半月刊二卷一號

兩漢時代道教概說　劉國鈞　金陵學報一卷一期

魏晉南北朝老學志自序　李翹　勵學第二期

「漢學」與「宋學」　周予同　中學生三十五號

讀淮南子偶書　陳蛻　國學叢選第一，二合刊

同胡適之先生討論淮南子「吉祥受福」句　不失　鞭策週刊一卷二十四期

西京雜記提要辨證　余嘉錫　中國大學叢編一期一册

讀法言　姚永樸　民彝雜誌一卷十一期

讀揚子法言札記　陶鴻慶　中大國學叢編一期一册，二册

王充革命思想之研究　章淵然　倘志週刊一卷二十四期

王充的論衡　胡適　現代學生一卷四期，六期，八期，九期

牟子攷　伯希和著　馮承鈞譯　國立北平圖書館館刊六卷三號

讀牟子　周叔迦（醒鐘一卷四期

與周叔迦論牟子書　胡適　北平圖書館館刊五卷四號

漢唐玄學論　黃侃　時代公論十一號

顏氏家訓校箋補証　劉盼遂　女師大學術季刊二卷一期

讀顏氏家訓書後　楊樹達　文學月刊一卷一期

修文殿卿覽攷　孫人和　中大季刊一卷四號

文中子續經義例攷　汪吟龍　重華一卷一期

韓愈李翺在中國哲學史中之地位　馮友蘭　清華週刊三十七卷九期（文史專號）

兩宋學派表　陳鐘凡　學藝十二卷三號

兩宋思想的評述　陳鐘凡　學藝十卷五號，七號，十號

兩宋思想述評　陳鐘凡　學藝十二卷一號

宋人理學由回教蛻化而出　陳子怡　師大月刊六期

兩宋理學兩派五家選目並叙例　黎錦熙　師大月刊六期

宋明道學中理學心學二派之不同　馮友蘭　清華學報八卷一號

程朱陸王「格物致知」說之反動　馮日章　朝華月刊一卷三期

二程「格物致知」論　馮日昌　嶺南學報二卷一期

朱熹「格物致知」論　馮日昌　朝華月刊一卷一期

朱熹哲學　馮友蘭　清華學報七卷二期

朱晦翁延生八百年紀念　吳其昌等　國聞週報七卷四十九五十期副刊一百四十六至一百五十(十九年十一月十七日，二十四日)轉錄自大公報文學

內容含有：(1)朱子之根本精神—即物窮物(2)朱熹與黑格爾太極說之比較觀(3)關于朱熹太極說之討論(4)朱子治學方法考

朱子與呂成公書年月攷　葉渭清　國立北平圖書館館刊六卷一號

程朱論仁之闡略　甫文　尚志週刊二卷四，五期合刊，六期

河圖洛書攷　彭翔生　齊大季刊一期

與吳承仕論宋明道學利病書二通　章太炎　中大國學叢編一期一册

默記校記　葉啓勳　圖書館學季刊六卷四期

「默記」係宋王銍著

王陽明論「良知」　馮日昌　朝華月刊一卷五期

談王陽明的知行合一　王去病　建國月刊四卷三期

對于陸王學派的一種觀察　嵇文甫　哲學評論四卷三期，四期

王陽明的人生哲學　徐心芹　中庸半月刊一卷七號

劉蕺山學承姚江解　陳訓慈　史學雜誌二卷六期

明朱舜水先生言行錄　馬瀛　東方雜誌十卷二號

清初的理學界　商鴻逵　中法大學月刊二卷二號

說郛考　伯希和　P.Pilliat 作　馮承鈞譯　國立北平圖書館季刊六卷六號

日知錄校記　黃侃　歸納雜誌二期

顏習齊哲學概要　楊大膺　世界旬刊十五期，十六期

顏習齊的哲學　徐慶譽　世界旬刊十四期　國聞週報十卷三期

唐圃亭的哲學思想　王永祥　東北叢鐫十八期　按：先生名甄，字鑄萬，明四川達縣人，著有「潛書」，分上下兩篇，上篇係談學術，下篇則論政治。

準啞吧不講理的皖派首領戴東原　吳保障　學風二卷二期

跋墨香書屋叢著十一種稿本　魏建猷　燕京大學圖書館報三十七期

俞曲園先生病中囈語跋　陳寅恪　清華週刊三十七卷二期

古學彙刊第一集書目提要　繆荃孫　藝觀第四期

古學彙刊第二集書目提要　繆荃孫　藝觀五期

安徽叢書第一期書目提要　胡樸安　學風月刊三卷六期

養和堂叢書跋　陳乃乾　圖書館學季刊五卷三，四合期

四明叢書全目　張壽鏞　浙江圖書館館刊二卷三期

便佳簃雜鈔序　張江裁　民彝雜誌一卷五期

銷夏雜記序　長子　藝觀第五期

瑞安陳介石先生講學錄　馬叙倫等　唯是第三册

英歛之先生學案　吳傑民　公教青年會季刊二卷二期

論梁漱溟的哲學　高梅　齊大月刊一卷八期

續司馬文正保身說　林紓　民彝雜誌一卷三期

知無忘錄　金毓黻　東北叢錫十三期　內容：多關於子書之雜記

H.筆記

西征隨筆　掌故叢編第四輯至六輯連輯刊登

惜抱使湘魯日記　姚鼐遺著　青鶴雜誌一卷四期至十期連期刊登

張傢和公筆記　張傳和　民彝雜誌一卷一期至九期連期刊登　公諱秉貞，安徽桐城人。

兔牀日記鈔　吳騫遺著　青鶴雜誌二卷一期，三期，五期

陳蘭甫先生澧遺稿　陳澧　嶺南學報二卷三期

闇塵偶記　文廷式遺著　青鶴雜誌一卷一期至十期連期刊登

蕉廊脞錄　補松老人遺著　青鶴雜誌一卷一期，二期叢錄欄

舊聞隨筆　姚永樸　北平晨報藝圃（二十一年六月一，六，十一，十五，二十，二十一，二十七日；七月一，二，四，六，八，十一，十二，十五，十八，二十

，二十三，二十八，三十日；八月一，三，五，六，十九，二十六，二十九日；九月十七，十九，二十三，二十八日；十月一，十四，十五，二十四日；十一月五，二十一日；十二月九，二十三，二十四，二十八，三十日；二十二年一月九，十七，二十五，三十，三十一日；二月十，十一，十九，二十五，二十八日；三月一，十一，十三，十四，二十五，二十七日；四月三，五，七，十二，十五，十七，十八，二十二，二十四日；五月六，八，九，十，十三，十七，十九日；六月二，三，五，六，七，十，十四，十九，二十，二十三，二十四，二十六，二十七，二十八，三十日；七月一，三，四，五，七，十一，十四，十七，十八，二十六，二十八，三十一日；八月一，十八，二十二，二十三，二十六日；九月五，六，二十三，三十日；十月六，七，九，十一，二十五日；十一月二十一，二十五，二十八日；十二月一，六，九，十一，十六，十八，十九，二十二，二十三，二十五，二十九日。）

慎宜軒筆記　姚永概　民彝雜誌一卷七期至十二期連期刊登

褒碧齋雜記　陳銳遺著　青鶴雜誌一卷七期，八期

荷香館言　常熟秉衡居士　人文月刊一卷三期至十期連期刊登

宋漁父日記　宋教仁　民國紀元前八年由湘赴日之自記　建國月刊九卷四期，五期，六期

徐錫麟烈士遺稿　建國月刊八卷三期

清世說新語　夏敬觀撰　青鶴雜誌一期至十期連期刊載，又二卷二期四期

凌霄一士隨筆　凌霄一士　國聞週報七卷二十六期至三十三期，三十五期至三十八期；八卷一期至四十九期；九卷一期至三十一期，三十三期至四十八期；

十卷二期，至十七期，二十期至二十三期，二十五期至三十二期，三十四期，三十六期，至四十一期，四十三期至五十期連期刊登。

壬申談往 一士 國聞週報九卷一期

癸酉談往——六十年之回顧 一士 國聞週報十卷一期

赤佳廬筆記 一士 人文月刊二卷二期

須捷室隨筆 薛斯 南華文藝一卷一號

按：內容多偏於民初國民黨人之軼事。

窈窕釋迦室隨筆 映庵 青鶴雜誌一卷五期，六期，七期

微谷亭隨筆 微谷 青鶴雜誌一卷一號至五號連期刊登

華胥漫錄 王小隱 人文月刊四卷五期，六期，七期

內容：（1）張作霖非其人，（2）考試制度影響，（3）木皮子賈應寵，（4）洪昉思之死，（5）袁世凱幾死于庚子之變，（6）民國時代之步軍統領，（7）王文敏，（8）畢業會考與獎給出身，（9）排漢，（10）東北未亡之片士，（11）賈凫西身世考，（12）清孝欽后之教育觀，與革命觀，（13）公安派之嗣響。

睇嚮齋談往 穎川生 青鶴雜誌一卷一號至十號連期刊登，又二卷三期，五期

睇嚮齋逞肊談 甘簃 青鶴雜誌二卷二期，四期

慧修龕叢談 龔保青 倚志週刊一卷十期

棠陰隖膡墨　卣銘　北平晨報藝圃（二十一年一月八日，三月一日，十四日

秦鬢樓談錄　迦持　小說月報五卷一號至四號連期刊登

自在室讀書隨筆　姚光　國學叢選第一，二集合刊，第四集，第五集

一得錄　普暄　朝華三卷一期

南倉讀書記　汪辟疆　讀書雜誌第六期

蓆上讀書錄　賀揚靈　讀書雜誌一卷九期

碎話　訪秋　長星月刊第二期

讀書筆記一則　中學生三十一號

讀書雜記　杜兆波　國際文化雜誌創刊號

讀書小記　王重民　讀書月刊一卷四號

同適齋讀書劄記　訪秋　北平益世報草蟲旬刊第二十二期　國學叢刊一卷三期

華蕚堂讀書小識　葉啓發　圖書館學季刊四卷二期

語冰　許同莘　東北叢鐫十八期

春明夢錄　平齋　青鶴雜誌一卷一號，二號

沈思齊先生雜記　沈惟賢　人文月刊三卷九期

古紅梅閣筆記　江東阿斗　人文月刊二卷一期至三卷八期連期刊登，又四卷一期

玄武筆記　李玄伯　故宮週刊一〇一期至一〇六期連期刊登，又一一〇期，一一二期，一一三期

惜陰堂筆記　惜陰　人文月刊三卷一期，三期

雜記　無名氏　人文月刊二卷三期　內記清初順治時京內事甚悉。

白醉揀話　珊瑚村人　青鶴雜誌一卷六期，七期，八期

讀書求是錄(續)　孫傳瑗　學風四卷一期

歸鄉雜記　慈輝　北國月刊創刊號，二號

感舊漫錄　吹萬居士　學叢選第十三，四集；第十五，六集

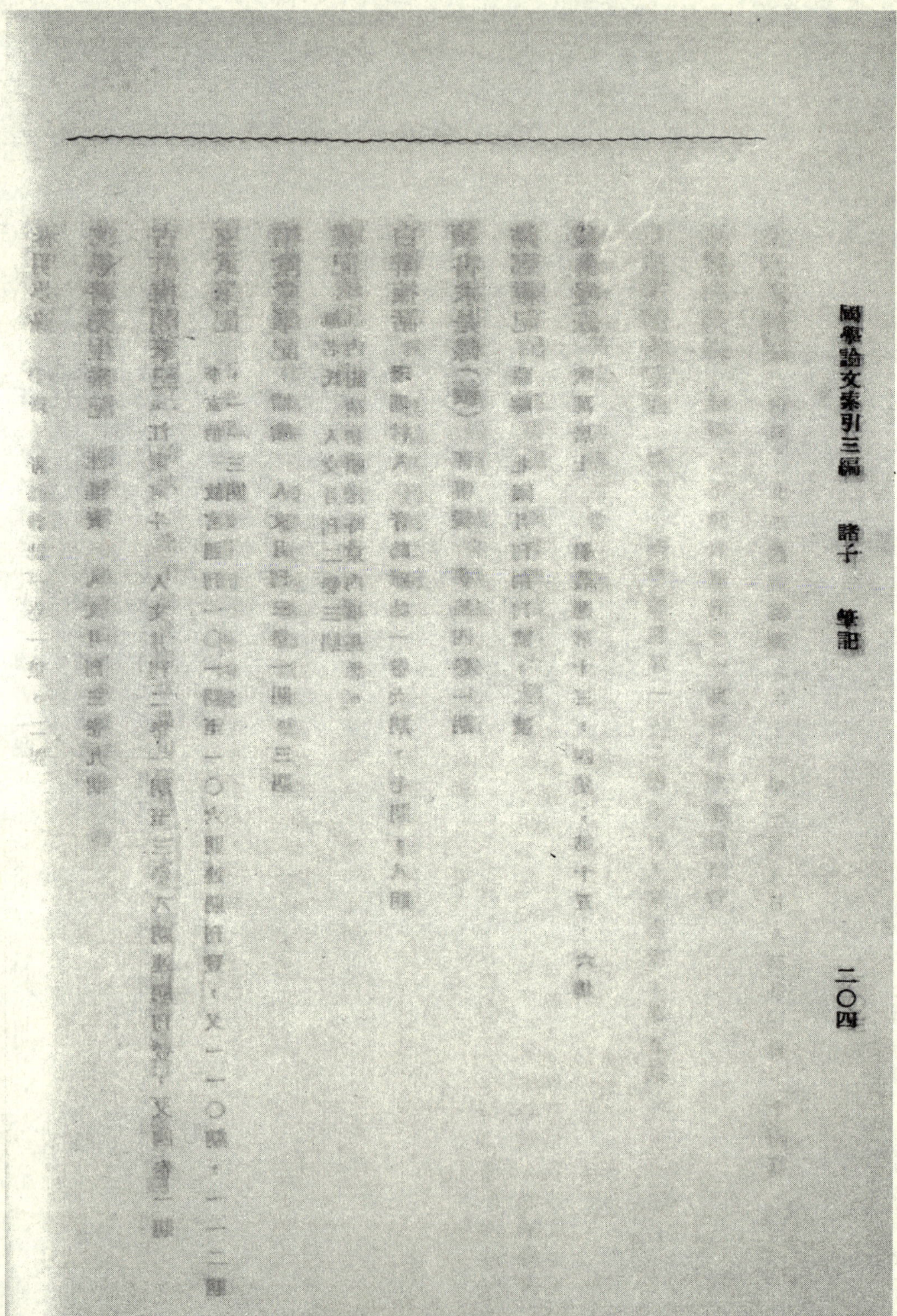

八　文學

(一)通論

中國文學演化概述　郭紹虞　文藝雜誌第二期

中國文學生長之厄運　常工　晨星第一期

中國文學二源論　段凌辰　孤興第一期

中國文藝中的高蹈味　周天鵬　北平華北日報徒然副刊(十八年一月二十九日)

中國思想文藝的生路　劉大杰　現代學生一卷四期

中國文藝學的創建　傅潤華　眞美善六卷二號

中國婦女文學譚片　王春翠　婦女雜誌十七卷七號

中國文藝在國際上的榮譽　文藝新聞十四號

中國文在世界上之地位及其價值　戴季陶　新亞細亞四卷二期

中國文藝思潮之沒落與復興　王平陵　矛盾月刊三，四期合刊

中國社會與中國文學講話　余慕陶　讀書雜誌二卷九期

中國文學的路向　伍蠡甫　文化雜誌創刊號

中國文藝的前途　孫俍工　前途雜誌創刊號

中國文藝的前途　李朴園　前途一卷二期

中學國文前途的悲觀　尤墨君　中學生月刊二十號

中學國文學程底清算　汪馥泉　新學生創刊號

文論　胡懷琛　國學叢選第五集

內容：（一）知用，（二）立品，（三）儲材，（四）養氣，（五）摹神，（六）取勢，（七）乘機，（八）循法。

文學的領土　汪靜之　大陸雜誌一卷二期

文章新論　須尊　鞭策週刊二十四期，二十五期

文筆與詩筆　郭紹虞　睿湖第二期

文氣的辨析　西諦　小說月報二十卷一號

過去中國文學的典型　戴行軺　當代文藝二卷五期

過去的中國文學和文人　西華　現代月刊二卷一期，二期

雜論中國文學　侍桁　文藝月刊三卷一期

內容：關於舊文學作者曾提出兩種意見，（一）把中國文學從雜亂中作出新的解釋與批評；（二）把散在中國文學中那些未成熟的材料，給以藝術的製作。

論文雜記　張守義　金陵大學文學院季刊二卷一期

論中國文學的新研究　汪倜然　讀書月刊二卷二期

劉師培的文學論　任維焜　新長報副刊（十九年一月十三日，十四日）

按：本文係依據劉師培的論文札記，鈎要闡明，並以近世文學批評的新見地，加以批判。

研究國文的目的和方法　李君俠　學生雜誌十六卷四號

研究古文之我見　劉恢　東北叢鐫十六期

我們研究中國文學應取的態度　張壽林　京報文學副刊第三十八期

劉知幾史通之文學概論　宮廷璋　師大月刊第二期

荀卿也和文學史有關係嗎　姚名達　中庸半月刊創刊號

黃色文學本能論　俞長源　中庸半月刊一卷一期，二期

論中國學之特點。

各代文學

中國古代文學史論　丁迪豪　讀書雜誌三卷六期
內容：（1）原始社會的文學，（2）民族社會的文學，（3）封建社會的文學。

中國文學史輪廓引論　李華卿　讀書雜誌三卷六期

中國文學史新編緒論　心儂　文藝戰線第三期

中國文學小史序論　錢鍾書　國風半月刊三卷六期

秦漢六朝思想文藝發展草書　胡秋原　讀書雜誌三卷六期
內容：（1）舊新貴族之興衰，士庶階級，享樂與虛無，（2）進取於專制時代到保守的專制主義時代，到爛熟的思潮之變遷，（3）秦代的政治文學到兩漢之宮廷禮讚文學到魏晉六朝之個人抒情文學，（4）造型藝術之發展。

魏晉南北朝的文學　張玉林　讀書雜誌三卷六期
內容：（1）緒言，（2）魏代文學分三節——（a）所謂正始文學（b）竹林七賢，（c）結語；（3）晉代文學分兩節——（a）太康時代（b）永嘉以後。

魏晉文學之時代背景　錢振東　師大國學叢刊一卷二期

建安文學　董克中　河南中山大學文科季刊第一期

建安文學底時代背景　關健南　南開週刊一二九，一三〇期合刊（文藝專號）

六朝文學概論　施章　中央大學半月刊二卷八期

內容：（第一卷上）——（1）導言，（2）六朝文學觀念之分析，（3）晉代白話文學之眞象，（4）六朝文學之成因；（第一卷下）——（1）小引，（2）古文學之趨勢，（3）詩歌化的辭賦文學，（4）白話新文學，（5）辭律說在中古文學上之重要。

六朝文學概論序　汪東　中央大學半月刊二卷八期

物觀文學史叢稿——南北朝之部——　王禮錫　讀書雜誌一卷一號，二號

北朝社會的形態與文學的演變　王禮錫　讀書雜誌一卷二號——物觀文學史南北朝之部第三章

問駢文盛於南北朝未曉南北朝文士亦有抉駢文之極敝者歟儻能備稽其說以揚得失歟　錢鍾夏　無錫國學專修學校叢刊第二期

內容：（1）緒言，（2）駢文之源流，（3）南北朝駢文勃興原因，（4）南北朝駢文之流弊，（5）南北朝駢文之反響，（6）反抗流論調之得失，（7）餘論。

駢文通義　錢基博　光華大學半月刊一卷七期，八期

內容：原文第一，駢散第二，流變第三，典型第四，漫話第五。

唐宋元明文概說　樓巍　唯是第二册

五代君主文學　盧逮曾　中法大學月刊一卷五期，二卷一期

明代之初期文學　羅寶册　師大月刊第二期

晚明文與政治　須章　職策週刊一卷二期

論桐城派　陳嶺一　青鶴雜誌一卷二十號

八股文之沿革與形式　胡雪　讀書中學一卷二號

中國文學史上一個汚點——八股文——的分析　李長之　清華週刊四十卷一期

巵言　姚錫鈞　國學叢選第六輯　內容多涉及歷代文學

2 文學家評傳

蔡邕評傳　冉昭德　山東大學勵學一期　蔡邕字伯喈，陳留圉人，生于漢陽嘉二年，卒于初平三年，

藝術家的蔡邕　沙孟海　國立中央山東大學語言歷史研究所週刊十集一一二期

三曹　張孝友　河南大學勵學第二期

曹植杜甫誕生紀念　彥威　大公報文學副刊第二百十五期（二十一年二月二十二日）

曹植生活史　李仲南　采社雜誌第六期　曹植字子建，生于公元一九二至二三二

陸機年表　朱東潤　武大文哲季刊一卷一期　陸機字士衡，吳郡人，生于公元二六一至三〇三

陶淵明的生活　劉寄圃　光華大學半月刊一卷九期　淵明名潛字元亮，潯陽柴桑人，生于公元三六五至四三七

陶淵明的孤獨　俞人元　協大學術第二期

我所了解的陶淵明　李長之　清華週刊三十九卷五號，六號

從農村破產想到陶淵明　李則綱　安徽大學月刊一卷二期

內容：（1）家世自述，（2）怎樣離開農村，（3）農村的戀慕，（4）歸田的旨趣，（5）躬耕的情況，（6）村居的享樂，（7）隴畔的遨遊，（8）鄰舍聚飲，（9）貧窮的掙扎，（10）古代社會的懷想，（11）陶淵明的人生觀。

鮑明遠年譜　繆鉞　文學月刊三卷一期

鮑照字明遠，東海人，生于公元四二一至四六五

沈約年譜　伍俶　中山大學文史研究所輯刊一卷一冊

沈約字休文，吳興武康人，生于公元四四一至五一三

永明竟陵八友之一——謝朓　許安本　國學叢刊一卷三期

永明之際文士多集于竟陵，時蕭衍，王融，謝朓，任昉，沈約，陸倕，范雲，蕭綱等為竟陵八友

顏延之年譜　季永　清華週刊四十卷六期，九期

梁昭明太子年譜　周貞亮　武大哲學季刊二卷一號

即梁武帝之長子，名蕭統字施德，生于公元五〇一至五三一

徐陵年譜　牛夕　清華週刊三十八卷二期

徐陵字孝穆，東海郯人，生于公元五〇七至五八三

王子安年譜　劉汝霖　師大月刊第二期

王勃字子安，絳州龍門人，生于唐高宗永徽元年（公元六五〇）卒于

上元二年（六七五）

唐初兩個白話詩人——王績，王梵志——　儲皖峯　浙江大學文理科專刊三期

唐詩人李益的生平　容肇祖　嶺南學報二卷一期
李益字君虞，本籍隴西姑臧縣，而家於鄭州或東都，生於唐天寶七年（七四八）卒於太和元年（八二七）

張說一千二百年忌　陳子展　現代文學一卷六期
張說字道濟一字說之，洛陽人，生于公元六六七至七二七

李白　吳汝濱　文藝雜誌第一期，第二期
白字太白，隴西成紀人，生于公元七〇一至七六二

李白生活史　汪炳焜　光華大學半月刊一卷一期至四期連期刊登
內容：（1）緒言，（2）家世及其少年時代，（3）曇花一現的政治生活，（4）豪俠尚武的生活，（5）醉鄉深處，（6）一生好入名山游，（7）在享樂中，（8）曈曚天國中的生活，（9）不平凡的死，（10）小結。

詩人李白　羅夫　南開雙週一卷一期

浪漫詩人李白　崔憲家　師大國學叢刊一卷三期

浪漫主義的詩人李白　崔憲家　國學叢刊一卷三期

大詩人李白的生活　汪炳焜　學生雜誌十六卷十一號

李白在海上　丁文　北平華北日報副刊（十九年十二月二十一日）

少陵先生年譜會箋　聞一多　武大文哲季刊一卷一號至四號連期刊登
杜甫字子美，京兆人，生于公元七一二至七七〇

杜工部年表及杜詩年表　鞏國　文學叢刊第一集

杜工部年表初稿　楊益恒　文學叢刊第一集

儲光羲之人生觀——唐代田園詩人儲光羲之第二章——（儲光羲兗州人，生于唐開元間）　繆文遠　無錫國專學生自治會季刊第一期

岑參年譜　賴義輝　嶺南學報一卷二期
岑公諱參唐州江陵人，玄宗開元三年乙卯（七一五）生，大曆五年庚戌（七七〇）卒

岑嘉州考證繫　聞一多　清華學報八卷二期

詩人王昌齡籍貫考　李士翹　北平晨報藝圃（二十二年十一月二十四日）

沒落貴族的詩人李長吉　致于　文學雜誌一號
李賀字長吉，生于公元七九〇至八一六

李義山評傳　張振佩　學風三卷八期，九期

幾個晚唐時期的浪漫詩人及其作品　壽棣　浙江大學文理科年刊第二期
篇中提及者有李義山，溫飛卿，杜樊川等

韓白論　周蔭堂　金陵學報一卷一期
內容：（1）引言，（2）韓白的文學淵源，（3）韓白的個性和人格，（4）韓白對於文學的觀念，（5）韓白的作品，（6）韓白的影響，（7）結論。

韓愈評　陳登原　金陵學報二卷二號

韓愈李翺與佛教之關係　吳恩裕　清華週刊三十八卷七，八期合刊　內容：（1）引子，（2）韓愈之排佛，（3）李翺之排佛見解，（4）李翺學說之淵源，（5）復性書之內容，（6）結論。

柳宗元　黎珍謇　新時代半月刊四卷三期，四期

李後主評傳　郭德浩　文學年報一期　李煜字重光，爲五代南唐主，生于公元九六三至九七八

西崑酬唱集諸詩人年譜合編　鄭爰居　歸納雜誌二期

兩宋詞人時代先後小錄　陳銳　詞學季刊一卷三號

張子野年譜　夏承燾　詞學季刊創刊號　張先字子野，吳興人，生于公元九九〇至一〇七八

中國大文豪蘇東坡的生平及其作品　昜吾　海濱文藝創刊號　蘇軾字子瞻，北宋眉山人

柳永生卒考　儲皖峯　國立浙江大學季刊一卷一期　柳永初名三變，字耆卿，北宋人。按：作者斷定詞人生年不能出太宗至道元年前後五年以內，卒年亦不能出神宗元豐二年以前十年以內

宋詞人柳永生年的推測　儲皖峯　微音月刊二卷，七，八期合刊

賀方回年譜　夏承　詞學季刊一卷二期　賀鑄字方回，衞州人，生于宋仁宗皇佑四年壬辰，卒于宣和七年

陸放翁評傳　蔡增杰　南開週刊八十九期，九十期
陸游字務觀，號放翁，越州山陰人，生于公元一一二五至一二一〇

愛國詩人陸放翁　振甫　讀書中學一卷三期

愛國詩人陸放翁　許采章　北大學生週刊二卷二期

辛棄疾　吳世昌　新月月刊三卷八期，九期
棄疾字幼安，號稼軒，山東歷城人，生于南宋

姜白石先生年譜　馬維新　山東大學勵學一期
姜夔字堯章號白石道人，于宋紹興二十五年（一一五五）卒于紹熙五年（一一九四）

曲客傳　郭紹虞　天津益世報副刊（十九年四月十七日）
按：所謂曲客，係元代之戲曲家。

白仁甫年譜　蘇明仁　文學年報一期
白樸字仁甫眞定人，元戲曲家，

羅貫中　鄭振鐸　青年界一卷一期
羅本字貫中，約生于元末明初。

袁中郎評傳　任維焜　師大月刊第二期，師大國學叢刊一卷三期
袁宏道字中郎號石公，湖北人，生於公元一五六八至一六一〇

唐六如評傳（附年譜）　閻風　清華週刊三十八卷四期
內容：（1）總論，（2）六如生平行述，（3）六如的詩，（4）六如詩中的思想，（5）六如的詞曲與賦，（6）六如的畫，（7）結論。
（唐寅字伯虎一字子畏號六如居士，吳縣人，生於公元一四七〇至一五二三

明馮夢龍生平及著作續考　容肇祖　學嶺南報二卷二期，三期
馮夢龍字猶龍一字耳猶，吳縣人，生於公元一五七四至

一六四六 愛國詩人錢謙益　許采章　北大學生週刊二卷一期
錢謙益字受之，號牧齋，常熟人生于公元一五八二至一六六四。

吳梅村評傳　萬蘊秀　河南大學勵學第三期
吳偉業字駿公號梅村，太倉人，生于公元一六〇九至一六七一

吳梅村及其詩史　謝之勃　無錫國專季刊二十二年一册

詩史吳梅村　談生　新壘月刊創刊號

方氏三詩人傳　馬其昶　民彝雜誌一卷十二期
按：三先生一諱文，字爾止，號明農，又號嵞山；一諱貞觀，字履安，號南堂；一諱世舉，字扶南，號息翁。

金聖嘆及其文學評論　隋樹森　國聞週報九卷二十四期，二十五期，二十六期
內容：（1）引言，（2）小傳，（3）聖嘆之文學批評，（4）聖嘆評釋，（5）餘論，（6）結論。

辨僞舉例——蒲松齡的生年考　胡適　新月四卷一號

納蘭成德傳　張蔭麟　學衡七十期

納蘭性傳　羅曼思　天津益世報副刊（十八年十二月二十五日，二十六日，二十七日，三十日，三十一日。）
按：納蘭性德係清代詞人，滿州旗籍。著有「飲水側帽」等詞集。生于公元一六五四至一六八五

方望溪先生傳　馬其昶　民彝雜誌一卷二期

蔣心餘先生年譜　陳述　師大月刊六期

蔣士銓字心餘一字苕生又號藏園晚號定甫，雍正三年乙巳（一七二五）生，乾隆五十年乙巳（一七八三）卒。

袁枚文學批評論述評　朱東潤　武大文哲季刊二卷三期

覺羅詩人永忠年譜　侯堮　燕京學十二號

先生名永忠字亰甫又字敬軒，因六月生號蕖仙，清雍正十三年乙卯（一七三五）生，乾隆五十八年癸丑（一七九三）卒。

黃仲則逝世百五十年紀念　繆鉞　大公報文學副刊三百零二期（二十二年十月十六日）

龔自珍誕生百四十年紀念　張蔭麟　大公報文學副刊一百六十期（二十二年二月二十六日）

自珍字定菴，生於乾隆五十七年，歿於道光二十一年（公元一七九二至一八四一）

蔣鹿潭評傳　唐圭璋　詞學季刊一卷三號

蔣鹿潭名春霖，江陰人，清嘉慶二十三年（一八一八）生，同治七年卒。

大詩人黃公度年譜　錢蕚孫　大陸雜誌一卷十二號，二卷一號

黃遵憲字公度別署東海公，法時尙任齋主人；廣東嘉應州人，清道光二十八年（一八四八）生光緒三十一年甲午（一九〇八）卒，。

清季四大詞人　龍沐勛　暨大文學院集刊第一集

（1）王鵬運（2）文廷式（3）鄭文焯（4）况周頤

蘇曼殊略傳　柳亞子　文藝茶話一卷四期

重訂蘇曼殊年表　柳亞子　文藝雜誌一卷二期

按：「曼殊年譜」曾在「語絲」上發表過，並有單行本出版

白屋詩人吳芳吉逝世　大公報文學副刊二百二十九期，二百三十期，二百三十一期（二十一年五月二十三，三十日；六月六日。）

吳芳吉別傳　劉咸炘　大公報文學副刊二百五十一期（二十一年十月二十四日）

芳吉字碧柳，別號白屋，四川江津縣人，光緒二十二年（一八九六）生于民國二十一年卒

劉咸炘君鑑泉逝世　盧前冀野　大公報文學副刊二百五十六期（二十一年十二月二十八日）

鑑泉諱咸炘，別號有齋，四川雙流縣人。

女作家

李易安居士評傳　臞安　釆社雜誌第六期

李清照自號易安居士，濟南人，生于北宋

書俞理初易安居士事輯後　郭允叔　釆社雜誌第六期

宋代無名女詞人　淑芳女士　新時代月刊四卷一期

清代女詞人顧太清　雪林女士　婦女雜誌十七卷七號

（3）辭賦

論賦之封略　段凌辰　河南中山大學文科季刊第一期

辭賦與騷賦　許世英　文學月刊三卷一期

從王粲登樓賦說到騷賦與辭賦的分別　般乃　清華週刊三十七卷七期

論賦之封略　段凌辰　河南中山大學文科季刊第一期　國立中山大學語言歷史學研究所週刊九集一○六期

楚辭溯源　李家雁　清華週刊三十九卷十一期，十二期

楚詞研究　周幹庭　齊大月刊一卷三期，四期

楚辭研究　王志信　南大週刊一三七，一三八期合刊
內容：（1）導言，（2）屈原傳略，（3）屈原作品，（4）尾言。

楚辭的研究　林元漢　協大學術第二期

論楚辭中之三九　汪炳坤　光華大學半月刊二卷一號
內容：（1）釋名，（2）作者，（3）內涵，（4）藝術，（5）餘旨。

屈賦考源　游國恩　武大文哲季刊一卷三期，四期

屈子發微　陳介石　唯是第一冊

屈子發微（陳黻宸）　歸納雜誌一期

屈子之初戀與香君之紗扇戀　董紹康　南開週刊一二五期

屈原與離騷 李陵 南大週刊一三七，一三八期合刊
內容：（1）引言，（2）屈子對本土的純愛，（3）楚國之冷酷環境，（4）屈子內心的矛盾，（5）結語。

懷屈原 華林 新時代月刊一卷三期

漢志屈原賦二十五篇考 朱保雄 清華週刊三十四卷六期

騷的藝術 蕭秉乾 燕大月刊六卷一期

離騷之用比 蕭海非 清華週刊三十五卷二期

離騷的成分問題 張靈瑞 國立中山大學語言歷史學研究所九集九十八期

讀離騷 范崇高 文學叢刊第一集

離騷文字版本異同之比較及其糾繆 黃燠文 東吳一卷一期

楚詞十六卷是劉向所校集的麼 王雲渠 北平晨報學園二〇四號，二〇五號，二〇六號（二十年十月二十四日，二十六日，二十七日）

楚辭非劉向所集一個新證據 王雲渠 北平晨報學園二二六號至二二九號連期刊登（二十一年一月十二日，十四日，十五日，十八日）

王逸楚辭章句的解釋 劉永濟 武大文哲季刊二卷三號，四號

王逸楚辭章句識誤 劉永濟 武大文哲季刊二卷三號，四號

楚辭章句徵引楚語考　駱鴻凱　師大國學叢刊一卷二期

楚辭校勘記　范午　文學叢刊第一集

橘頌題釋及作者　張敎品　無錫國專學生自治會季刊第一期（廿八年五月）

橘頌的時代　丁迪豪　進展月刊十期

楚辭九章悲回風篇的眞僞　徐恒之　學風三卷五期

九歌的研究　丁迪豪　讀書雜誌二卷九期

讀九歌　馬其昶　民彝雜誌一卷五期

讀九辯招魂　張誠　民彝雜誌一卷一期

東方朔二十篇考　王雲渠　北平晨報學園二八四號，二八五號（二十一年四月十九日，二十日）

司馬相如與漢賦　晏衡　齊大季刊二期

（4）詩

A通論

中國詩詞之起源　羅根澤　學文第五期

中國古代詩之研究及評論　白杰　文藝戰線二十期

——萌芽到詩經——

內容：（1）叙言，（2）中國詩之發源，（3）詩經之批評結尾，（4）結尾。

中國古代對于詩歌的了解　胡懷琛　世界雜誌二卷五期

中國古代的無韵詩　陸侃如　文學年報一期

五言詩發生之研究　戴靜山　浙江大學文理學院季刊四期

五言詩起源說評錄　羅雨亭　河南中山大學文科季刊第一期

五言詩起源問題叢說　張長弓　晨星月刊第一期

再論五言詩的起源　朱偰　天津益世報學術週刊（十八年四月十五日，二十二日）

五言詩成立的時代問題　游國恩　武大文哲季刊一卷一期

西漢之五言詩　王志剛　孤興第一期

我對於蘇武詩所發生的疑問　方愁　河南民報寸土副刊（十八年五月）

古詩十九首　張壽林　京報文學副刊三十八期，四十一期

古詩十九首論叢　常工　晨星月刊第一期

葺芷繚衡室「古詩」札記　平伯　清華文學月刊二卷一期，二期　按：內均偏於古詩十九首章句之解釋

讀漢高帝大風歌　周　春箏二卷一期

胡笳十八拍作於劉商考　羅根澤　朝華月刊二卷一，二合期

兩漢樂府的新分類　章楨　光華大學半月刊二卷三期

樂府中的故事與作者　羅根澤　師大月刊六期
內容：（1）子夜歌，（2）阿子歌及歡聞歌，（3）前谿歌，（4）督護歌，（5）團扇歌，（6）長史變歌，（7）黃鵠曲，（8）碧玉歌，（9）桃葉歌，（10）懊憹歌，（11）華山畿，（12）讀曲歌，（13）青溪小姑，（14）石城樂，（15）莫愁樂，（16）烏夜樂，（17）估客樂，（18）襄陽樂，（19）壽陽樂，（20）楊叛兒，（21）西烏衣飛。

孔雀東南飛年代考（上篇）　王越　國立中山大學文史學研究所月刊一卷第二期

古詩爲焦仲卿妻作札記　段凌辰　河南大學勵學策二期

七言絕句權論　邵祖平　中國文學會集刊一期
內容：（1）小引，（2）七絕之正名，（3）七絕之託始及成立時期，（4）七絕之體裁及與樂府之關係，（5）七絕盛行之由來，（6）七言絕句之分類，（7）七絕詩品示例，（8）七絕之作家雜述，（9）七絕之作法，（10）七解之解法，（11）結論。

絕句源流的研究　鈴木虎雄著　李邵青譯　北平晨報學報學園二十七號，二十八號（二十年一月二十七日，二十八日。）

五七言詩體成立考　陶嘉根　文學叢刊第一集

七言詩起原考　王耘莊　南週評論一卷一期

七言詩之起源及其成熟　羅根澤　師大月刊第二期

漢詩綜論　許文玉　暨大文學院集刊第一集　內容：（一）引言，（二）論體製源流，（三）論思想背景，（四）論樂舞概略，（五）論韻。

論漢人詩示安徽大學文學院諸生　李大防　安徽大學月刊一卷一期

魏晉南北朝詩之演變大勢　張長弓　燕大月刊六卷一期

唐代詩歌　國立中山大學文史學研究所月刊一卷一期

唐詩「四唐」說考異　許惠芬　北大學生一卷一期

論唐代敘事詩　鈴木虎雄著　邵青譯　北平晨報學園六十六號，六十七號（二十年四月十四日，十五日）

唐宋時代「行」的觀察　李冰若　暨大文學院集刊第二集

江西詩派——代表人物——作品——及其反對詩派　西泠　南方雜誌創刊號

明代的「時曲」　鄭振鐸　文學雜誌一卷二號　「時曲」指明代民間的詩歌

清代詩學概論　金受申　公教青年會季刊二卷一期

論近代詩　汪辟疆　時代公論十號，十二號

近代詩學論略　陳石遺講　丁舜年記　無錫國專季刊二十二年一册

略談中國詩的英譯　石民　青年界二卷四號

中國詩人描寫「女性美」的演進　董克中　河南大學勵學第二期

從中國詩歌裏研究兩性問題　鄭正名　采社雜誌五期，六期

南宋詩人眼中的農民痛苦　嗇鄰室主　國聞週報八卷二十四期

詩人眼中的苛稅與農民　嗇鄰室主　國聞週報八卷十一號

詩之流別　陳柱　學藝十卷一號

編述中國詩歌史的重要問題　汪辟疆　國風半月刊七號

詩譚三則　黃漢　學風四卷一期
內容：（1）道學觀念之謬誤，（2）典與韻，（3）平淡與生僻。

詮詩　繆鉞　學衡六十九期

談詩　竹銘　民彝雜誌一卷七期

說詩　繆篆　廈大週刊十二卷十六期，十八期（三〇七號，三〇九號）

論詩　陳石遺　民彝雜誌一卷九期

由詩到詞發展的經路　陳子展　讀書雜誌三卷七號

論舊詩與舊詞　余慕陶　微音月刊二卷九期

吳夜鐘論詩　菊屋　天津益世報文藝週刊（十八年十月十八日，二十五日）
按：吳夜鐘字起蛟名雷發，清江蘇震澤人。

蘭茗館論詩　許奉恩　民彝雜誌一卷八期，十期
按：茲篇係仿詩品格式，評論歷代各家之優劣高下。

郭允叔師講授筆記　李光英 均論詩　采社雜誌四期，五期

中國敘事詩　薇　天津益世報副刊（十九年五月二十日、二十一日）

俳句的變遷　羅曼恩　天津益世報文藝週刊（十八年十月十八日）

說冲澹　徐梗生　微音月刊二卷七，八期合刊
（例舉古代之冲澹名句）

B. 專論

古詩書目提要　許文玉　國立中山大學語言歷史學研究所週刊九集一〇六期

讀曹子建詩札記　蕭滌非　學衡七十期

讀阮嗣宗詩札記　蕭滌非　學衡七十期

阮籍及其詠懷詩　會因　北平晨報學園六十八號，六十九號，七十號，（二十年四月二日，三日，四日）

論陶淵明詩　張人駿　無錫國專季刊二十二年一册

陶詩小識　覓公　中法大學月刊二卷三，四期合刊

鮑明遠詩蠡測　王正履　無錫國專季刊二十二年一册

內容：（1）鮑明詩與當時之風氣，（2）鮑明遠詩與漢魏古詩之關係，（3）鮑明遠詩與梁陳宮體詩之關係，（4）鮑明遠詩之特徵。

讀謝康樂詩札記　蕭滌非　清華中國文學會月刊一卷四期

庾信哀江南賦與杜甫詠懷古跡詩　陳寅恪　清華中國文學會月刊一卷一期

木蘭詩作於韋元甫考　羅根澤　朝華月刊二卷三期

讀杜劄記　邵祖平　學藝十二卷二號

讀李杜詩集後的批評　白璧　春笋二卷二期

杜甫詩研究　振作　搖籃一卷一期

箋杜工部秦州雜詩二十首　高耀琳　金陵大學文學院季刊一卷二期

杜詩「詠懷」「北征」謀篇之研究　廖劃男　學風三卷三期

杜甫戲爲六絕句集解　郭紹虞　文學年報一期

杜詩地名考　陳鳴西　文學叢刊第一集

杜詩地圖十幅　陳鳴西　文學叢刊第一集

杜工部甫草堂詩年表　梁造今　文學叢刊第一集

李白的詩　民生　鞭策週刊十九期

輞川詩集窺谿　孟雄　民鳴月刊一期

白樂天詩　江寄萍　大戈壁一卷四期

長恨歌及長恨歌傳的質疑　俞平伯　小說月報二十卷二號

讀連昌宮詞質疑　陳寅恪　清華學報八卷二期

孟郊詩　陳石遺講　丁舜年記　無錫國專季刊二十年一册

李長吉詩　江寄萍　大戈壁一卷二期

韋莊秦婦吟箋　郝立權　齊大月刊二卷三期

跋明覆刻宋本唐百家詩零本　建猷　燕京大學圖書館報十七期

文館詞林校記　孟森　國立北平圖書館館刊七卷一號

郭茂倩樂府詩集跋尾　羅根澤　中大國學叢編一期三册

明本薛濤詩跋　傅增湘　清華週刊二十四卷六期

蘇詩的旁窺　島公　國聞週報九卷二十一期
　內容：(一)蘇詩的用典，(二)蘇詩的詼諧，(三)蘇詩所表現的襟度，(四)蘇詩的理論。

讀宋槧蘇詩施顧注題跋記　顧廷龍　國立北平圖書館館刊七卷一號

談黃山谷詩　張汝舟　學風月刊三卷四期

明覆宋本山谷老人刀筆跋(附校記)　侯圻雲　燕京圖書館報二十六期

元遺山詩集校勘記　王永祥　東北叢鐫十八期

述方回詩評　朱東潤　武大文哲季刊二卷一號

崔顥詩集跋　傅增湘　國立北平圖書館館刊六卷二號

吳梅村非戰作品的評價　嗇鄰室主　國聞週報八卷七期，八期，十二期

漁洋詩　江寄萍　大戈壁一卷三期

王漁洋之七言絕詩——讀詩雜記之一——　吳天石　無錫國專學生自治會季刊第一期

缾水齋論詩絕句　舒鐵雲　東方雜誌六年三期

洪北江詩評　東方雜誌六年三期

清宗室禧恩詩稿九冊跋　洪煨蓮　燕京大學圖書館報第四期

熙朝雅頌集永忠詩跋　侯堮　國立北平圖書館館刊六卷三號　燕京大學圖書館報十期

乾嘉詩壇點將錄　欒廷玉　東方雜誌第六年一期，二期

重印人境廬詩草雜評　羅香林　大公報文學副刊一百六十二期（二十一年二月十六日）

古直與管雄論人境廬詩草　中國新書月報二卷二號，三號

蔘綏閣詩鈔洛河詞跋　關瑞梧　燕京大學圖書報第十二期
按：爲黃紹箕詩詞集

書「蔘綏閣詩鈔潞舸詞跋」後　魏建猷　燕京大學圖書報四十二期

兩京紀游詩序　金天翮　國學叢選第十五，六集

王氏七葉詩存序　高燮　國學叢選第十三，四期

七家詩綜序　高燮　國學叢選第十五，六集
計有：陸坊，朱鍾，邵澄，俞斯玉，周霽，朱謙，熊昂碧等均係江浙人

野渡詩集序　章衣萍　新時代月刊三卷一期

中國農民詩集序　朱雲影　讀書雜誌二卷一期

題豐溪處士詩後　顧韋　民彝雜誌十二期

濤園詩集序　沈曾植　青鶴雜誌一卷六期

濤園詩集跋　李宣龔　青鶴雜誌一卷六期

濤園詩集書後　費師洪　青鶴雜誌一卷六期

峯泖題襟集序　高燮　國學叢選第十集
耿伯齊等之唱和集

稷東寓公詩鈔序　郭象升　采社雜誌第五期
介休羅公玉之詩集

鹽讀唱和詩序　葉玉麟　民彝雜誌一卷二期

題李巤岐詩全集序　雷通羣　廈大週刊十一卷十六期

許坤符太守夢綠寄廬詩存序　張誠　民彝雜誌一卷二期

許坤符太守詩後跋　張誠　民彝雜誌一卷二期

龍慧堂詩集書後　費師洪　青鶴雜誌一卷六期

然脂餘韻序　王蘊章　國學叢選第七集

寄廡樓遺詩序　高燮　係浙江查蓋卿詩集　國學叢選第十五，六集

攄懷齋詩草自叙　楊達均　國學叢選第四集

爰居閣詩稿序　黃孝紓　青鶴雜誌一卷一號

蟄庵詩存序　葉恭綽　青鶴雜誌一卷四期

佩韋齋艷體詩序　談文灯　國學叢選十二集

習靜齋詩話序　胡懷琛　方瘦坡撰　國學叢選第五集

冷齋遺詩序　高燮　周天淨詩集　國學叢選第十五，六集

天放樓詩集序　高燮　金松岑作　國學叢選第十三，四集

天放樓詩集跋　高圭　國學叢選第十三，四集

自怡堂詩集序　洪元祥　國風半月刊八號

珠樓倡和集序　葉秉常　國學叢選十一集

珠樓唱和集序　高燮　國學叢選十一集

朱衣紅淚集序　馬小進　采社雜誌第五期　按：係選錄陽曲傅青主先生之詩

蓮生先生行役詩序　葉玉麟　青鶴雜誌一卷二期

書洪運先生行役詩後　葉玉麟　青鶴雜誌一卷四期

黃劍秋度隴吟序　金天翮　國學叢選第九集

羅庸菴先生遺詩序　吳沛霖　國學叢選第一，二合刊　羅萬傑字庸菴，明人

張景雲遺詩序　胡蘊　國學叢選十二集

陸少唐先生遺詩叙　胡蘊　國學叢選十一集

田君晛先生竢定堂詩集序　張孔琰　國學叢選十一集

李韻濤瑰蘊樓詩序　談文灯　國學叢選第十五，六集

丹初先生囑題鴻爪詩集因爲之序　雷通羣　厦大週刊二百四十九期

胡樸菴詩稿序　高燮　國學叢選十一集

丁不識遺詩序　高燮　國學叢選第十三，四集

臺灣兩遺民詩　盧前　大公報文學副刊二百四十六期（二十一年九月十九日）

出塞曲　趙芸堂　中國新書月報二卷八號
拜蘋女士編，亞細亞書局出版，輯唐詩中紀戰與非戰的作品。

宴池詩錄甲集　大公報文學副刊二百七十九期（二十二年五月八日）
凌宴池著，發售處北平宣武門內象坊橋九號淩宅

談風沙集　何春才　王越著　大公報文學副刊二百四十二期（二十一年八月二十三日）

吳芳吉論史詩計劃書　大公報文學副刊二百三十三期（二十一年六月二十日）

吳歌與詞　劉堯民　中央大學半月刊二卷五期

嶺雲海日樓詩鈔述評　王越　大公報文學副刊二百四十六期（二十一年九月十九日）
（清末詩人邱滄海著，為關於台灣為日侵佔之悲歌）

評聲越詩詞錄　胡春宛　大公文副一百五十八，一百五十九期（二十年一月十九日，二十六日）

讀北流陳杜尊先生待焚詩稿　王遽常　大公報文學副刊一百七十九期（二十年六月十五日）

（c）詩話（聯話詩）

石遺室詩話續編卷一　侯官陳衍　東方雜誌十二卷七號至十二號連期刊登　青鶴雜誌二卷一期，三期，五期

今傳是樓詩話　逸塘　國聞週報七卷二十六期起間期刊登；八卷八，十二，十八，二十二，二十七，三十二，三十七，四十二，四十六期；九卷一，十五，三十三，四十八期；十卷七，十二，二十三，二十五，二十七期

怡園詩話　沈彭齡　東北叢鐫十二期，十五期，十七期

姑惡詩話　豈明　鞭策週刊一卷五期

逸馨室詩話　復忱　天津益世報益智欄（十八年一月五日，六日，十一日，十三日，十五日，二十九日；二月五日，六日）

訓影樓詩話　包天笑　珊瑚半月刊二卷一號

邊僑詩話　稽翥青　新亞細亞月刊一卷六期

滄浪詩話參證　朱東潤　武大文哲季刊二卷四號

舊詩漫話　錢畊莘　文藝茶話一卷三期

詩話的話　董克中　河南大學勵學第三期

詩品平議　石遺　北平晨報藝圃（二十年五月七，八，十，十三，十四，十九，二十一，二十二，二十五，二十六，二十七，三十日；六月一，二，四，六，十一，十二，十三，十五日）

聯話

白屋聯話　劉大白　世界雜誌一卷三期，四期，五期；二卷三期

天和閣聯話　慎七　北平晨報藝圃（二十一年四月三十日；五月三，七，十，十四，十七，二十，三十一日；六月四，七，十七，二十二日；七月一，十五，二十

十五日；九月五，七，十二，十六，二十一日；十月五，十八，二十一，二十五日；十一月一，七，十，三十日；十二月七，十二，二十，二十四，三十日；二十二年一月九，十一，十六，二十四，二十五，二十八日；二月一，四，十八，二十一，二十八日；三月二十二日；四月四，十一，二十九日；五月二日；六月十六日；八月五，七，八，九，十四，十五，十六，十九，二十八日；九月八，九，十二，十三，十五，十八，二十，二十五，二十九日；十月十六，十八，二十四，二十八日）

拾雲樓聯話　鐵錯　北平晨報藝圃（二十二年六月二十八，三十日；七月一，三，十七，十九，二十一，二十二，二十五，二十九日；八月一日）

褒碧齋聯語　青鶴雜誌三期至六期連期刊登

嗜菴札記——聯話篇　黃際遇　孤興第一期

聯話　惜陰　人文三卷一期　——惜陰堂筆記之一——

(5)詞

A通論

何謂詞　胡雲翼　藝林二十一期

詞的起源　胡雲翼　現代學生二卷七號

詞的起源　孫荃　百科雜誌創刊號

詞的原始與形式　姜亮夫　現代文學一卷五期

詞體之演進　龍沐勛　詞學季刊創刊號

詞學講義　況周頤遺著　詞學季刊創刊號

詞比　陳銳遺著　詞學季刊一卷二號
內容：字句第一，協韻第二，律調第三。

詞通　失名　詞學季刊一卷一號，二號
內容：（1）論字，（2）論韻，（3）論律。

原詞　張君達　無錫國專學生自治會季刊第一期
（係論詞的起源）

詞曲文辯　盧前　詞學季刊一卷二期

詞律質疑　龍沐勛　詞學季刊一卷三號
內容：（1）北宋詞但言樂句無四聲之說，（2）四聲清濁與音譜關係，（3）近代詞人以四聲清濁當詞律，不盡可信，（4）結論。

運用口語的塡詞　日本鈴木虎雄作　魯迅譯　莽原二卷四期

選詞標準論　龍沐勛　詞學季刊一卷二期

鄭大鶴先生論詞手簡　葉恭綽　詞學季刊一卷三號

詞的解放運動　曾今可　新時代月刊四卷一期

詞的反正　張鳳　新時代月刊四卷一期

詞的我見　柳亞子　新時代月刊四卷一期

談詞的解放運動　章石承　新時代月刊四卷一期

論詞的解放運動　柳風　新壘月刊四號

爲詞的解放運動答張鳳問　曾今可　新時代月刊四卷一期

唱出自己的情緒——永嘉長短句序　郁達夫　新時代月刊四卷一期

與曾今可論詞書　董每戡　新時代月刊四卷一期

與柳亞子論詞書　董每戡　文藝茶話一卷四期

關於「活體詩」的話　張鳳　新時代月刊四卷一期

關於平仄及其他　柳亞子　曾今可　新時代月刊四卷一期

保存與改革　稽問鶴　新時代月刊四卷一期　論詞之應保存與改革

讓牠過去罷　余慕陶　新時代月刊四卷一期　過去了的詞讓牠過去寫些大衆的詞

譜的解放　張雙紅　新時代月刊四卷一期

歷代詞敘略

論樂工之詞變而為文學家之詞　鄭師許　大陸二號五期

研究宋詞的我見　許之衡　北大學生一卷五期，六期
按：此文係在研究所國學門講演稿

宋代的歌詞　朱謙之　現代史學一卷二期

北宋詞論　張章五　無錫國專季刊二十二年一冊
內容：（1）引論，（2）流變史，（3）作家論，（4）作品論。

論宋代七家詞　武酉山　金陵大學文學院季刊一卷二期
所論七家為周邦彥，姜堯章，王碧山，史梅溪，吳夢村，張玉田，周草窗等。

清詞拾遺　北平晨報藝圃（二十年五月六日，七日，八日，九日）

浙派詞與常州派詞　劉宣閣　微音月刊二卷二期

常州詞派之流變與是非　任二北　清華中國文學會月刊一卷三期

近代名賢論詞遺札　沈曾植　朱孝臧　嚴復等　詞學季刊創刊號

B專集

詞籍考　趙遵嶽　中華圖書館協會會報六卷三期

詞集提要　趙尊嶽　詞學季刊創刊號

四庫全書詞曲類提要校議　夏承燾　中國文學會集刊一期

惜陰堂彙刻明詞提要　趙尊嶽　詞學季刊一卷三號

從永樂大典內輯出直齋書錄解題所載之詞　唐圭璋輯　詞學季刊創刊號

歐陽修憶江南詞的考證及其演變　儲皖峯　現代學生二卷八期

論清眞荔枝香近第二有無脫誤　平伯　清華中國文學會月刊一卷三期

稼軒長短句小箋　沈曾植遺著　詞學月刊二卷二期

放翁詞考証　彭重熙　中國文學會集刊一期

白石道人歌曲疏証　姜夔撰　陳思疏證　詞學季刊一卷三號

白石道人歌曲旁譜辨校法　夏承燾　詞學季刊一卷二號
內容：（1）識譜字，（2）辨宮調用字，（3）校譬，（4）惑。

白石道人歌曲旁譜攷　唐蘭　東方雜誌二十八卷十九號

白石歌曲旁譜辨　夏承燾　燕京學報十二號
內容：（1）宋代詞譜，（2）諸家平議，（3）音節存疑，（4）旁譜表。

陳東塾先生手譜白石道人歌曲　詞學季刊一卷二期

朱淑眞生査子詞辯誣　陳瀨琴　婦女雜誌十七卷七號

後村長短句考證　張荃　中國文學會集刊一期

人間詞話箋證正誤　徐緒昌　晨星半月刊第八期

蕀斐軒詞韵時代考　趙蔭棠　北平晨報學園一號，二號（十九年十二月十七，十八日）

皺水軒詞筌序　長子　藝觀第四期
按：「詞筌」明丹陽賀黃公著

讀詞偶得　平伯　中學生月刊十六號，二十號，三十一號

讀書雜記——詞　余慕陶　文藝茶話一卷一期

讀閨秀百家詞劄記　楊式昭　文學年報一期

讀顧美季先生荒原詞　朱保雄　清華中國文學會月刊一卷三期

水雲樓詞跋　龍沐勛　江陰蔣春霖鹿潭作　暨大文學院集刊第一期

冷紅詞跋　龍沐勛　鐵嶺鄭文焯小坡作　暨大文學院集刊第一集

沈虹夫環綠軒詩詞橐序　談文灴　國學叢選第十三，四期

詞選箋注自序　天功　兩週評論一卷七期

款紅樓詞跋　葉恭綽　詞學季刊創刊號

(C)詞話

大鶴山人詞話　龍沐勛輯錄　詞學季刊一卷三號

忍古樓詞話　夏敬觀　詞學季刊一卷二號，三號

選讀軒詞話　朱保雄　清華週刊三十四卷一期

醉月樓詞話　伴鵑　民彝雜誌一卷一期，四期

酹月樓詞話　配生　北平晨報藝圃（二十年五月三十，三十一日；六月三，五，七，十一，十八，二十五日；七月二，八，十四，二十一日）

餐櫻廡詞話　況周頤　小說月報十一卷五號至八號連期刊登

韋齊雜說　易大厂　詞學季刊創刊號

金陵新詠——夕陽樓詩話之一——　蔣成堃　厦大週刊十一卷十五期

「蓬山」的故事　蔣成堃　厦大週刊十一卷十六期
在舊詩詞中常有所謂「蓬山」「蓬萊」的詞兒，本篇即將此詞加以釋解

新體無題——夕陽樓舊詩新話之三—— 蔣成堃 厦大週刊十一卷十八期

西湖與采桑子——夕陽樓舊詩新話之四—— 廢名 厦大週刊十一卷十九期

落花詩——夕陽樓舊詩新話之五—— 蔣成堃 厦大週刊十一卷二十期

春燕與秋燕——夕陽樓舊詩新話之六—— 蔣成堃 厦大週刊十一卷二十一期

浣溪紗——夕陽樓舊詩新話之七—— 蔣成堃 厦大週刊十一卷二十二期

鷓鴣天——夕陽樓舊詩新話之八—— 蔣成堃 厦大週刊十一卷二十三，四合期

旅譚 汪瑔 詞學季刊一卷二號

論詞話 謝之勃 無錫國專季刊二十年一冊
內容：（1）溯源，（2）明體，（3）研究。

（6）戲曲

A．通論

中國戲劇起源之我觀 劉大白 文學週報二三一期

中國古代社會之戲劇活動的研究 楊村彬 北平晨報劇刊九六期，九九期，一〇一期
（二十一年一月十六日，二十日；十二月四日）

中國戲曲的過去和將來 宗志黃 安徽大學月刊一卷三期

中國戲劇　徐彬彬講　消記　北平晨報劇刊二九期(二十年七月十二日)

中國戲劇之價值　杜環　劇學月刊一卷十二期

中國劇樂進一步的辦法　王泊生　劇學月刊創刊號

中國戲曲研究之新趨勢　傅芸子　戲劇叢刊三期

中國近代劇之演變　王泊生　天津益世報戲劇與電影七期(二十一年十二月二十一日)

中劇的第一個立場　凌霄　劇學月刊一卷三期

國劇之印象作用　劉滄雲　戲劇叢刊三期

我之戲劇觀　程豔秋　劇學月刊創刊號

戲曲之我觀　李石曾　劇學月刊創刊號

改革舊戲問題　盧逮曾　獨立評論十四號

關於舊劇改良問題　高時良　藝術與教育一卷二期

戲劇在國難中　二泯　北平晨報劇刊六一期,六二期(二十一年三月六日,十三日)

國難期中的戲劇和電影　陳治策　北平晨報劇刊六三期(二十一年三月二十日)

上李石曾先生書　張舜九　劇學月刊一卷三期
　請整理故宮博物院昇平署戲劇史料

中國的話劇　劍嘯　劇學月刊二卷六期

戲劇詞典釋例　徐凌霄　劇學月刊一卷九期至十二期連期刊登

戲詞悖謬考　羽　戲劇月刊三卷九期，十期，十一期

戲文警句　如　戲劇叢刊一期

梨園諺語　方問溪　戲劇月刊三卷十期

論戲劇之中州韻有統一語言之能力宜竭力保存之　如山　戲劇叢刊一期

劇韻新編　曹心泉　劇學月刊一卷五期至十期連期刊登

亂彈音韻輯要　張伯駒　戲劇叢刊三期

北劇音韵考　顥陶　劇學月刊創刊號

歷代戲曲敍略

漢晋六朝之散樂百戲　邵茗生　劇學月刊二卷九期，十期

唐宋樂曲內容考略　許之衡　北大學生一卷三期

金院本與南宋雜劇的比較　陳竺同　中國文學會集刊一期

宋元戲曲史　王國維（有單行本）　東方雜誌九卷十號，十一號，十卷三號至九號連期刊登

宋金元諸宮調考　鄭振鐸　文學年報一期

元代的雜劇　岑家梧　現代史學一卷二期

元曲汎論　恰墅　朝華月刊一卷一期

雜劇的轉變　鄭振鐸　小說月報二十一卷一號

論南戲的起源　張壽林　北平華北日報徒然副刊（十八年五月二十一日）

南戲傳奇之發展及其社會背景　陳子展　青年界三卷四期

傳奇與雜劇之解釋　徐秋生　戲劇月刊三卷九期

傳奇的繁興　鄭振鐸　小說月報二十一卷四號

南北曲的比較　青木正兒著　般乃譯　清華週刊三十七卷十二期

南曲之過曲——南北曲組織篇之一——　傅惜華　北平晨報藝圃（二十年一月二十二，二十三，二十九，三十，三十一日；二月一，二日。）

南曲的乙凡　杜頴陶　劇學月刊二卷一期

明曲之流別　顧名　暨大文學院集刊第一集

崑劇雜談　許月旦　戲劇月刊三卷九期，十期

崑曲史初稿　劉守鶴　劇學月刊二卷一期

崑曲之宮調　方問溪　北平晨報藝圃（二十一年二月十三，十五，十八，二十一，二十七日；三月十一，十三，十四，十七，十八，二十，二十二，二十四，二十五，二十七，二十八日；四月三，四，八，十四，十五日）

崑曲的宮調解放　劉守鶴　劇學月刊二卷二期

崑曲務頭女訣釋　劇學月刊二卷一期

近百年來崑曲之消長　曹心泉述　邵茗生記　劇學月刊二卷一期

關於崑曲　樵隱　天津益世劇影二期，三期（十八年四月十三日，二十日）

崑曲與皮簧之板眼　方問溪　北平晨報藝圃（二十二年一月十，十七，二十四，二十五，三十一日；二月四日）

崑曲的演變與皮簧調的繁興　賀昌羣譯　青木正兒著　朝華三卷一期

皮簧與時代　陳豫源　北平晨報劇刊六三期（二十一年三月二十日）

皮簧音韻概說　健庵　天津益世報劇影（十八年四月十三，二十日；五月四，十一，十八，二十五日；六月九，十五，二十二，二十九日；七月一，六，十三，二十日；八月三，十日。）

北平皮簧戲前途之推測　周志輔　劇學月刊二卷二期

秦腔考　馬彥祥　燕京學報第十一期
內容：（一）秦腔非梆子腔，（二）秦腔爲西皮腔，（三）秦腔與二簧腔之合演。

清代戲劇史料　逸盦　天津益世報語林（二十一年十月十五，十六，十七，十八，十九，二十，二十二，二十九，三十，三十一日；十一月四，十四．十九，二十日。）

越縵堂日記中之清末戲劇　那廉　劇學月刊一卷三期

B專論——各種的戲曲

整理昇平署檔案記　朱希祖　燕京學報第十期
內容：（1）昇平署檔案之來源，（2）昇平署之制度，（3）昇平署之沿革及地址，（4）昇平署檔案之種類及數目，（5）檔案提要一（演戲單），（6）檔案提要二（花名檔），（7）檔案提要三（中和樂），（8）檔案提要四（錢糧及檔案房），（9）檔案提要五（大典禮），（10）檔案間斷之緣由，（按此類檔案均與戲曲史及清代史有密切的關係，作者特將其緊要部分提要引出，讀者閱此一文可明瞭其大致梗概也）

故宮所藏昇平署劇本目錄　故宮週刊二七六期至三一五期連期刊登

玉霜簃藏曲提要　杜穎陶　學月刊一卷五期至九期連期刊登

記玉霜所藏鈔本戲曲　杜穎陶　劇學月刊二卷三期，四期

玉霜簃所藏身段譜草目　杜穎陶　劇學月刊二卷六期

劉知遠諸宮調考　日本青木正兒著　賀昌羣譯　國立北平圖書館刊六卷四號

劉知遠諸宮調考　日本青木正兒著　悼貞譯　大陸雜誌一卷三期

「元曲選」之分類及研究　鹽谷溫作　陳楚橋譯　北平晨報劇刊二十二期（二十年五月二十五日）

「元曲」叙錄　賓芬　小說月報二十卷一號至十二號又二十二卷一號至十號連期刊登

「元曲」本關漢卿之反抗時代的代表作　陳竺同　婦女雜誌十六卷二號

論馬致遠的漢秋　江寄萍　國聞週報十卷四十五期

「玉請庵錯送鴛鴦被」雜劇　豫源　北平晨報劇刊一〇三期，一〇四期（二十一年十二月十八日，二十五日）

「東堂老勸破家子弟」雜劇　豫源　北平晨報劇刊一一六期（二十二年三月二十六日）

「李太白匹配金錢記」雜劇　豫源　北平晨報劇刊一〇一期（二十一年十二月四日）

「李亞仙花酒曲江池」雜劇　豫源　北晨劇刊一二四期（二十二年五月二十一日）

「關大王單刀會劄記」　陳墨香　劇學月刊二卷一期

「楊氏女殺狗勸夫」雜劇　豫源　北平晨報劇刊一〇二期（二十一年十二月十一日）

「趙盼兒風月救風塵」雜劇　豫源　北平晨報劇刊一一三期（二十二年二月二十六日）

「散家財天賜老生兒」雜劇　豫源　北平晨報劇刊一四二期（二十二年九月二十四日）

「張協戲文」中兩椿重要材料　南揚　武大文哲季刊二卷一號

「臨江驛瀟湘秋夜雨」雜劇　豫源　北平晨報劇刊一二〇期（二十二年四月二十三日）

「董解元弦索西廂記」中的兩個典故　孫楷第　國立北平圖書館館刊六卷二號

「西廂記」的本來面目是怎樣的——雍熙樂府本西廂記題記——　西諦　清華週刊三十七卷九，十期

「西廂記」底演變　傅永孝　學風二卷十期

「西廂」研究　李仰南　夜光一號，二號，三號。

讀「西廂記」後　劉修業　北平圖書館讀書月刊六號，七號

輯雍熙府本西廂記序　孫楷第　圖書館學季刊七卷一期

「牡丹亭」劇意鱗爪　王泊生　劇學月刊二卷一期

李笠翁之戲劇研究　李滿桂　北平長報劇刊四六期至五二期連期刊登，又五四期（二十年十一月八，十五，二十二，二十九日；十二月五，十三，二十一日；二十一年一月十日）

李笠翁戲劇特長　李滿桂　北平長報劇刊五五期，五七期（二十一年一月十七日，三十一日）

李笠翁著無聲戲即連城璧解題　孫楷第　國立北平圖書館館刊六卷一號

尤西堂的戲曲　顧敦鍒　中國文學會集刊一期　尤西堂，吳梅村，與李笠翁爲清初三大曲家

舊劇史事考　瑤君　北平長報藝圃（二十年七月二十，二十一，二十五，二十七，二十九日；八月十二，十七，十八，二十二，二十五，二十八日）

海陸豐戲劇中之梁祝　劉萬章　民俗九十三，四，五期合刊

關于祝英台故事的戲曲　顧頡剛　錢南揚　民俗九十三，四，五期合刊

「二進宮」　徐凌霄　劇學月刊一卷十二期

「女起解」沿革派別記　王瑤卿　陳墨香口述　邵茗生筆記　劇學月刊一卷二期

說「女起解」　徐凌霄　劇學月刊一卷二期

說「鈎金龜」並悼龔雲甫　徐凌霄　劇學月刊一卷六期

說「武家坡」「汾河灣」「秋胡戲妻」三齣相似處之分別　瑤卿　劇學月刊一卷四期

「汾河灣」之歷史的轉變　劉守鶴　劇學月刊一卷四期，五期，六期

「汾河灣」的一部分說明　徐凌霄　劇學月刊一卷三期

「打城隍」　徐凌霄　劇學月刊一卷十一期

「岳家莊」　徐凌霄　——舊編劇本整理之一——　劇學月刊創刊號

「梅龍鎮」本事考　長白　清華週刊三十七卷十二期

「盤絲洞」劇本之研究　方問溪　北平晨報藝圃（二十年十一月十一，十四，十六，十七，十八，二十，二十三日）

劇譚——「混元盒」之嬗變　傅惜華　北平晨報藝圃（二十年六月二十，二十二，二十六，二十七日）

劇譚——高腔劇本提要　傅惜華　北平晨報藝圃（二十年一月六日至二十一日連日刊登）

致荀慧生評「飄零淚」書　蕭標齋　劇學月刊一卷三期

荀慧生之舊劇　九畹室主　戲劇月刊三卷八期

荀慧生之「釵頭鳳」　天　戲劇月刊三卷八期

慧生新劇　荀慧生　戲劇月刊三卷八期

言菊朋「罵曹長亭」之簡評　禪居士　戲劇月刊三卷八期

再談言菊朋之「上天臺」　任見禪　戲劇月刊三卷八期

言菊朋與余叔岩「罵曹」之比較　笑林　戲劇月刊三卷八期

記演劇三十二種　劉留鶴　劇學月刊二卷六期

(C)劇話　附臉譜，曲譜

九畹室談劇　舜九　戲劇月刊三卷七期

天行室劇話　天津益世報劇影週刊（十八年六月十五日）

移風簃劇話　張蔭入　珊瑚半月刊二卷五號

墨香劇話　陳墨香　劇學月刊一卷一期，六期，九期，十期，十一期；二卷二期，三期

墨香談戲　陳墨香　劇學月刊一卷二期

蒹葭簃談戲　張笑俠　天津益世報劇影週刊（十八年七月十三日，二十日）

慰秋談劇　哈慰秋　劇學月刊一卷九期

顧曲塵談　吳梅　小說月報五卷三號至十二號連期刊登（現已有單行本由商務印書館發行）

讀曲札記　豫源　北平晨報劇刊九九期（二十一年十一月二十日）

瞿安讀曲記　霜厓　珊瑚半月刊二卷一號至六號連期刊登

戲與技　徐凌霄　劇學月刊一卷四期

碎語道黃華　梁友珍　戲劇月刊三卷十一期

歌場軼聞　三拜樓主　戲劇月刊三卷十期

菊部史料叢編　張次溪　戲劇月刊三卷十期

梨園佳話　王夢生（有單行本）　小說月報五卷三號至十二號連期刊登

滌菊瑣談　張筱文　戲劇月刊三卷十一期

秋葉隨筆　綠依　劇學月刊二卷九期，十一期

劇譚——扮像舊話　惜華　北平晨報藝圃（二十年五日，七日，十日，十二日）

寫實化裝藝術　王泊生　劇學月刊二卷三期

馬武臉譜之變遷　齊如山　劇學叢刊一期

臉譜論釋　怡翁　戲劇月刊三卷九期，十期

臉譜之研究　齊如山　戲劇叢刊一期

論肖眞的戲裝　徐凌霄　劇學月刊二卷三期

論面部化裝　守鶴　劇學月刊一卷三期

論務頭　顯陶　劇學月刊一卷二期

論歷年旦角成敗的原因　王瑤青　劇學月刊一卷三期

說旦　何一雁　戲劇月刊三卷十一期

說旦　陳墨香講　焦菊隱記　劇學月刊一卷四期

說崑曲皮簧三殺旦脚　陳墨香　劇學月刊二卷九期，十期

砌末與花旦之考據　花笑　天津益世報劇影（十八年六月九日）

漢劇十門脚色及各項伶工　楊鐸　劇學月刊一卷十一期

劇中角色舊規則　莊清逸　戲劇叢刊三期

戲劇脚色名詞考　如山　戲劇叢刊一期

談昇平署外學脚色　齊如山　戲劇叢刊三期

前清內庭演戲回憶錄　曹心泉述　邵茗生記　劇學月刊二卷四期

國劇身段譜　齊如山　戲劇叢刊三期

曲譜零拾　曹心泉述　邵茗生記　劇學月刊二卷六期

北曲南唱西廂記曲譜　張厚璜　戲劇月刊三期，十期，十一期

南曲譜研究　錢南揚　嶺南學報一卷四期

花鼓譜　曹心泉正譜　劇學月刊二卷五期

絲竹鑼鼓十番譜　曹心泉述　邵茗生記　劇學月刊二卷十一期
內容：（1）鬧元宵，（2）遍地風雲，（3）蜂蝶鬧，（4）鷓鴣天，水龍吟，（5）起蘇秦。

乾隆年鈔本花蕩工尺鑼鼓身段全譜　玉霜簃藏　問某初校　劇學月刊二卷一期

堂會打通與戲班吹台　問溪　北平晨報藝圃（二十二年五月一日）

民間戲班打通之鑼鼓　方問溪　北平晨報藝圃（二十二年四月二十八日，二十九日）

開通與打通鑼鼓之研究　問溪　北平晨報藝圃（二十二年四月十八日，十九日，二十一日，二十二日，二十五日）

（7）小說

中國通俗小說提要　孫楷第　國立北平圖書館館刊五卷五號

小說考證　蔣瑞藻　東方雜誌八卷一號至四號連期刊登

小說瑣徵　中書君　清華週刊三十四卷四期

小說考徵　恨水　北平晨報藝圃（二十年二月十，十六，二十三日；三月五，七，九，十一，十五，十八，二十三，二十六，三十一日；四月四，七，十八，二十三，二十九日；六月十，十七；二十四日；七月一，七，十七，二十五日；八月四，十四，二十五日。）

小說隨筆　俞平伯　東方雜誌二十九卷七號

東京夢華錄所載說話人的姓名問題　平伯　清華中國文學會月刊一卷一期

中國小說研究　朱悱初　金陵女子文文理學院二十一年

中國小說之起源　恨水　天津益世報語林（二十一年十月二十日，二十一日，二十二日）

中國小說的起源及其演變　胡寄塵　珊瑚半月刊二卷一號至五號連期刊登

中國古代小說的國際關係　胡懷琛　世界雜誌一卷四期，二卷四期

中國長篇小說的特色　陳穆如　當代文藝二卷一期

談談中國的小說　原　北平晨報學園五五一號（二十二年八月七日）

B.專論

中國原始神話傳說之研究　憶芙　無錫國專季刊二十二年一期

中國神話之文化的價值　鍾敬文　青年界四卷一期
——序清水君底「太陽和月亮」——

山海經篇目考　蔣經三　國立中山大學語言歷史研究所週刊百期紀念號

山海經之淵源　萬明　暨文大學院集刊第二集
內容：（一）前人論山海經之性質，（二）前人論山海經之著作時代，（三）山海經為西漢以後著作，（四）山海經為方士著作。

山海經中的古代故事及其系統　吳晗　史學年報第三期

山海經及其神話　鄭德坤　史學年報四期

山海經餘義　邵瑞彭　中大國學叢編一期一冊，二冊

山海經——悟丘雜札　次公　北平晨報藝圃（二十年八月二十一日，二十二日，二十四日）

唐人小說在文學上之地位　汪辟疆先生講演　南昌章潘筆記　讀書雜誌一卷三號

茸芷繚衡室隨筆　平伯　清華週刊三十六卷七期
內容：（一）從唐佛經衍為寶卷，（二）宋人話本衍為散文白話小說。

從變文到彈詞 汪倬 民鐸半月刊三期

彈詞文章 魏紹謙 北平晨報學園八二號，八三號，八四號（二十年四月二十三日，二十四日，二十五日）

彈門十二時曲 敦煌叢抄 國立北平圖書館館刊六卷六號

敦煌本維摩詰經問疾品演義書後 陳寅恪 清華週刊三十七卷九期

敦煌本維摩詰經文殊師利問疾品演義跋 陳寅恪 海潮音十二卷九號

敦煌叢抄 向達輯 國立北平圖書館館刊五卷六號

宋人話本 鄭振鐸 中學生月刊十一號

論元刋全相平話五種 西諦 北斗創刊號

按：所謂五種計有（一）武王伐紂書，（二）樂毅圖齊七國春秋後集，（三）秦併六國秦始皇傳，（四）呂后斬韓信前漢書續集，（五）三國志。

明清底小說傳奇及詩文 陳鴻文 浙江大學文理科年刊第二期

——中國文學史作業程序之「記略」——

明清二代的平話集 鄭振鐸 小說月報二十二卷七號，八號

評話研究 陳汝衡 史學雜誌二卷五，六合期

現代小說所經過的路 郁達夫 現代一卷二期

讀「游仙窟」　起明　燕京大學圖書館報第二十一期（未有馬鑑附識）

關於「唐三藏取經詩話」　魯迅　中學生月刊十二號

「西遊記」的演化　鄭振鐸　文學雜誌一卷四期

「水滸傳」諸本　神山閏次著　張梓生譯　小說月報二十一卷五號

「水滸傳」板本錄　趙孝孟　北平圖書館讀書月刊一卷十一號

「水滸傳」七十回古本問題　文華　猛進三十三期，三十四期

「水滸傳」宋江平方臘考　余嘉錫　清華週刊三十七卷九，十期

宋江考　王正己　師大月刊六期

在日本東京所見之明本「水滸傳」　孫楷第　文學第五期

胡適「水滸傳後考」質疑　朱希祖　天津益世報學術週刊（十八年一月七日）

「金瓶梅」　三行　睿湖第二期

「清明上河圖」與「金瓶梅」的故事及其衍變　辰伯　清華週刊三十六卷四，五號合刊

「清明上河圖」與「金瓶梅」的故事及其衍變補記　辰伯　清華週刊三十七卷九，十期合刊

紅樓夢之思想　王家棫　光華大學半月刊二卷三期

紅樓夢批判　李長之　清華週刊三十九卷一號，七號

「紅樓夢」新評　佩之　小說月報十一卷六號，七號

紅樓夢之結構　王家棫　光華大學半月刊二卷四期

「紅樓夢」結構研究　曾虛白　靑鶴雜誌一卷四期

「紅樓夢」裏性慾的描寫　劉大杰　藝林十八期，十九期

關於「紅樓夢」　樵隱　天津益世報益智欄（十八年一月二十日，二十二日）

「蘭墅文存」與「石頭記」　奉寬　北大學生一卷四期

按：高蘭墅名鶚，內務府鑲黃旗漢軍人，著有「蘭墅文存」與「蘭墅十藝鈔」稿本合一冊，卷末有「紅樓外史」長方鈔記，卷首薛玉堂題辭中有「不數『石頭記』能收焦尾琴」之句，故本篇作者認為紅樓雖不全為高氏所作，而其中亦有一部為高氏所補。

滿譯樵史演義解題　李德啓　國立北平圖書館館刊七卷二號

關於「女兒國」的考証　張若谷　文學週報二二八期

關於「兒女英雄傳」　孫楷第　北平圖書館館刊四卷六號

「白蛇傳」考証　秦女　凌雲　中法大學月刊二卷三，四期合刊

「珍珠塔」各本異同考　凌景埏　珊瑚半月刊二卷二號

「綠野仙踪」的作者　辰伯　清華週刊三十六卷十一期

連環圖畫小說　茅盾　文學月報五，六號合刊

讀「醒世姻緣傳」　周振甫　天津益世報文學週刊十七期（二十二年三月四日）
內容：（一）醒世緣姻作者問題，（二）醒世姻緣的價值，（三）婚姻問題。

「夏二銘」與「野叟曝言」　孫楷第　大公報文副一百六十五期（二十年三月九日）

虞初小說回目考釋　韓叔信　史學年報第三期

蘇秦的小說　法國馬伯樂著　馮承鈞譯　國立北平圖書館館刊七卷六號

包公傳說　趙景深　青年界三卷五期
內容：（1）元曲中的包待制，（2）明包公案，（3）無名氏的包公劇。

三言二拍源流考　孫楷第　北平圖書館館刊五卷二號

今古奇觀之來源　蓀松女士　塞魂一卷四期

祝英臺故事小論　趙深景　青年界四卷三期

小說十種 畢樹棠 清華週刊三十三卷九期
關于舊小說十種出處和板本的攷證

（8）專著

楊刻蔡中郎集校勘記 許印林遺著 牟祥農輯 山東圖書館季刊一集一期

宋刊陸士龍文集題跋記 劉平山 學風一卷四號

嵇康集校記 葉渭清 國立北平圖書館刊五卷二號，三號，四號

文心雕龍黃注補正 馬叙倫 文學月刊三卷一期

文心雕龍研究 李仰南 采社雜誌第六期
內容：（一）導言，（二）劉勰略傳，（三）劉勰之思想淵源及其時代之背景，（四）文心雕龍之體系，（五）文心雕龍之評價，（六）文心雕龍之參考書籍。

昭明文選流傳之原因 家雁 清華週刊三十八卷十二期

李善之注爲文選功臣五臣後起思奪其席說者謂其紕繆良多試言其作注之概略及純駁所在 王樹槐 無錫國專修學校叢刊第二冊

北宋本李善注文選校記 劉文興 國立北平圖書館刊五卷五號

讀宋槧五臣注文選記 顧廷龍 國立中山大學語言歷史研究所週刊九集一〇二期

韓文讀語　錢基博　光華大學半月刊一卷一期至五期連期刊登
內容：（1）總論，（2）賦，（3）雜著（上），（4）雜著（下），（5）書啓，（6）送人序，（7）祭文，（8）碑誌，（9）雜文，（10）行狀，（11）表狀，（12）外集。

閣本歐陽文忠居士集校記　張崟　浙江圖書館館刊二卷三期

閣本歐陽文忠集校勘表　張崟　浙江圖書館館刊二卷四期

跋稼軒集鈔存　因百　燕京大學圖書館報四十六期

湛然居士集十四卷題記　莫天一　嶺南學報二卷二期

跋絲絳書屋重雕樊紹述集　繆篆　厦大週刊二三六期

跋明嘉靖甘泉先生文集　吳春晗　燕京大學圖書館報一期
按：「甘泉集」即明湛若人著共四十卷

明嘉靖本甘泉先生文集考証　梧軒　清華週刊三十六卷七期

芝秀軒藏本天籟集付印題記　婁子匡　中國新書月報二卷二期

明正德本徵伯存稿跋尾　吳春晗　燕京大學圖書館報五期
按：李徵伯存稿爲明李兆先撰計十三卷

讀二曲集後　徐希德　公教青年會季刊二卷二期
（輔仁社課選粹之一）

望溪手稿題記　傅僧湘　風學二卷十期

讀板橋集 韋同 進展月刊二卷二期 內容：（1）引言，（2）生平之家族，（3）板橋三大觀，（4）板橋的作品，（5）結論。

跋章實齋遺書稿本 侯雲圻 燕京大學圖書館報二十八期

跋清信郡王如松竹窗雅課稿本 建猷 燕京大學圖書館報二十五期

館藏延芬室集稿本跋尾 侯雲圻 燕京大學圖書館報九期 按：延芬室集稿本作者係清宗室永忠字良輔，號臞仙，字渠仙，又號延芬室主人

輯孫淵如外集自序 王重民 圖書館季刊五卷三，四期合刊

讀藏山閣集書後 胡蘊玉 國學叢選五集

吹豳錄五十卷題記 莫天一 嶺南學報二卷二期

讀金正希集書後 徐希德 公教青年會專刊二卷二期（輔仁社課選粹之一）

素心簃集跋 高燮 國學叢選十一集

素心簃集外編跋 高燮 國學叢選十一集

素心簃集補遺弁言 高燮 國學叢選十一集

吳日千先生集序　高燮　國學叢選第一，二合刊

吳日千先生集書後　吳沛霖　國學叢選第五集

龍壁山房文集叙（見散原精舍文存欄）　陳三立　青鶴雜誌一卷四期

周茳畦探梅游草序　高燮　國學叢選第十集

張氏二先生集序　高燮　國學叢選第十五，六集

薛劍公先生集序　高燮　國學叢選第一，二合刊　薛始亨字剛生號劍公，明末人。

薛中雜先生全書序　高燮　國學叢選第八集

重印傷䰟錄自序　高燮　國學叢選十二集

傷曇錄自序　高燮　國學叢選第七集

優曇花影序　黃質　國學叢選第十集

雲中游草序　姚光　國學叢選第十集

夢石文稿自序　談文灯　國學叢選第十三，四集

題閑閑集　楊棣棠　國學叢選第十一集

盧闇遺稿序　馮煦　小說月報十一卷八號（盧闇遺稿係嚴大溪作）

近代散文鈔後記　沈啓元　文學年報一期

謝愼修學文法序　高燮　國學叢選第六集

吳子質如演講稿序　談文灯　國學叢選十二集

古文一隅序　談文灯　國學叢選第十三，四期

中國文學史序　鄭振鐸　東方雜誌復刊號

中國文學概論序　黃際遇　河南大學勵學第三期

文選學自叙　駱鴻凱　中大國學叢編一期二冊

(9)隨筆

心史筆粹　蒓蓀　小說月報五卷三號，四號

朱廬筆記　朱廬　青鶴雜誌一卷一號至四號連期刊登

荷香館瑣言　常熟秉衡居士　人文月刊一卷三期至十期連期刊登

陽秋賸筆　王漢章　小說月報五卷八號，九號，十號

然脂餘韻　蓴農　小說月報五卷一號至十二號連期刊登（有單行本）

秦還日記　韻秋　小說月報五卷七號

臞菴筆記　吳梅　小說月報五卷一號，二號，五號

(10)小品文　祭文，壽序，雜記等

哀祭

祭顧貞獻先生文　高燮　國學叢選第八集

祭賈書農先生文　郭允叔　釆社雜誌第六期

久亡還鄉祭告先墓文　康有爲　不忍雜誌九册，十册

久亡還鄉祭先廟告祖文　康有爲　不忍雜誌九册，十册

亡弟幼博烈士移柩還鄉告祭文　康有爲　不忍雜誌九册，十册

幼博烈士祔廟告祖文　康有爲　不忍雜誌九册，十册

祭仲姊羅宜人文　康有爲　不忍雜誌九册，十册

康南海之副室何女士哀詞　瞿鴻禨　不忍雜誌九册，十册

勞太夫人移柩還鄉告祭文　康有爲　不忍雜誌九册，十册

碑記

大通橋古銀杏記　胡蘊　國學叢選第九集

古梅記　胡蘊　國學叢選第十五，六集

冷香閣記　金天翮　國學叢選十二集

放庵記　何振岱　青鶴雜誌一卷六期

黃山遇雨記　金天翮　國學叢選第十五，六集

梅園記遊　金天翮　國學叢選第九集

遊張氏廢園記　談文灯　國學叢選第十五，六集

懷椿閣記　秦敦世　國風半月刊二號

籀公樓記　陳譴　青鶴雜誌一卷八期

說歸來庵　馬駿聲　國學叢選第十集
庵在北平翠微山靈光寺池北。

三界重建水閣記　章炳麟　中大國學叢編一期五册
按：三界係浙江山乘縣之一鎮

壽序

陳散原先生八十壽序　葉玉麟　青鶴雜誌一卷八期

秦子質先生八十壽言　趙啓霖　青鶴雜誌一卷七期

林貽書方伯七十壽序　柯紹忞　青鶴雜誌一卷二期

文瀛湖歌壽常儀叟六十　郭允叔　采社雜誌第六期

社長朱桂莘先生周甲壽序　瞿兌之　中國營造學社彙刊三卷三期

周夢坡六十壽序　徐珂　國學叢選第十五，六集

郋園先生六十壽言　金天翮　國學叢選第十五，六集

陳春安六十壽序　高燮　國學叢選第十五，六集

戴母蕭太夫人六十有一壽序　登言　北平晨報藝圃（二十一年一月二十九日）

顧太夫人五十生辰徵詩文啓　國風半月刊創刊號

邢章甫副師長壽黃蒂堂師長序　李鏡芙代　尚志週刊一卷二十三期

贈陳蘧青先生四十初度序　程希文　青鶴雜誌一卷八期

陸芷沅三十壽序　王祖庚　國學叢選第十三，四集

南湖介壽圖記　黃孝紓　青鶴雜誌一卷三期

雜誌

後出師表辨僞　謝富禮　現代史學一卷一期

擬吳季重答魏太子牋　邵瑞彭　中大國學叢編一期二册

南皮張文襄公駢體文　東方雜誌六年十二期——進呈平定粤匪方略表——

送湯伯遲赴金陵序　徐珂　國學叢選第十五，六集

變雅樓三十年詩徵序　柳棄疾　國學叢選第七集

九　科學

（1）通論

中國的科學工作　翁文灝　獨立評論三十四號

中國科學界之偉大成功　倚志週刊二卷一期

科學與中國社會改造　胡鑑民　大陸雜誌一卷二期

用科學解釋中國古人對于昆蟲生活史上幾點錯誤　鄒樹文　科學的中國創刊號

（2）氣象

研究古代氣候方法的討論　張席禔　方志月刊六卷六期

中國之氣候　Kendrew Wilfrid George著　健生譯　清華週刊三十三卷十一期（四九〇號）

中國之氣候（續）　桑源明譯　地學雜誌十九年一期

中國氣流之運行　竺可楨著　鄭子政譯　方志月刊六卷十一期
內容：（1）引言，（2）地面風向之變動，（3）地面風志之增減．

東三省之氣候　俄伏哀伊谷夫著　陸鴻圖譯　方志月刊六卷一期，二期

東北之氣候　張其昀　地理雜誌四卷六號

雲南之氣候與植物之分布　克勒脫納教授譯　褚守莊譯　民衆生活二十二期

新疆之氣候與水利　黄文弼　西北研究二期

中國之雨量　沈孝凰　方志月刊六卷三期

天山南路的雨水　劉衍淮　女師大學術季刊二卷一期

東蒙氣象蠡測　夏嗣堯　民衆生活三十六期

清華氣象台對本市外埠氣象業已直接觀測　北平圖書館讀書月刊一卷五號學術界雜訊欄

十五年來中國之天文學界　陳遵嬀　學藝百期紀念號

(3.)歷法

古曆法之研究　趙曾儔　史學雜誌三卷一期

太一考　錢寶琮　燕京學報十二卷

內容：(1)太一出兩儀，兩儀出陰陽，(2)天神貴者太一，(3)太一星名，(4)太一和上古帝王，(5)太一九宮和天六壬。

卜辭中所見之殷曆　董作賓　國立中央研究院歷史語言研究所安陽發掘報告第三期

殷曆質疑　劉朝陽　燕京學報第十期

按：係評董作賓「卜辭中所見之殷曆」一文。

再論殷曆　劉朝陽　燕京學報十三期

殷商無四時說　商承祚　清華週刊三十七卷九期（文史專號）

殷周年代攷　雷海宗　武大文哲季刊二卷一號

殷周年代質疑　高魯　申報月刊一卷五號

金文曆朔疏証續補　吳其昌　武大文哲季刊二卷二期，三期，四期

漢初正朔攷　敖士英　國學季刊二卷四號

見於春秋左傳之曆法　士心　齊大月刊二卷二期

戰國秦漢之曆法（續九卷八號）　沈璿　學藝十卷二號，四號

記宋沈存中論用陽歷事　徐希德　公教青年會季刊二卷二期

說十三月　孫海波　學文第五期

十三月新曆法　王雲五　東方雜誌二十八卷二十四號

南北朝日蝕表　張鴻翔　師大史學叢刊一卷一期

(4.)算學

二十年來中國算史論文目錄　李儼　國立北平圖書館館刊六卷二號

中國算學史導言　李儼　學藝百期紀念號

珠算制度考　李儼　燕京學報第十期

九章算術源流攷　孫文青　女師大學術季刊二卷一期　師大月刊三期

中國圓周率歷代之變遷　王金印　山東大學勵學一期

數名原始　方國瑜　東方雜誌二十八卷十號

(5.)醫學

中國醫學沿革概論　楊達夫　天津益世報醫藥週刊（十八年五月十日，十七日）

中國古代醫學的二種發見　葦君　中學生三十二號

中醫學整理之經過　陳思　天津益世報醫學週刊（十八年五月三日）

我國古代民衆關於醫藥學的智識　鍾敬文　民衆教育季刊二卷一號

民間醫藥衛生傳說　江紹源　天津益世報副刊（十九年一月二十一日，二十二日；二月十日，五月二十一日。）

說中藥　趙燏黃　國立中央研究院院務彙報二卷一期

雜論中國醫藥　葉古紅　天津益世報醫藥週刊(十八年七月五日)

醫籍五行論　徐瀛芳　天津益世報醫學週刊(十八年四月二十六日)

中國本草藥品分類用量表　天津益世報醫藥週報(十八年五月十七日；六月二十一日，二十八日；七月五日，二十五日)

中國新本草圖誌自序　趙燏黃　國立中央研究院院務彙報二卷四期
內容：歷代本草變遷沿革史，中國新本草研究編訂之需要

(6.)格致學

中國生物學研究的萌芽　陳楨　清華週刊三十五卷八，九期合刊

國學者之生物進化觀　郭熙　協大學術第二期

中國古代生理衛生學說　袁善徵　中庸半月刊一卷八號
內容：(1)解剖生理學，(2)衛生學，(3)結論。

中國古代之怪生物　斯東　清華週刊三十三卷十二，十三期合刊

中國今日之生物學界　汪敬熙　獨立評論十二期

與汪敬熙先生論中國今日之生物界　胡先驌　獨立評論十五號

讀了「中國今日之生物學界」以後　汪振儒　獨立評論十五號

答汪振儒先生和胡先驌先生　汪敬熙　獨立評論十五號

國內生物科學近年來之進展　秉志　國風半月刊三卷十二期

河北省植物發見史概略　吳韞珍　清華週刊三十八卷十，十一期合刊

中國鳥類之過去與現在　理初　清華週刊三十三卷十二，十三期合刊

蠙衣生馬記　郭子章輯　民彝雜誌一卷八期至十二期連期刊登

中國古代的化學　彭民一　清華週刊三十八卷十，十一期合刊

中國最近化學工業概況　吳冰洛　清華週刊三十八卷十二期

(7.)工業

中國陶瓷器之系統　彈指　北平晨報學園一四〇號（二十年七月二十八，三十日）

陶與瓷　斯莊著　朴園譯　亞丹娜一卷八期

景德之陶　黃炎培　東方雜誌十一卷五號

山東博山之陶瓷窰業　謝惠　民族一卷八期

磁縣磁業調查記　郭寶鈞　國立中央研究院院務彙報二卷七期

琉璃窰軼聞　中國營造學社三卷三期

福州之工業　錢瀚一　青鶴雜誌一卷二期

漆器　斯莊著　朴圃譯　亞丹娜一卷八期

中國古代染事攷　吳安信　齊大月刊一卷八期

十　政治

(1.)通論

十八世紀以來一個在政治上未解决的問題與中國國民黨　思之　三期合刊　進展月刊一卷二，

十年以來中國政治通覽（民國二年以前）傖父等　東方雜誌九卷七號

中國的政治　Tawney 著　蔣廷黻譯　獨立評論三十六號

中國政治出路的討論　胡適　獨立評論十五號

中國政治的出路　丁文江　獨立評論十一號

中國政治的出路　秀雁　急起半月刊一卷二，三期合刊

中國政治的前途　張雲伏　前途雜誌創刊號

中國政治結構之特殊性　光濤　文化雜誌創刊號

中國官僚政治的歿落　戴行軺　讀書雜誌一卷四，五期合刊

中國封建制度之崩潰與專制君主制之完成　李麥麥　讀書雜誌十一，十二期合刊

由「眞命天子」到「流氓皇帝」——中西接觸以後的政治變化——　王造時　新月月刊三卷十一期

今後中國的政治路綫　蕭淑宇　新創造半月刊創刊號

昨日中國的政治　王造時　新月三卷九號
——中國問題的政治背景——

政治原理　王昀舒　國學叢選第七集，八集，十集，十一集

政法史通論　胡韞玉　國學叢選第五集

新中國政治道德論　王桓　朝暉四期

對於中國政治思想之發展及其趨勢之討論　朱偰　留德學誌一期

中國中央行政制度之前途　莊心在　東方雜誌三十卷十一號

(2,)諸子之政治學說

儒家理想政治之解剖　錢亦石　學術月刊創刊號

論語中的孔子政治思想　隱夫　塞魂五期，六期，七期

孟子政治思想　章彭年　浙江大學文理科專刊四期

孟子之政治觀　趙重祿　釆社雜誌第五期

孟子政治學說釋評　黃文弼　唯是第二冊

荀子政治學說　周褆旦　無錫國專學校叢刊第一册
內容：(一)緒言，(二)社會結合之起因，(三)國家組織之要素，(四)政治之根本觀念，(五)政治之具體策略，(六)結論。

管子的政治思想　屈雄　中大季刊一卷四號

墨子政治思想的檢討　何汗功　國師月刊三卷九期

道家學說在中國政治上之影響　姚步康　青鶴雜誌一卷六期

述墨子尙同說與專制異趣之點　伍非百　建國月刊八卷三期

記傅玄政說　王去病　建國月刊七卷三，四期

記王安石　王去病　建國月刊四卷一，二期

王荆公之政治思想　施閑　無錫國學專修學校叢刊第二册
內容：(一)引言，(二)王荆公政治思想之成因，(三)王荆公政治思想之結晶——新法，(四)王荆公新法之升沈大勢及當時政變之評論，(五)王荆公政治思想平議及其失敗，(六)結語。

從清初諸大師階級立場上分析其政治思想　稽文甫　百科雜誌創刊號

李鴻章之維新運動　德昌　清華週刊三十五卷二期

嚴復所介紹及所抱持的政治學說　劉芝城　清華週刊三十八卷三期

(3.)歷代政法考

太古政法考　胡韞玉　國學叢選第六集

內容：(一)國土攷，(二)國名考，(三)種族考，(四)君長考，(五)宗法考，(六)職官考，(七)禮樂考，(八)財政考，(九)兵刑考，(十)製造考，(十一)風俗考，(十二)學術考。

中國胚胎時代的政治思想　陳序經　留德學誌第一期

中國政治形態之史的解剖及其動向　魯直　新中國創刊號

內容：(1)前言，(2)神權統治與貴族統治——自殷至春秋，(3)專制王權與官僚政治——秦至鴉片戰爭，(4)軍閥專政與官僚政治——辛亥革命至十五年北伐，(5)一黨專政的成功與失敗——十七年統一以後，(6)中國政治形態發展的動向。

中國上古政治沿革之經濟解釋　伍啓元　清華週刊三，四期

中國古代民主思想考　復忱　天津益世報學術週刊(十八年五月二十日)

中國上古時代刑罰史　孫傳瑗　學風月刊四卷一期

中國法政與反法治之爭　程方　新中華一卷二十期

內容：(1)引言，(2)法治與反法治思想之社會背景，(3)禮與刑之對立，(4)禮與刑之主從性及秘密主義，(5)禮與刑之融洽及法治說之勃興，(6)法治與反法治之交鋒，(7)法治主義之實現及其中衰——反法治之儒學治，(8)尾感。

兩漢政治思想史序論　時伯齊　國師月刊三卷九期
漢代政治制度之初步研究　于鶴年　朝華三卷一期
漢朝的農業政策和行政　吳寬　南開一〇五期
晉代反政治之政治思想　蕭公權　清華週刊三十八卷七，八期合刊
元代滇之政治系統論　夏式堯　民衆生活三十五期
明末政治鑑　鄧元冲　建國月刊八卷三期
中國官僚政治的破落　戴行軺　讀書雜誌一卷四期，五期

(4)地方自治與市政

古代地方自治　杜芝庭　建國月刊八卷二期
我國三千年來地方制度的演變　孩郊　中學生月刊十五號
中國最近政治區劃之變遷　地理雜誌四卷三號
中國地方自治之由來　雷震譯　社會雜誌四卷一期
中國地方自治之沿革　陳燦　建國月刊八卷一期

中國地方自治事業進行近況　甘乃光　大陸雜誌一卷五期

中國省行政區之改造問題　蔣星德　建國月刊五卷三期

我國自治法規之研究　陳受中　夜光五，六期

內容：(1)郡部，(2)市部。

就歷史上觀察中國省制　李劍農　新時代半月刊一卷四期

二十年來貴州政況紀略　青石　人文月刊二卷三期

外蒙古之政治過去與現在　陳湘南　西北研究一期

清末新疆政策底史的發展　姚欣安　西北研究三期

中國古代市政之史的觀察　潘如澍　清華週刊三十五卷五期，六期

中國市政問題　董修甲　清華週刊三十八卷七，八期合刊

近世中國市政之蠡瞰　潘如澍　清華週刊三十五卷七期，十期

最近二十年之中國市政　潘如澍　清華週刊三十五卷八期，九期，十期

從市政問題說到桂林市政　孟歌　廣西青年十五期

我國都市的發展與財源　子誠　建國月刊九卷二期

(5)外交

中國外交政策考　胡秋原　讀書雜誌第一卷七期，八期

外交史與外交史料　蔣廷黻　大公報文學副刊二百四十九期(二十一年十月十日)

兩件外交史料　協民　北平晨報藝圃(二十一年十月十七日)

光緒朝外交史料編纂之經過　冷衷　北平華北日報(十八年六月三日至九日連日刊登)

清季出使各國使領經費　陳文進　中國經濟史研究一卷二期

五年來外交的概觀　鐵昂　青年世界八，九期合刊

三十五年東北之外患　劉彥　北平華北日報新東北副刊(十八年七月一日，十五日)

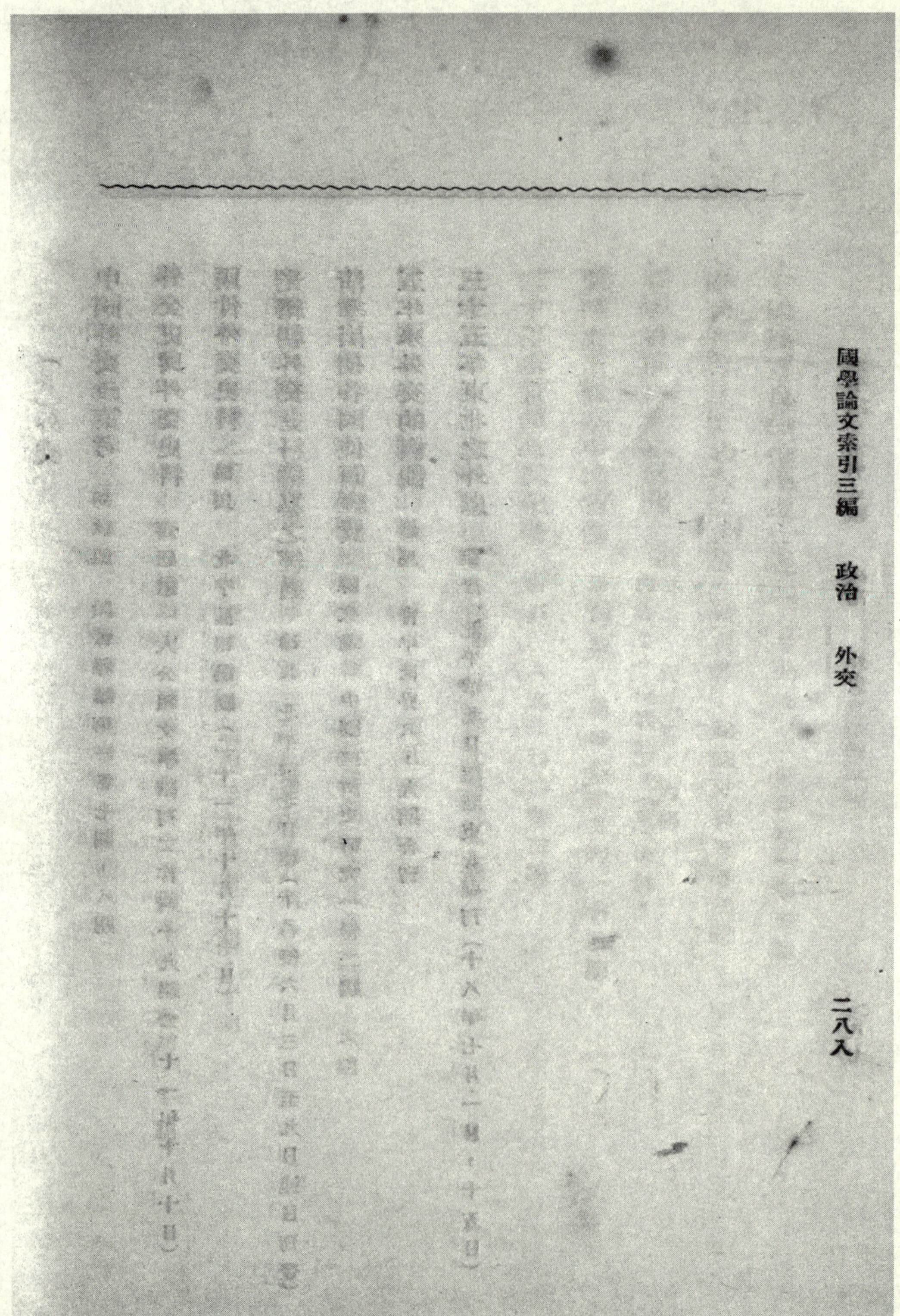

十一 經濟學 商業附

（1）通論

中國古代經濟思想之考察　陰子浚　釆社雜誌第六期

中國中古時代經濟思想之一斑——史記貨殖列傳——　徐愼修　釆社雜誌第五期

西周及兩漢之經過比較觀　子剛　清華週刊三十三卷二期

西漢經濟狀況與政治社會的關係　王學易　山東大學勵學一期

西漢社會「純經濟過程」之解剖　陳嘯江　現代史學一卷一期，二期，三期

唐末經濟恐慌與農民　董家遵　現代史學一卷三期，四期

宋代金融研究　陳子明　中國經濟一卷八期

宋代南方經濟發達的研究　王充恒　現代史學一卷三期，四期

光緒朝補救財政之方策　羅玉東　中國近代經濟史研究一卷二期

從「先哲發民族資本思想」讀到目前中國經濟　新玖　進展月刊二卷十一期

內容：（1）引言，（2）制定民產，（3）發展工商業，（4）統制經濟，（5）復興農村，（6）結論。

中國舊式集資法——會　汪葆熙　東吳一卷四期

中國近年之銀行業　許寶和　東方雜誌三十卷九號，十號

從地理上觀察內蒙古之經濟發展　張印堂先生講　崔書香谷源田記　南開週刊一二七，一二八期合刊

新疆經濟開展之研究　勃岡　現代月刊一卷五期

(2)諸子經濟學說

孔子經濟思想　張憶　中國經濟一卷二號

內容：(1)孔子的小傳，(2)孔子的時代，(3)孔子的財貨觀念，(4)孔子的消費論，(5)孔子的分業論，(6)孔子的經濟政策，(7)孔子的理想社會，(8)結尾。

孟子的經濟思想　伍啓元　清華週刊三十八卷一期

內容：時代背境思想的淵源——經濟思想的哲學——理想的社會——欲念論——消費論——財政論——井田度——生產論——交易論——入口論——分配論

孟子之生計學說　吳熙　學生雜誌十六卷一號

荀子的經濟思想　伍啓元　清華週刊三十八卷三期

墨子的經濟思想　錢實甫　東方雜誌三十卷十三號

介紹一個中國經濟思想上的學派「先秦農家」　金受甲　崇實季刊十五期

司馬遷經濟思想闡微　王毓鼎　廈大國學週刊第一卷二期

王安石之經濟思想　唐慶增　光華大學半月刊二卷四期
內容：(1)王安石小傳，(2)青苗法，(3)財政組織，(4)市易法，(5)均輸法，(6)募役法，(7)方田，(8)農業與水利，(9)幣制，(10)茶法，(11)王安石經濟失敗之原因。

顧亭林之經濟思想研究　鄭行巽　國聞週報七卷三十二期，三十三期

劉鏡園的中國經濟新論　鍾恭　讀書雜誌二卷七，八期合刊

(3)錢幣

中國史前之幣制　張鳳　國立中山大學語言歷史研究所週刊第十集第一二三，一二四期合刊

中國歷代貨幣沿革史　李蔚之　東吳一卷一期

先秦貨幣制度演進考　李劍農　武大社會科學季刊二卷一號

唐代貨幣之一考究　秦　中國經濟一卷二號
內容：(1)概說，(2)銅貨之沿革。

明代的一個官定物價表與不換紙幣　李劍農　武大社會科學季刊一卷三號

清代制錢　劉振卿　北平晨報藝圃(二十年一月六日至十三日連日刊登)

咸豐朝的貨幣　湯象龍　中國近代經濟史研究二卷一期

咸豐以後兩淮之票法　劉雋　中國近代經濟史研究二卷一期

紙幣印刷考　戴裔煊譯　現代史學一卷三期，四期

上海紙幣流通調查　進展月刊一卷五期

江蘇錢幣志初稿　柳詒徵　史學雜誌二卷五期，六期

外蒙的幣制及其經濟狀況　素明　世界雜誌二卷二期

關於制錢　于飛　民俗一〇一期

交子之起源　朱希祖譯　現代史學一卷三期，四期

中國幣制問題　唐慶增　中庸半月刊一卷三號

(4)商業　稅輸附

中古商業概論　鄭行巽　世界雜誌一卷五期

兩漢糧價漲落攷　劉汝霖　師大月刊六期

宋代提舉市舶司資料　編者　國立北平圖書館館刊五卷五號

明代廣州之海舶貿易　張德昌　清華學報七卷二期

道光以後中琉貿易的統計　周益湘　中國近代經濟史研究集刊一卷一期

關於中琉貿易　（三篇）　中國近代經濟史研究一卷一期

胡夏米貨船來華經過及其影響　張德昌　中國近代經濟史研究集刊一卷一期

關於胡夏米案件　（六篇）　中國近代經濟史研究一卷一期

近年來中國對外貿易比較的研究　意平　進展月刊二卷十二期

內容：(1)小引，(2)中國對外貿易之史的回顧，(3)歐戰給予中國國際貿易以怎樣影響，(4)兩年來中國對外貿易的對比，(5)農村經濟破產聲中的中國對外貿易，(6)結論。

最近六十年中國對外貿易之概況　聶海帆　學藝雜誌十二卷五號，六號，七號

內容：(1)中國對外貿易發展的情形，(2)最近六十年來國內外貿易額之比較，(3)進口與出口貨物之比較的分析，(4)中國對外貿易入超之嚴重及對策，(5)最近二十年來各國對華貿易進展之趨勢，(6)最近六十年來中國對外貿易在各國商業發展中之地位。

中國航業問題　濟寺　現代週刊一卷二期

關稅與釐金

漢均輸法考　錢寶琮　浙江大學文理學科專刊四期

清雍正關稅史料　文獻叢編第十輯，十一輯（清雍正硃批諭旨，不錄奏摺）

中國關稅之研究　范迪瑞　齊大月刊二卷一期，二期，三期，四期

中國關稅史綱　陳雪濤　學藝十卷七期，九期。

釐金制之起源及其理論　羅玉東　中國近代經濟史研究一卷一期

關於釐金制理論（五篇）　中國近代經濟史研究集刊一卷一期

十二　社會學　民俗學附

（1）通論

中國史前之社會研究　沙伐洛夫著　白華譯　突進月刊創刊號

中國古代社會研究之發軔　王伯平　讀書雜誌二卷七，八期合刊

中國的原始社會　稆懪　大陸雜誌二卷三期，四期
內容：（1）原始人種與其生活，（2）羣，（3）原始的中華人，（4）圖騰——氏族。

古代的中國社會　王禮錫　讀書雜誌三卷三期，四期，
內容：（1）從傳說與發掘來描寫原始社會，（2）氏族社會的起源與崩潰。

中國古代氏族社會之研究　鐘道銘　東方雜誌三十一卷一號
內容：（1）圖騰制之遺跡，（2）母系之遺跡，（3）羣婚之遺跡，（4）氏族政治之遺跡。

中國古代社會新論　衞聚賢　史地叢刊第一輯

關於中國社會之封建性的討論　朱新繁　讀書雜誌一卷四，五期合刊

封建制度論　王亞南　讀書雜誌一卷四，五期合刊
內容：（1）引論，（2）封建制度之理論與實際，（3）歐洲封建制度

之發生及其崩潰，(4)日本封建制度之始末，(5)中國封建制度之分解，(6)因國封建制度與日本歐洲封建制度之比較，(7)妨礙中國資本主義經濟發達之原中，(8)論證今日中國尙爲封建社會之無根據。

中國社會——文化發展草書(上)　胡秋原　讀書雜誌三卷三期，四期，內容：(1)原始社會時代(殷以前)，(2)氏族社會時代(殷)，(3)封建社會時代(周及春秋戰國)，(4)專制主義社會時代(秦至清末)，(5)專制主義半殖民地化時代(鴉片戰爭以來。)

殷代人祭攷　吳其昌　清華週刊三十七卷九，十期(文史專號)

殷民族的奴隸制度　丁迪豪　進展一卷一期

周易時代之社會制度與思想　曾松友　廈大週刊十一卷二十五期(廈大社會學雜誌專號)

易經時代中國社會情況之討論　荊三麟　建國月刊十卷二期　內容：(1)易經時代中國社會情況之討論，(2)經濟方面，(3)易經時代社會組織情形，(4)政治組織方面，(5)結論。

易經時代中國社會的結構　王伯平　讀書雜誌三卷三期，四期

——郭沫若「周易的時背景與精神生產」批判——

從姜嫄棄子傳說中窺見周初社會　丁迪豪　社會雜誌三卷五，六期合刊

詩書時代的社會變革及其思想的反映　杜衍　東方雜誌二十六卷八號至十二號連期刊登

對于「詩書時代的社會變革及其思想的反映」的質疑　周紹湊　讀書雜誌一卷四，五期合刊

由左傳上觀察春秋時代之迷信與信仰　徐誦光　廈大週刊二四〇期，二四一期

春秋戰國時代的階級關係　韻琴　國際文化雜誌創刊號

春秋時代的貴族政制　陳安仁　朝暉十期

孟子的社會政策　雷通羣　廈大週刊第二二九期

墨子之社會思想　鄭獨步　眞美善七卷一號

先秦時代的社會貴革與其哲學思潮　李梅雨　浙江省立圖書館月刊一卷二期

從文化史上所見的古代荊楚社會　雷震　社會雜誌四卷二期

秦漢之豪族　陳衣淩　現代史學一卷一期

自商至漢初社會組織之探討　牛夕　清華週刊三十五卷二期，四期

內容：(1)緒論，(2)社會組織之經濟基礎，(3)民族社會，(4)封建社會，(5)結論。

西漢的社會與政治　陶希聖　民族一卷三期至七期連期刊登

內容：(1)統一國家之成立，(2)西漢政權之建立與崩潰，(3)社會政革之必要及其失敗。

漢代社會風俗及械鬪　郎擎霄　建國月刊九卷三期

西漢奴婢制度　馬玉銘　清華週刊三十六卷十二期

西漢社會史研究發端　陳嘯江　現代史學一卷一期

西漢社會純經濟過程的解剖　陳嘯江　現代史學一卷一期

東漢風俗及其因果　弓英德　山東大學勵學一期

漢魏六朝中國社會　胡秋原　國際文化雜誌創刊號

元白詩中的唐代社會　劉眞　學風三卷一期，二期
內容：(1)引言，(2)元白詩的時代背景，(3)元白詩中的社會狀況，(4)結論。

元代的奴隸制度　丁迪豪　進展月刊一卷四期

元代奴隸之生活　黃現璠譯　社會雜誌四卷二期

吳敬梓及其社會觀　吳景賢　學風三卷一，二期
內容：(1)吳敬梓傳略，(2)儒林外史的評價，(3)吳敬梓現實社會的認識，(4)建築理想的社會，(5)理想社會建築的方法，(6)結論。

文字學上中國古代社會勾沈　丁興廣　學風月刊三卷六期
內容：(1)詮旨，(2)榛莽，(3)石器時代與銅器時代，(4)氏族，(5)進展。

仁」的觀念之社會史的觀察　文甫　北大學生一卷一期

中國封建社會史　王宜昌　讀書雜誌三卷三，四期合刊

內容：(上)論分三節——(1)一場糊塗之封建制度論，(2)陶希聖底中國封建社會史(3)關于一些方法及態度問題，(下)史分十一節——(1)中國封建制度之起源，(2)僧侶寺院和門閥，(6)莊園制度和游俠，(7)行會制度和手工業，(8)國外貿易和商業，(9)貨幣經濟之發達，(10)西歐經濟之影響，(11)中國封建制度之衰頹。

中國古代對於天的觀念　定民　中法大學月刊一卷二期

人民祭天及聖袝配以祖先說　康有爲　不忍雜誌九册，十册

奴婢制度攷　羅慕華　北平晨報學園（二十二年十一月十六日，十七日，二十日，二十一日）

中國的奴隸社會　衞聚賢　新中國一號，二號，三號

我國歷代的奴隸制度　宋雲彬　中學生三十一號

中國社會之史的簡單分析　靜普　文學季刊一卷二期

中國社會史論戰史　啓元　微音月刊三卷二期

爲要把握着中國社會過往的來程，現在的結構，將來的前途中國，問題學術便集中于中國社會形態和經濟性質的，因而形成了「中國社會史的論戰。」

中國社會史論戰序幕　王禮錫　讀書雜誌一卷四，五期合刊

中國社會史短論 王宜昌 讀書雜誌一卷四，五期合刊

中國社會史論 王宜昌 讀書雜誌二卷三，四期合刊

中國社會史的論戰 朱伯康 讀書雜誌一卷二號

中國社會史研究上之若干理論問題 田中忠夫 讀書雜誌二卷三期，四期

對於中國社會史論戰的貢獻與批評 李季 讀書雜誌二卷二期，三期

關于在文學史上的社會學的方法 日本岡澤秀虎著 洛楊譯 文藝研究一卷一本（原文載在「思想」四月號）

2. 田制與農民

中國田制史略 學藝雜誌十二卷九號，十號；十三卷一號

中國古代有無井田制度的探討 樊希泰 進展月刊一卷七期

中國井田制度崩壞之研究 池田靜未著 謝建伯譯 中國經濟一卷二號
內容：(1) 井田制之大要，(2) 井田制崩壞之原因，(3) 井田制崩壞之經過，(4) 結言。

井田制度有無問題之經濟史上的觀察 朱偰 東方雜誌三十一卷一號

井田制度的研究 趙琳 史地叢刊第一輯
內容：(1) 引言，(2) 最早的傳說史，(3) 有無的攷證，(4) 發

生的時代及其經濟背景，(5)實施的狀況，(6)崩潰及其原因，(7)結論。

井田之迷　萬國鼎　金陵學報一卷二期

我國周代的田制　正邦　中國經濟一卷八期

周初農道生產與火的使用　丁迪豪　進展月刊一卷六期
——姜嫄傳說結合研究之一——

中國土地制度史　王梅波　學藝百期紀念號

兩漢之均產運動　萬國鼎　金陵學報一卷一期
內容：(1)土地私有制弊害之暴露與均產運動之發生，(2)井田論之演進，(3)限民名田，(4)王莽之改革，(5)均產運動之尾聲。

晉代土地所有形態和農民問題　志田不動麿著　炳若譯　大戈壁一卷三期，四期

均田制度下的北朝農村經濟　黃松　現代史學一卷三期，四期

北朝隋唐之均田制度　萬國鼎　金陵學報一卷二期
內容：(1)導言，(2)後魏之均田制度，(3)北齊北周隋唐之均田制度，(4)均田制度與貧富，(5)均田制度之破壞。

唐代土地問題　元雁譯　中法大學月刊三卷二，三期，四，五期合刊。

南宋詩人眼中的農民痛苦　耆鄰室主　國聞週報八卷二十四期

明代田賦初制定額之年代小攷　方中　清華週刊四十卷三期，四期

明初開墾與莊田發生　清水泰次　天津益世報學術週刊（十八年五月六日）

屯墾問題之史的觀察（續）　東世徵　國風半月刊三卷三期

中國古代的農本主義與農業政策　李大超　中庸半月刊一卷四，五期合刊

中國歷代民食問題　郎擎霄　建國月刊七卷四期，五期；八卷三期，四期，五期，六期；九卷一期，二期

中國民食問題　王礪經　中國經濟一卷七期

中國重農輕商思想之史的攷察　賓雁　史地叢刊第一輯　內容：(1)重農輕商思想之淵源，(2)重農輕商思想之第一頁，(3)從秦到宋，(4)從宋到清，(5)結論．

中國農民問題之史的敍述　熊得山　讀書雜誌一卷四，五期合刊；三卷三，四期合刊

中國歷代農民戰爭之分析及今後農民問題解決的道路　王礪經　中國經濟創刊號

中國歷史上朝代變革與農民暴動　王禮錫　國際文化雜誌創刊號

中國封建朝代的變換與農民戰爭　黃燦　微音月刊三卷四期

商君農戰政策之研究　祜蘇　南方雜誌二卷五期

清末外資本侵入後的農村經濟　梁甌弟　現代史學一卷三期，四期

耕者有其賦　鄒枋　前途一卷九期　—耕者直接或間接要繳納田賦—

（3）家庭制度 婚俗附

中國古代家族制度研究　松浦嘉三郎著　黄甲譯　國師月刊三卷九期

中國宗法的家族制度之研究　陳魯重　泊聲創刊號

中國女權時代的辯証　曹覺生　學風一卷五期

春秋時代母系之遺痕　丁迪豪　進展月刊一卷五期

中國家制的過去與未來　樓桐孫　東方雜誌二十八卷二號

中國家庭制度及生活上的幾個特點　傅尙霖　清華週刊三十五卷四，五期合刊；六期

中國家庭現存的複雜性的研究　傅尙霖　清華學報六卷三期

兩漢多妻的家庭　吳景超　金陵學報一卷一期

兩漢寡婦再嫁之俗　吳景超　清華週刊三十七卷九，十期（文史專號）

漢代之婚姻奇象　劉掞藜　武大文哲季刊一卷二期

漢唐時代四裔民族之婦女地位　鄭師許　新中華一卷十六期

內容：(1)緒論，(2)女性本位時期之婚姻，(3)男性本性時期之婚姻，(4)關于婚姻上之一般現象，(5)女性本位讓渡男性本位之迹象，(6)結論，

唐代婚姻制度　董家遵　現代史學一卷一期，二期

馬可孛羅游記所紀的中國女俗　黃石　婦女雜誌十七卷五號

元代河洛婚俗之遺留　趙蔭棠　禮俗第二期

由古代婚姻制度說到現在　林曲　民衆生活十，十一期合刊

宗教底婦女觀　許地山　北大學生一卷四期

(以佛教的態度爲主)

中國婚姻制研究　黃文弼　唯是第三冊

妾之研究　宋恩淳　民衆生活四十二期

唐宋明三代的賣笑婦　守竟　進展月刊一卷四期

鬧新房與聽壁脚　楊樹達　文學月刊三卷一期

汕尾新港蛋民的婚俗　亦夢　民俗七十六期

太康舊式的結婚　飛鏧　民俗一〇五，一〇六期合刊

類似女權中心的鄧縣婚姻談　Z. K. F.　民俗八十期

燒猪　劉萬章　民俗八十期
——廣州婚俗之要件——

新疆的婚姻　楊堃　西北研究五期

雲南婦女生活的三形態　克誠　民衆生活六期

北方農村婦女的經濟生活　趙全嘏　社會雜誌四卷二期

(4)禮法

中國禮教之解剖　宮廷璋　社會學雜誌三卷九號

談談禮教　繆鳳林　國風半月刊三號

禮教與法律　黃廛華　北平晨報學園一五四號(二十年八月二十四日)

漢代坐次尊卑問題一瞥　楊樹達　清華週刊三十五卷六期

俯身葬　李濟　國立中央研究院歷史語言研究所安陽發掘報告三期
按：係在我國銅器時代的葬俗

漢代喪葬制度考　楊樹達　清華學報二卷一期

對於葬制之討論　韓同　民鳴雜誌八月號

葬期論　馬其昶　民彝雜誌一卷四期

三年喪服的逐漸推行　胡適　武大文哲季刊一卷二期

爲人後辯　馬其昶　民彝雜誌一卷三期
按：係屬於繼承問題的討論

爲人後者其妻爲本生父母服辨　馬其昶　民彝雜誌一卷三期

爲長子服辨　馬其昶　民彝雜誌一卷三期

庶子爲其母黨服辨　馬其昶　民彝雜誌一卷三期

喪服通述　于鶴年　朝華月刊二卷四期

降服三品說　吳承仕　師大國學叢刊一卷二期

九族問題　顧頡剛　清華週刊三十七卷九期，十期

五倫　姚永概　民彝雜誌一卷一期

儒服考　齊思和　史學年報一卷第二期

(5)人口

戰國秦漢三國人口述略　曹松葉　國立中山大學歷史研究所週刊十集一一九期

兩漢人口之比較　奚祝慶　史學一卷一期，二期

中國人口分布與土地利用　翁文灝　方志月刊六卷三期

中國土地人口之新統計　國風半月刊創刊號

最近調查之中國人口　南方雜誌創刊號

最近廣州調查人口經過概況　梁一余　先導第一期，二期，三期

北平最近戶籍調查　進展月刊一卷五期

外蒙古人口概說　陳湘南　西北研究七期

我國人口統計數字之商榷　陳方之　東方雜誌二十八卷六號

中國的人口問題　英威爾京生著　李庭華譯　泊聲創刊號　進展月刊十期

(6)民俗

A.通論

中國民俗研究之新展拓與新難關　陳錫襄　浙江大學文理科年刊第二期

民俗學之社會史的研究　羅繩武　禮俗第一期，三期

民間民俗學普通的問題　衞聚賢　民俗一〇二期

民俗雜談　葉德均　民俗九十期，九十一期

風俗論　馬其昶　民彝雜誌一卷一期

關於民俗的平常話　羅香林　民俗八十一期，八十四期，一〇四期

關於民俗　葉鏡銘　民俗一〇三期

關於民俗　葉德均　民着俗一〇四期

關於民俗學　衞聚賢　民俗一〇三期

禮俗　楊立身　禮俗第三期，四期，五期

俗原凡例　楊立身　禮俗二期

B、各地民俗　節令與迷信附

三十年前之北京　愼思庵主　北平晨報藝圃（二十一年十一月十六，十九，二十五，二十六日；十二月五，七，九，十九，二十六，三十一日；二十二年一月九，十六，十八，二十，二十三，二十七，二十八，三十日；二月六，日一，十五，二十一，二十四日；三月六，十五，十八，二十，二十一，三十一日；四月一，三，八，十一日。

山東西南部的鄉村生活　君望　社會雜誌四卷二期

交河社會概況　林一　泊聲創刊號

安寧社會狀況　馬夢良　民衆生活二十三期，二十四期

河間縣社會概況　相心　泊聲創刊號

定縣社會概況調查　李景漢　社會學雜誌四卷十一號

吳橋縣社會概況及教育概況　湖傑　泊聲創刊號

東莞生產風俗談　袁洪銘　民俗七十二期

東光縣社會概況調查　邢銘賓　泊聲創刊號

景縣社會調查概況　華峰　泊聲創刊號

淮安歲時記　葉德均　社會雜誌四卷二期

淮安舊俗　葉德均　民俗八十期

淮安農諺　葉德均　民俗八十三期

淮安的搖會制度　葉德均　社會雜誌四卷二期

獻縣一瞥　楊培謙等　泊犀創刊號

肅寧縣教育及社會概況　張潤清　泊犀創刊號

濟南四鄉的習俗　林志端　社會學雜誌三卷十一，十二號合刊

濟南四鄉的農村生活　林志端　社會學雜誌三卷十號，十一，十二號合刊

關於潮州民俗材料　林培廬　民俗一一〇期

關於風的種種　王成竹　民俗七十七期
　—安溪民俗雜談—

鄉居雜記　董時進　獨立評論二十八號，二十九號，三十號。

從「木魚書」所得的印像種種　馬益堅　民俗七十九期
　按：「木魚書」是用粵省最普通的廣州話，來描述的一種通俗民間讀物的總稱，其體裁類粵謳。

伏牛山山民生活　羅寶丹　進展月刊一卷六期
　內容：（1）體態，（2）生活，（3）民情，（4）教育，（5）知識，（6）職業，（7）交易，（8）婚嫁，（9）喪葬，（10）風氣。

廣西猺人生活狀況　瑛夫　南方教誌一卷二號

滇黔粵的苗猺獞俗與閩俗之比較　葉國慶　廈大週刊第二二九期

蛋家　羅香林　民俗七十六期

莆俗瑣記　葉國慶　民俗七十八期，八十期

西藏之社會生活及其習俗　胡求眞　西北研究三期，四期，五期

西藏社會調査記　沈與白　東方雜誌十一卷二號

西藏人的生活　典雅　西北研究六期

西藏人民之生活　西康劉家駒　新亞細亞月刊二卷五期

西藏魔鬼的跳舞　I.A.Ellam著　葉美棣譯　西南研究創刊號

西藏之秘密　尙志週刊二卷一期

從「倉洋嘉錯情歌」中見到的藏人生活　丁迪豪　進展月刊一卷七期

按：「倉洋嘉錯情歌」是西藏人歌謠爲藏人所熟唸的。

青海風俗　穆建業　新青海創刊號

青海蒙藏兩族的生活　張元彬　新青海二期，三期

蒙古風俗譚　居孝實譯　東方雜誌九卷九號（節譯自美國乞米亞可丁氏南「西伯利亞游記」）

江心坡的民情風俗　赤琴　社會雜誌四卷二期

節令

豫東農村中的舊歷年節風俗狀況　劉鼎岑　社會學雜誌四卷十號

厦門年節的風俗　葉秀文　民俗七十九期

燈節怪俗　劉振卿　北晨藝圃（二十一年三月二日，四日，五日，七日，九日，十一日。）

上元　忍文　北平華北日報徒然副刊（十八年四月二十三日）

五月各節紀念特載　李守常　萌芽月刊第五期

端陽　念生　北平華北日報徒然副刊（十八年四月二十三日）

角黍考略　黃華節　東方雜誌三十卷十二號

七夕漫談　清水　民俗八十一期

乞巧　黃石　婦女雜誌十七卷七號

改良中元祭祖風俗談　林曲　民衆生活十五期

中秋祭月攷　賀嗣章　民彝雜誌一卷二期

臘八粥　黃華節　東方雜誌三十一卷一號

迷信

明神名又爲古官名的討論　容肇祖　民俗八十六至八十九期合刊

述社　兌之　東方雜誌二十八卷五號

按：社在元代以前，是含有宗教之意味，而到元代則變爲團體之名。

天井神　翁國樑　民俗八十六至八十九期合刊

灶君　雪白　民俗八十六至八十九期合刊

鹽神　江紹源　天津益世報副刊（十九年三月十二日，十三日）

金華的三佛五侯　曹松葉　民俗八十六至八十九期合刊

金華城的神　曹松葉　民俗八十六至八十九期合刊

金華一部分神廟一個簡單的統計　曹松葉　民俗八十六至八十九期合刊

水尾婆與文昌從前的「社會」　黃有琚　民俗七十八期

再與魏應麒先生論臨水奶　容肇祖　民俗七十八期

觀世音菩薩之研究　李聖華　民俗七十八期

關於雷公電母 王成竹 民俗八十六至八十九期合刊

關於石敢當及其他 王成竹 民俗一〇一期

關於石敢當 王成竹 民俗八十六至八十九期合刊

關於死的種種 葉鏡銘 民俗一〇五，一〇六期合刊

紅衣發貢之廟 劉振卿 北平晨報藝圃（二十一年三月二十二日，二十三日，二十五日，二十六日，二十八日，二十九日。）

塔爾寺及其燈會 穆建業 新青海二期

淮安東岳廟 葉德均 民俗八十六至八十九期合刊

海山神廟 翁國樑 民俗八十六至八十九期合刊

連平的神廟與壇祠 清水 民俗八十六至八十九期合刊

馬神廟祭神考 劉振卿 北平晨報藝圃（二十一年七月二十日，二十二日，二十五日，二十六日，二十七日，三十日；八月一日，三日，五日）

富陽的神廟和異人異事 葉鏡銘 民俗七十八期

談談富陽的「接煞」和「做七 葉鏡銘 民俗八十二期

樂昌仁化乳源英德的神廟 清水 民俗七十八期
——根據「韶州府誌」寫成——

廈門南普陀寺福州人的盂蘭會　梅痕　民俗八十六期至八十九期合刊

普渡　王成竹　民俗八十六至八十九期合刊

廣州市卜筮星相巫覡堪輿統計表　黃偉夫　民俗八十二期

重慶的道士與壇門　于飛　民俗八十五期

再談重慶的道士與壇門　于飛　民俗八十五期

流行魯東農村中的迷信和禁忌　范迪瑞　社會學雜誌三卷十號

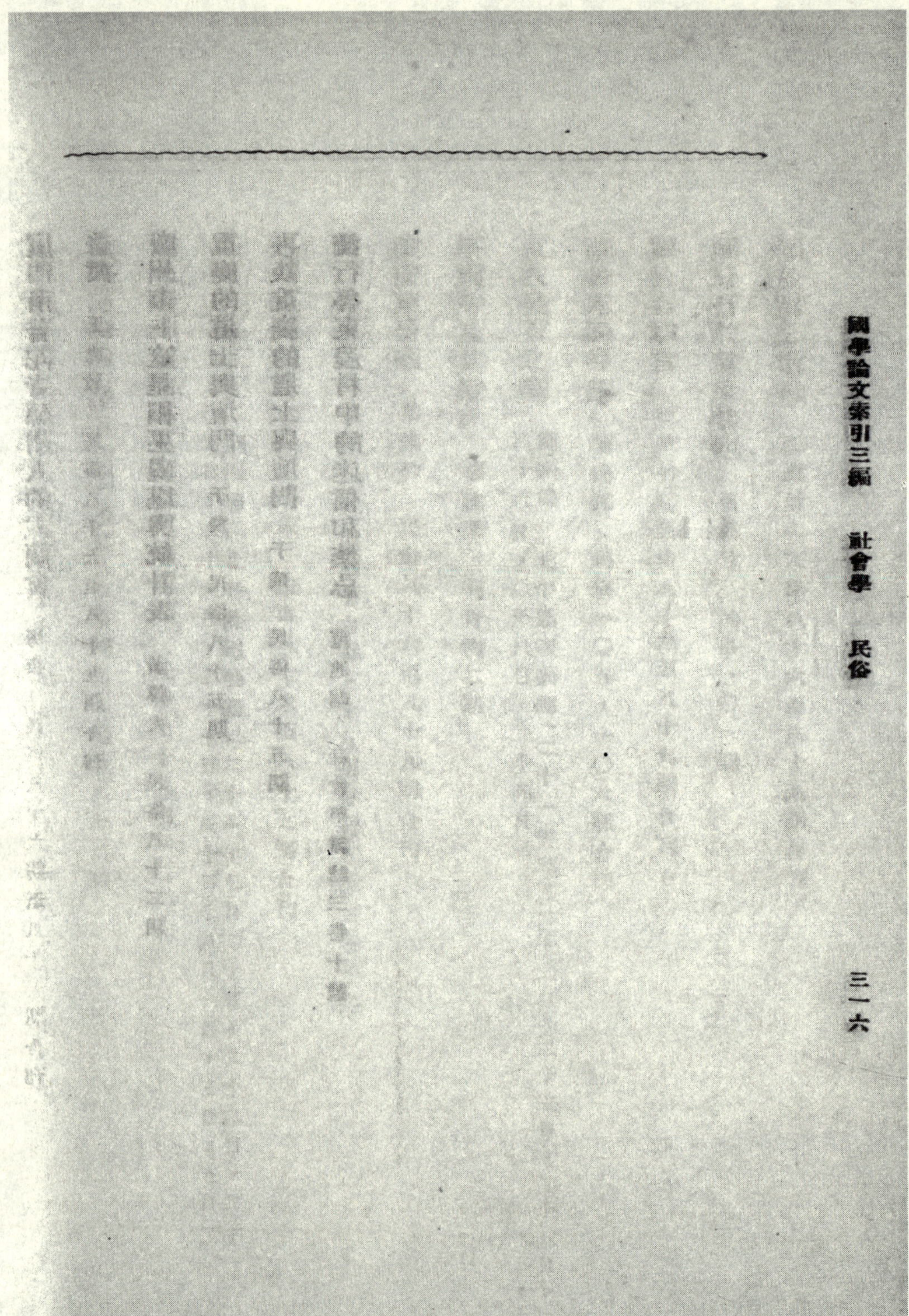

十三　教育

(1)教育學說

孔門教育宗派論略　錢穆君　世界旬刊十期

孔子教育學說札記　張楷　浙江大學文理科年刊第二期

荀子教育哲學　楊大膺　哲學評論五卷二期

荀子對於教育思想之我見　清流　春筝季刊三卷一期

墨子的教育特點與國民黨教育　程啓槃　建國月刊四卷一期

朱子的教育思想　林瑋　師大月刊一卷四期
內容：(1)教育的根本原理分三節——(a)明性，(b)居性，(c)窮理；(2)教育的宗旨——希聖希賢(3)達到希聖希賢目標之主要條件分三節——(a)爲聖賢必先立志，(b)爲聖賢不可蹈空，(c)爲聖賢不可先立標準；(4)教學方法分四節——(a)總論爲學之方，(b)讀書法，(c)小學，(d)自論爲學工夫，(5)課程——讀經史子及詞章。

黃梨洲的教育思想　王可倫　北大學生一卷五期，六期

我國古代教育與今日教育之區別　錢子泉講　朱裕昌記　無錫國專季刊二十二年一册

中國教育史分期說商榷　宋隆任　安徽大學月刊一卷三期

中國教育史話　陳東原　學風二卷六期，七期

陳東原與葆蕻論中國古代教育　陳東原　中國新書月報二卷六號

中國女子教育史略　董廣川　河南大學文學院季刊二期

周代女子教育及其文學　黎梓材　先導半月刊五期

外交先進五十年前教育狀況談　吳宗濂　人文月刊二卷二期

最近三十五年來之中國師範教育　郭鳴鶴　朝華三卷一期

二十年來之中國教育　蔣成堃　廈大週刊十二卷十八期，十九期，二十期（三〇九五三一一號）

二十年來中國教育之史的分析　梁甌第　現代史學一卷二期

十年來的中國教育　朱兆萃　世界雜誌增刊（十年）

中國教育之歷史研究的重要　陳東原　東方雜誌二十九卷六號

評國聯的中國教育攷查團報告書　倪文宙譯　中華教育界二十卷十一期

評國聯教育攷察團報告書「中國教育之改造」　羅廷光　中華教育界二十卷十一期

評國聯教育攷察團報告　廖世承　中華教育界二十卷十一期

道德教育　金子馴　國學叢選十二集

養士制度下的學風問題　陳東原　學風三卷三期

(2)教育制度　科舉附

中國學校制度的沿革　宋雲彬　中學生三十八號，三十九號

(1)什麼時候才有學校呢？(2)傳疑的西周學校制度，(3)東周以後學校制度的廢墜，(4)兩漢學校的繁興，(5)儒業消沈時代的學校狀況，(6)隋唐學制，(7)兩宋的學校與書院，(8)異族宰制下的特殊學校。

三禮學制鄭義述　高步瀛　中大國學叢編一期四冊，五冊

先秦學制表略　朱炳煦等　中華教育界十九卷一號

中國正式教育如何自漢代產生攷　陳東原　學風二卷六期

內容：(1)漢高詔賢爲教育先聲，(2)設科射策與變相科舉，(3)選舉積滯與吏道雜亂，(4)正式教育——博士弟子制之產生，(5)博士弟子制立後之影響

兩漢之歷史教育概況　善夫　無錫國專學生自治會季刊第一期

漢晉隋唐學制表略　朱炳煦等　中華教育界十九卷二號

宋代學制表略　朱炳照　姚紹華　中華教育界十九卷五期

文明學制表略　朱炳照　姚紹華　中華教育界十九卷六期

清代學制表略　朱炳照　姚紹華　中華教育界十九卷七期

清末的安徽新教育　高正芳　學風二卷八期，九期，十期

民國學制表略　朱炳照　姚紹華　華教育界十九卷八期

書院史略　陳東原　學風一卷九期

宋元明清書院概要　曹松葉　國立中山大學語言歷史學研究所週刊十集一一一期至一一五期連期刊登

清代書院風氣之變遷　陳東原　學風三卷五期
內容：（1）書院之一般情形，（2）清初書院之重古文，（2）乾嘉時之提倡經學，（4）注重經史之書院生活，（5）清末書院之重科學。

江蘇書院志初稿　柳詒徵　江蘇國學圖書館第四年刊

安徽書院志　吳景賢　學風二卷四期至八期連期刊登

安徽書院沿革攷　吳景賢　學風二卷八期

中州大學校址攷　王志剛　孤興第七，八期合刊

科舉

中國歷代攷試制度述要　徐慶譽　世界旬刊五期

中國歷代攷試制度之沿革　趙晳甫　華北日報（十九年一月一日）

隋唐的科舉　陳東原　學風二卷八期

唐之攷試制度與詩賦　日本鈴木虎雄著　張我軍譯　天津益世報副刊（十八年三月三十日）

宋代科舉與教育　陳東原　學風二卷九期

遼金元之科舉與教育　陳東原　學風二卷十期

明代之科學與教育　陳東原　學風三卷一期，二期

清代科舉之次第　周幹庭　齊大月刊二卷四期

清代之科舉與教育　陳東原　學風月刊三卷四期

清代殿試攷略　傅增湘　國聞週報十卷一期，二期，三期

科舉制度在中國文化發展上之影響　Paul Cressey 著　雷震譯　師大史學叢刊一卷一期

京師同文館略史　吳宣易　北平圖書館讀書月刊二卷四號

3. 教育之調查

十八年度各省市民衆教育館統計　南方雜誌一卷四號

交河縣的教育　若眠　泊聲創刊號

河間教育一瞥　曙光　泊聲創刊號

故城縣教育概況　林春華　蘇寶倉　泊聲創刊號

東光縣教育概況　馬樾方　泊聲創刊號

阜城縣教育概況　皮彝爵　泊聲創刊號

景縣教育概況　李芳春　泊聲創刊號

江蘇省立教育學院概況　無錫圖書館協會會報二期

浙江民衆教育的重心移向鄉村去　趙冕　民衆教育季刊二卷二號

青海教育的最近調查　新青海三期

改進青海教育芻議　青一　新青海二期，三期

雲南民衆教育的社會背景　范義田　民衆生活一期

雲南三年來對于民衆教育的規劃與實施　周慈　民衆生活二期

寧津的教育狀況　桑丹桑　泊聲創刊號

梁漱溟先生述山東鄉村建設研究院之工作　倪文宙　中華教育界二十卷四期

從鄉村教育的觀點看看山東鄉村建設研究院　楊效春　中華教育界二十卷五期，六期

全國大學及專科學校分科調查　進展月刊一卷五期

地方學校校舍之調查與報告　部爽秋　中華教育界二十卷三期，四期

十四　宗教

(1)通論

戰國時代秦齊燕韓趙魏的宗教　高梅　齊大月刊二卷二期，三期

戰國時代楚地的宗教　高梅初稿　齊大月刊一卷四期

中國宗教的新趨勢　朱友漁　文社月刊二卷七冊

中國之宗教改革與救國事業　戴季陶　新亞細亞月刊五卷五期

三教異同說　姚永樸　民彝雜誌一卷六期

(2)佛教

A.通論

中國佛教史略　李翼庭　河南大學文季刊二期

內容：(1)傳譯時代(至漢而東晉)，(2)講究時代(由東晉至隋文)，(3)立教時代(由隋文至唐末)，(4)存續時代(由宋至南宋末)，(5)衰微時代(由元至現代)

中國佛教之沿革　林堅之　北平晨報學園一二一號至一二五號(二十年六月二十六日，二十七日，三十日；七月一日，三日)

中國佛學之概略　悅亞　海潮音十三卷六號

嵩園讀書記之三——佛教入中國諸說　黃仲琴　嶺南學報二卷三期

中國佛教中關於釋尊的年代與其誤謬的起因　山內晉卿著　傳戒譯　海潮音十三卷一號

略述西藏之佛教序　太虛　海潮音十一卷七期

印度佛教六大聖蹟　譚云山　東方雜誌二十八卷二十二號

唐太宗與佛教　湯用彤　學衡七十五期

竺道生與涅槃學　湯用彤　國學季刊二卷一號

攝山之三論宗史略攷　湯用彤　史學雜誌二卷五期，六期

壇經攷之一——跋曹溪大師別傳——　胡適　武大文哲季刊一卷一期

中國禪宗的宗要　談玄　海潮音十三卷六號

瑜珈師地論記著者人名攷　法舫　海潮音十三卷三號

陳那以前中觀派與瑜珈派之因明　許地山　燕京學報第九期

因明學發展中重要之變態　虞德元　廈門大學週刊二百五十八期

勝論學派之原起及其經典之譯傳　伍劍禪　歸納學報一卷一期

天竺教乘攷 沈彭齡 東北叢鐫十三期

佛學導論 晦盦編 海潮音十二卷二期，三期，四期，六期

佛學概要 羅傑 海潮音十二卷三期

佛法是什麽 雷導哀 濁流第三期

太虛法師在華北居士林講金剛經前所說之佛法大意 羅木歐記 北平晨報藝圃（二十年七月十三日，十四日，十五日，十七日。）

佛法之面面觀序 范古農 海潮音十二卷六期

對於三寶應有的認識 法舫 海潮音十一卷六期

學佛一得 英優婆夷克蘭柔夫人著 華夏居士悟虛譯 海潮音十二卷三號

大乘位與大乘各宗 太虛講 寶忍記 海潮音十一卷十一，十二期合刊

現實主義 太虛 海潮音十一卷六期至十二期連期刊登，十二卷一期，二期，三期，（續本年二期）

辨因果 景昌極 歸納學報一卷一期

人欲之分析與治理 太虛 海潮音十四卷一號

以俗說眞之佛法談　歐陽漸　海潮音十三卷六號

緣生集釋　王恩洋稿　海潮十二卷六號，七號（續十卷一號）

印度哲學概論　王與楫　海潮音十一卷十期

佛教之中國文學發凡　太虛　海潮音十一卷十期

佛典之文學價值　李鶴　東北叢鐫一卷十二期

佛教心理學淺測　梁啓超遺稿　海潮音十一卷六期

佛法與科學　胡適　新月月刊三卷九期

墨子與佛教　山內晋卿著　潘公望譯　海潮音十二卷七號

因明與倫理學之比較觀　廣愚　廈大週刊十一卷八，九期合刊

廣眞如論　大圓　海潮音十二卷十二期；十三卷一期，四期

性相論　佐伯良謙著　墨禪譯　海潮音十二卷五號

法相略錄　梅光羲編　海潮音十一卷九期，十期

相宗新舊兩譯不同論　光羲編　海潮音十二卷四期

唯識學的輪廓　黃懺華　海潮音十二卷五號
內容：（1）序文，（2）萬法唯識論，（3）唯識的宇宙人生觀（4）唯智的宇宙人生觀。

唯識的人生觀　唐大圓　海潮音十一卷十一，十二期合刊

唯識學之理論和原流及其價值　滿智　海潮音十二卷五號

唯識論要　唐大圓　海潮音十二卷五號

唯識研究法　會覺　海潮音十三卷三號

唯識研究舉例　唐大圓　海潮音十三卷五號

唐代唯識學派與阿賴耶識略論　法舫　海潮音十三卷二號

讀「唯識新舊兩譯不同論」後的一點意見　守培　海潮音十二卷九號

評破守培師之「讀唯識新舊二譯不同」後的一點意見　印順　海潮音十三卷四號

法相唯識學概論　太虛老師講　虞德元記　廈大週刊三〇〇期至三〇七期連期刊登

三論學者之唯識觀　龍松生　海潮音十二卷五號

和譯安慧唯識三十頌釋論之攷察　佐伯亘諦作　逸厂譯　海潮音十二卷五號

法相宗的認識　蔣維喬　光華大學半月刊一卷二期
內容：（1）知體，（2）知源，（3）知量，（4）知境。

大乘起信論在佛學上之價值　海舫　海潮音十三卷一號

淨土法門綱宗提要　沈登善原著　瑩厂提要　海潮音十二卷七號

建僧大綱　太虛　海潮音十一卷七期

世界佛學苑漢教理院之使命　滿智　海潮音十三卷一號

禪宗六祖傳法偈之分析　陳寅恪　清華學報七卷二期

修禪要訣　法舫　海潮音十三卷四號

有部三世實有法體恆有上的體滅說和用滅說　佐伯良謙著　芝峯試譯　海潮音十二卷六號

元李獅論佛理書撮要　王典彬　（輔仁社課選粹之一）　公教青年會季刊二卷二期

眞言宗要義問答　融空　海潮音十三卷四號

從小乘戒到大乘戒　日本松本文三郎著　豈明譯　天津益世報副刊（十九年三月五日，六日，七日，十日）

慈宗三要瑜伽菩薩戒本統系表　淨嚴製　海潮音十二卷三期

密宗概要　馮重熙述　海潮音十二卷七號

讀鳴沙餘韻（燉煌出土漢文佛典）　悟　中國新書月報一卷十，十一號合刊

刼後殘留之大藏經　中國新書月報一卷六，七期合刊

B經典

大藏經錄存佚攷　馮承鈞　燕京學報第十期

後漢譯經錄　劉國鈞　金陵學報一卷二期

佛典略說（一名佛藏略攷）梅光羲編　海潮音十一卷八期

內容：（1）藏經之意義，（2）藏經之結集，（3）藏經之流傳，（4）藏經之漢譯，（5）藏經之目錄，（6）藏外之經典，（7）藏經之開雕，（8）藏經之組織，（9）藏經之要素，（10）各宗之要點。

日本所傳之眞言宗經軌書目提要　李一超　海潮音十三卷三號

中國大藏譯人及其譯述　鈞譯　大公報文學副刊一百五期（十九年十一月二十四日）

乾隆御譯衍教經　于道泉　北平圖書館館刊五卷二號

俗文佛本行集經　敦煌叢抄　國立北平圖書館刊六卷六號

成唯識論講略　日本井上玄眞著　閩南佛學院寬蒼譯　海潮音十一卷八期

成唯識論八段十義講要　歐陽竟無講演　闡提敬錄　海潮音十二卷五號

瑜珈菩薩戒本講錄　太虛講　普超克全記　海潮音十三卷六號
瑜珈菩薩戒本釋名題　太虛講　隆賢記　海潮音十二卷三期
唯識三十論講要　太虛講　岫廬記　海潮音十二卷五號，六號，七號
大乘起信論參註　姚錫鈞　國學叢選第六集
法藏金師子章釋義　馮友蘭　清華週刊三十七卷一期
圓覺經之研究　湯次了榮著　逸丁譯　海潮音十二卷六號，七號，九號
大方廣佛華嚴經卷一釋文　羅福萇　國立北平圖書館館刊四卷三號
妙法蓮華經序釋文　羅福成　國立北平圖書館館刊四卷三號
妙法蓮華經弘傳序釋文　羅福萇　國立北平圖書館館刊四卷三號
大寶集經卷第二十七釋文　羅福成　國立北平圖書館館刊四卷三號
不空羂索神變眞言經卷第十八釋文　羅福成　國立北平圖書館館刊四卷三號
聖大明王隨求皆得經卷下釋文　羅福成　國立北平圖書館館刊四卷三號
佛說寶雨經卷第十釋文　羅福成　國立北平圖書館館刊四卷三號

佛說地藏菩薩本願經卷下殘本釋文　羅福成　國立北平圖書館館刊四卷三號

大般若波羅密多經卷第一釋文　羅福成　國立北平圖書館館刊四卷三號

佛說佛母出生三法藏般若波羅密多經卷第十七釋文　羅福成　國立北平圖書館館刊四卷三號

觀彌勒菩薩上生兜率天經釋文　伊鳳閣　國立北平圖書館館刊四卷三號

六祖大師法寶壇經殘本釋文　羅福成　國立北平圖書館館刊四卷三號

因明學綱要序　劉大白　世界雜誌二卷三期　「因明學綱要」，陳望道編，世界書局出版

銷釋眞空寶卷跋　胡適　國立北平圖書館館刊五卷五號　（附銷釋眞空寶卷原文）

蓮花色尼出家因緣跋　陳寅恪　清華學報七卷一期（文哲專號）

攝大乘論本序　歐陽漸　海潮音十二卷五號

大乘義章書後　陳寅恪　海潮音十二卷七號

華嚴經綱要淺釋序　羅傑　海潮音十二卷六號

楞伽師資記序　胡適　海潮音十三卷四號

大乘起信論參註序　姚錫鈞　國學叢選第六集

集論序　歐陽漸　海潮音十二卷五號

唯識二十論序　歐陽漸　海潮音十二卷五號

省庵勸發菩提心文講義　釋諦閑講　范古農記　海潮音十二卷一期

唐賢首國師墨寶跋　湯用彤　史學雜誌二卷五，六期合刊

西夏文殘經釋文　羅福成　國立北平圖書館館刊四卷三號

西夏國書殘經釋文　俄國聶斯克釋文（附西藏文拼音）　北平圖書館館刊四卷三號

西夏文八千頌般若經合璧攷釋　Nicolas A. Nevsky著　石濱純太郎譯　國立北平圖書館館刊四卷三號

西夏贖經記　羅福長　國立北平圖書館館刊四卷三號（西夏文專號）

西夏語譯大藏經攷　聶斯克　石濱純太郎共著　周一良譯　國立北平圖書館館刊四卷三號

北平圖書館藏西夏文佛經小記　周叔迦　輔仁學誌二卷二潮

（3）基督教與其他

中國天主教史略　徐景賢　人文月刊三卷六期

元代也里可溫攷　徐希德　公教青年會季刊二卷二期

元代方濟各會來華傳教諸士攷　英啓艮　春笋第六，七期合刊

乾隆朝天主教流傳中國史料　清軍機處存檔　文獻叢編十五輯，十六輯

中華基督教之過去與未來　治心　文社月刊二卷十册

中華聖教會史導言序　徐景賢　天津益世報副刊（十八年三月三十日）

讀聖經應有之常識　張茂先　公教青年會季刊二卷二期

閩南之回教　黄仲琴　國立中山大學語言歷史學研究所週刊九集一〇一期

太平天國的宗教　余牧人　文社月刊二卷九册

中國秘密會社中的宗教　汪兆翔　文社月刊二卷三册

西藏之喇嘛教　張辛南　西北研究二期

西藏宗教源流攷　張其勤　東方雜誌八卷一號至六號連期刊登

西藏神秘的宗教　曼苛　國聞週報八卷十二號，十三號，十四號

祆教雜攷　沈嵩華譯　史學第二期

雲南羅羅族的巫師及其典經　楊成志　中大文史研究所輯刊一卷一册

泰山門雜教　無恶　北平晨報藝圃（二十年十二月九日，十一日，十二日，十四日，十五日，十八日，十九日）

十五　藝術

(1)通論

中國藝術概論　蔡威廉譯　亞波羅五期

中國藝術之重要　林文錚譯　亞波羅三期

中國藝術衰頹原因之經濟觀　德國(G.Fuchs)原著　林如稷譯　中法大學月刊一卷一期

雷特教授論中國藝術　滕固　藝術二月號

逭閑漫語　鹿闕病叟著　天津益世報藝術週刊(十八年六月十一日，十八日，二十五日)

藝術叢著　壽鑈石工　天津益世報藝術週刊(十八年九月二十日，二十四日；十月一日，八日，十六日，二十三日，三十日。)

中國藝術史概論序　林文錚　亞丹娜一卷四期

(2)書畫

書畫金湯　非厂　北平晨報藝圃(二十一年四月二十日)

對中國書畫感言　張震華　民衆生活二十五期

釋八法　張澤嘉　北平晨報藝圃(二十二年七月二十八日)

書法論　臧艇　無錫國專季刊二十二年一冊

書法四論　僉忍　中學生第九號

書學　壽鏞石工　天津益世報藝術週刊（十八年四月九日，十二日，二十三日，三十日；五月七日，十四日，二十一日，二十七日；六月四日，十八日，二十五日。）

論篆書　非厂　北平晨報藝圃（二十年七月六日，）

韜廬隸楷　汪仲伊遺著　天津益世報藝術週刊（十八年六月十八日，二十五日；七月二日。）

韜廬隸楷　韜翁　藝觀第一期

再論章草答客問——非厂筆記　北平晨報藝圃（二十年一月一日）

章草與中國字體之改革　卓定謀　北平晨報藝圃、（二十年三月十六日，十九日，二十六日，二十九日；四月一日，三日，五日，八日。）

用筆九法是用科學方法寫漢字　卓定謀　北平晨報藝圃（二十年二月二十五日，二十七日；三月一日，四日，六日，八日。）

墨池研滴　西神　天津益世報藝術週刊第一期（十八年四月一日）

臨池瑣言　黨蘊秀　大藝雜誌第一期

宋蘇軾手札　河北第一博物院半月刊五期

元趙松雪之書畫　沈玉清　嶺南學報二卷四期

翁何「寳眞齋法書贊」許校　葉啓勳錄　圖書館學季刊六卷四期

江村書畫目跋　雪堂　藝觀第四期

畫

讀畫輯略　玉獅老人　小說月刊五卷一號至八號連期刊登

西園雅集圖記略　編者　故宮週刊二五二期，二五三期

題明程君房墨苑圖後　徐行可　文華圖書科季刊二卷三期，四期

繪畫的起源　根天　藝觀第三期

中國畫學之沿革　空空　天津益世報藝術週刊（十八年五月十四日，二十一日）

中國繪畫源流變遷　葛嗣天　藝觀第四期

中國繪畫史略　潘天授　亞波羅六期

中國畫家的分布移殖與遺傳　潘光旦　人文月刊一卷十期，二卷一期

四朝畫史輯要　金蔭湖　湖社月刊六十二册，六十三册，六十四册，，六十五册

唐畫之變遷　林堅之　北平晨報學園二一六說，二一七號，二一八號（二十年十二月二十日，二十五日，二十八日。）湖社月刊六十二册，六十十三册，六

十四册，六十五册

王維的美術　徐恒之　學風二卷九期

關於院體畫和文人畫之史的考查　滕固　輔仁學誌二卷二期

明唐六如山水圖（附六如事略）　河北第一博物院半月刊二十期

色彩派吳大羽氏　林文錚　亞波羅八期

中國繪畫與歷代文教的關係　趙曦九　中庸半月刊一卷七號

談畫　非厂　北平晨報晨圖（二十二年三月十八日，二十一日，二十九日，三十一日。）

青霞館論畫絕句一百首　思亭居士吳修　湖社月刊六十四册，六十五册

芥舟學畫編　吳興沈宗騫熙遠述　湖社月刊六十二册，六十三册，六十四册，六十五册

忍古樓畫說　映庵　青鶴雜誌一卷一號至四號連期刊登

虹廬畫談　虹廬　藝觀第三期

黃山畫范論略　宋若嬰　藝觀第一期

籀廬畫談　賽虹　藝觀第四期，第五期

繪事雜錄　故宮週刊一〇一至三二九期連期刊登

畫界瑣聞，湖社月刊六十二冊，六十三冊，六十四冊，六十五冊

畫苑叢錄　聿婁　天津益世報藝術週刊（十八年四月二十三日；五月七日，二十一日，二十七日；六月四日，十八日，二十五日；八月六日，二十日，二十七日；九月二十日，二十四日；十月一日，十六日，二十三日，三十日。）

畫學講義　吳興金紹士成　湖社月刊六十二冊，六十三冊，六十四冊，六十五冊

畫旨　羿遂　天津益世報藝術週刊第一期，二期，三期（十八年四月一日，二日；五月二十七日。）

論畫　林琴南　民彝雜誌一卷九期

六法分詮　金開藩　湖社月刊六十二冊，六十三冊，六十四冊，六十五冊，

中國畫之皴幹渲刷　非厂　北平晨報藝圃（二十年十二月十九日）

中國人物畫　姚漁湘　北平晨報藝圃（二十年二月十五日，十六日，十七日，二十日，二十三日，二十四日，二十九日；三月一日，七日，十一日。）

中國人物畫與思想之史的研究　石入　突進雜誌第七期

中國花草畫之起源及其派別　潘天授　前途一卷四期

中國畫竹源流　姚漁湘　北平晨報藝圃（二十年九月一日，二日，五日，七日，八日，九日）

畫梅源流　姚跨鯉　北平晨報藝圃（二十年十一月十三日，十四日，十六日，十七日，十八日，二十一日。）

畫梅贅談　陳庚　東北叢鐫十八期

畫蘭源流　姚漁湘　北平晨報藝圃（二十年九月二十三日，二十六日，二十八日）

指畫略傳　白也　史學年報第三期

續指頭畫說　林彥博　湖社月刊六十二册，六十三册，六十四册，六十五册

中國畫與佛教之關係　若鳳子　金陵學報一卷一期　｜但就六朝唐說｜

國畫分期學法　賓虹　天津益世報藝術週刊（十八年七月九日，三十日；八月六日）
藝觀第一期

(3.)奕話

奕話　藝觀第一期

圍棋新譜　張淡如　過旭初　藝觀第一期

圍棋勝著　三段鄱谷森逸郎述　胡桃正編　叔子譯　小說月報五卷二號至十二號連期刊登

(4.)雕刻

談雕刻　欣如　北平晨報藝圃（二十年三月八日至十二日連日刊登）

玉石象牙同木刻　斯莊著　水報譯　亞丹娜一卷九期

篆刻的由來　劉兆麟　天津益世報智機（十八年二月七日）

篆刻新論　同之　藝觀第一期

刻竹經驗談　周光方　東方雜誌二十八卷二十二號

談刻竹　楊軼盦　北平晨報藝圃（二十一年六日二十日，二十一日，二十四日）

明濮仲謙刻竹臂閣（附說明）河北第一博物院半月刊十五期

竹人續錄　餘杭褚德彝　湖社月刊六十二冊，六十三冊，六十四冊，六十五冊
按：係關歷代雕刻家的紀錄

唐塑　孤雲　青鶴雜誌一卷二期

唐代大雕刻家楊惠之壁塑　沁民　天津益報學術週刊（十八年四月八日）

觀角直保聖寺楊惠之塑像以後　顧　諟　現代學生二卷七號

四記楊惠之塑像　顧頡剛　國立中山大學語言歷史研究所週刊十集一一七期

五記楊惠之塑像　顧頡剛　國立中山大學歷史語言研究所週刊十集一一八期

調查雲岡造像小記　趙邦彥　國立中央研究院歷史語言研究所集刊第一本第四分

中國的刺繡　龔敏　世界雜誌二卷五期

(5)建築

中國建築藝術進化大略　王登第　南開週刊八十七期

法人P. Demiéville 德密那維爾評宋李明仲營造法式　唐在復譯　中國營造學社彙刊二卷二期

英人愛迪京中國建築　瞿祖豫譯　中國營造學社彙刊二卷二期　J. Edkins 發表於亞東學會華北支會月報 XXIV 1959-90

論中國建築之幾個特徵　林徽音　中國營造學社彙刊三卷一期

工段營造錄　李斗著　中國營造學社彙刊二卷三期　附:揚州畫舫錄涉及營造之紀錄

大木小式做法　中國營造學社彙刊二卷一期

大木雜式做法　中國營造學社彙刊二卷一期

大式瓦作做法　中國營造學社彙刊二卷二期

土作做法　中國營造學社彙刊二卷二期

石作分法　中國營造學社彙刊二卷二期

瓦作做法　中國營造學社彙刊二卷二期

發券做法　中國營造學社二卷二期

歇山廡殿斗大木大式做法　中國營造學社彙刊二卷一期

營造算例印行緣起　中國營造學社彙刊二卷一期

營造算例　中國營造學社彙刊二卷三冊

營造辭彙纂輯方式之先例　闞鐸　中國營造學社彙刊二卷一期

牌樓算例　劉敦楨校編　中國營造學社彙刊四卷一期

哲匠錄　梁啓雄　中國古代之建築家錄　中國營造學社彙刊三卷一期，二期，三期，四卷一期

梓人遺制　元餙石著　劉敦楨圖譯　中國營造學社彙刊三卷四期　此篇屬永樂大典十八漾匠氏十四，原本存倫敦英倫博物館，經北平圖館長袁守和先生倘該博物館攝取影片，今按影片所收有五明坐車子，華機子，泛牀子，掉籰座，立機子，羅機子，小布臥機七項

明代營造史料　單士元　中國營造學社彙刊四卷一期

漢長安城及未央宮　劉敦楨　—大壯室筆記之一—　中國營造學社彙刊三卷三期

兩漢第宅雜觀　劉敦楨　—大壯室筆記之一—　中國營造學社彙刊三卷三期

兩漢官署　劉敦楨　—大壯室筆記之一—　中國營造學明彙刊三卷三期

兩漢道路　劉敦楨　中國營造學社彙刊三卷三期
—大壯室筆記之一—

西漢陵寢　劉敦楨　中國營造學社彙刊三卷四期
—大壯室筆記之一—

東漢陵寢　劉敦楨　中國營造學社彙刊三卷四期

唐宋時代莊園之組織及其與聚落之關係　加藤繁著　張其春譯　方志月刊七卷二期
內容：(1)莊，莊園等語之意義，(2)莊園之形式，(3)莊客之境遇，(4)莊園之發達爲聚落，(5)莊園發達之意義。

唐代莊園底性質及其由來　孫以堅　中法大學月刊二卷三，四期合刊

辯輟畊錄「記宋宮殿之誤」　劉敦楨　中國營造社彙刊三卷三期
—大壯室筆記之一—

中國的宮殿與寺觀　陸德鱗　亞丹娜一卷二期

法隆寺與漢六朝建築式樣之關係　濱田耕作著　劉敦楨譯註　中國營造學社彙刊三卷一期

我們所知道的唐代佛寺與宮殿　梁思成　中國營造學社彙刊三卷一期

寶坻縣廣濟寺三大士殿　梁思成　中國營造學社彙刊三卷四期
內容：(1)行程，(2)寺史，(3)大殿，(4)結論。

北平智化寺如來殿調查記　劉敦楨　中國營造學社彙刊三卷三期

燕京大學校友門外恩佑恩慕二寺攷　韓叔信　史學年報一卷二期

薊縣獨樂寺觀音閣山門攷　梁思成　中國營造學社彙刊三卷二期

中國塔攷（未完）　樂嘉藻　河北第一博物院半月刊三十期至四十八期連期刊登

塔的由來及建築　碧初　藝風一卷二期

覆艾克教授論六朝之塔　劉敦楨　中國營造學社彙刊第四卷第一期

記北平護國寺舍利塔中之藏塔並碑文　河北第一博物院半月刊四十七期

開封之鐵塔　龍非了　中國營造學社彙刊三卷四期

福清二石塔　艾克著　梁思成譯　中國營造學社彙刊第四卷第一期

薊縣觀音寺白塔記　梁思成　中國營造學社彙刊三卷二期

正定縣之華塔（附影片）　河北第一博物院半月刊十四期

正定縣之青塔　河北第一博物院半月刊十五期

通縣燃燈舍利寶塔（附影片）　河北第一博物院半月刊二十八期

景縣開福寺塔（附影片）　河北第一博物院半月刊二十二期

中國建築屋蓋攷　樂亭藻　河北第一博物院半月刊三期至十三期連期刊登

亭攷　樂嘉藻　河北第一博物院半月刊十四期至三十一期連期刊登

劉士能論城牆角樓書　中國營造學社彙刊三卷一期

萬年橋述略　劉敦楨　中國營造學社彙刊第四卷第一期
—在江南城縣之萬年橋—

園冶識語　計成著　中國營造學社彙刊二卷三冊

沅州伽藍記　曾澹人　海潮音十三卷三號

平郊建築雜錄　梁思成 林徽音　中國營造學社彙刊三卷四期
內容：(1)臥佛寺的平面，(2)法海寺門與原先的居庸關．

展覽圓明園之聯想　天水　中國營造學社彙刊二卷一期

仿建熱河普陀宗乘寺誦經亭記　王世增　中國營造學社彙刊二卷二期
並附仿造合同，藍圖目錄，做法，承造人及名作領袖之略歷。

本社紀事　中國營造學社彙刊二卷一期
（中多關于圓明園遺物展覽會，及其工程著作內容之敘述）

十六 音樂 歌舞附

古樂器考 邵茗生 劇學月刊一卷三期至六期連期刊登，又九期，十期

唐代異族文化輸入對於中國樂舞上之影響 齊燕銘 北平晨報劇刊一一〇期，一一一期，一一二期，一一三期（二十二年二月五日，十二日，十九日，二十六日）

宋樂與朝鮮樂之關係 日內籐虎次郎著 林大椿譯 小說月報二十二卷九號

中西音樂之異同 王光祈 留德學誌第一期

裔樂述往 邵茗生初稿 劇學月刊二卷十一期

中國古稱華夏，四裔讋慕，重譯來謁，競獻方物，聲音歌舞亦隨與俱入，列之廟堂，播之弦管，三代以降代有傳焉。

九宮大成所用的音階 蕭友梅 樂藝一卷三號

天壇所藏編鐘編磬音律之鑑定 劉復 國學季刊三卷二號

工尺字譜讀法 方問溪 北平晨報藝圃（二十二年五月十五日）

備仲呂均彈各變調聲位徵分表 達根 天津益世報藝術週刊（十八年五月七日）

琴絃散聲旋宮聲律表 達根 天津益世報藝術週刊（十八年五月七日）

說笛　曹心泉述　邵茗生記　劇學月刊二卷九期

改進國樂之我見　鄭冰磐　天津益世報藝術週刊二期（十八年四月九日）

整理國樂須從改良曲譜着手　朱英　樂藝一卷二號

對于整理國樂之零碎商榷　朱英　樂藝一卷三號

對於大同樂會擬仿造舊樂器的我見　蕭友梅　樂藝一卷四號

論中國的音樂　青主　樂藝一卷五號

死胡同裏的音律談（音樂）劉守鶴　劇學月刊二卷三期

知見音樂書草目　杜境　劇學月刊一卷十一期

調和東西藝術之中國音樂　繆天瑞　亞波羅八期

中國音律之進化　王光祈　新中華一卷二十一期

內容：(1)京房六十律，(2)錢樂三百六十種，(3)何承天十二平均律，(4)梁武四通十二笛，(5)劉焯十二等差律，(6)王朴純正音階律，(7)蔡元定十八律，(8)朱載堉十二平物律，(9)清朝律呂，(10)十二平均律與十二不平均律之利弊。

中國新興音樂談　華文憲　東方雜誌三十卷一號　—民族音樂—

歌舞

中國古代之舞　君綏　藝觀第五期

古舞考　邵茗生　劇學月刊二卷六期

中國音樂與跳舞　姚漁湘　社會雜誌四卷一期

「胡旋舞」小考　石田幹之助　學舌一卷三期

柘枝舞小考　五溪生　清華週刊三十七卷十二期

霓裳羽衣舞的研究　瓠廬　天津益世報藝術週刊（十八年五月二十一日，二十七日，六月四日，十一日）

十七　圖書目錄學

(1)圖書館學

A.通論

中國圖書館事業的史的研究　馬宗榮　學藝十卷三號，五號，七號

今日中國圖書館界幾大問題　杜定友　文華圖書季刊三卷三期

今日中國之圖書館的需要　陳東原　學風一卷二期

中國圖書館立法的研究　李蓉盛　文華圖書館專科學校季刊四卷二期

圖書館組織及管理　馬宗榮　浙江圖書館月刊一卷九期

中國圖書館運動　張葆箴　文華圖書館專科學校季刊四卷二期

內容：(1)引言，(2)中國圖書館之過去，(3)草創時期，(4)新運動之展望，(5)將來進展之管測，(6)結論。

圖書館在教育上及其他所佔的地位　編者　厦門圖書館聲二期

最近中國圖書館事業之進展　陳訓慈　浙江圖書館月刊一卷九期

整理圖書館幾個簡要的步驟　吳延臬　學風一卷九期

我國圖書館的現象　余少文　廈門圖書館聲一卷一期

我國圖書館事業之改進　沈祖榮　文華圖書館學專科學校季刊五卷三期，四期

道爾頓制與中學圖書館　覺明譯　中華圖書館協會會報六卷三期，四期

國立北平圖書館之使命　袁同禮　北平晨報學園一二〇號（二十年六月二十四日）

國立北平圖書館在中國文化上之地位　李文裿　圖書館學季刊五卷二期

大學圖書館工作的步驟　舒紀維　中國出版月刊五期

大學圖書館之標準　桂質柏　圖書館學季刊第六卷第一期

中學校圖書館之辦法與規律問題　劉華錦譯　學風二卷九期

中學圖書館之活用問題　陳獻可　無錫圖書館協會會報一期

公共圖書館合理的預算案　錢亞新譯　圖書館季刊第六卷第一期

怎樣使民衆樂於來館閱讀和研究　陳際雲　文華圖書科季刊三卷二期

民衆圖書館購書標準　張克誠　民衆生活十，十一期合刊

圖書館在民衆教育上的地位　繲謙　民衆生活一期

圖書館術語集　金敏甫　圖書館學季刊四卷一期

通俗圖書館規程　東方雜誌十二卷十二號（十月二十三日教育部呈請大總統批准公佈。）

對於現下圖書館事業應有之認識及努力　徐家麟　文華圖書科季刊二卷三期，四期

組織縣區內圖書館之宣傳運動　A.L.A 編　黃連琴譯　文華圖書館科季刊三卷二期

由公開了圖書館大門說到圖書館下鄉去　吳保障　學風一卷九期

鄉村圖書館經營法之研究　李鍾履　文華圖書科季刊三卷二期

時論撮要　圖書館學季刊五卷一期至六卷一期連期刊登
按：內容係將各雜誌關于圖書館學及目錄學之論文，擇撮其要旨。

圖書館傢具之研究　邢雲林　文華圖書科季刊三卷二期

圖書館精美傢具之製造　Arthur J.Horrocks 著　趙福來譯　文華圖書科季刊三卷四期

B.圖書管理法

圖書館管理法上新觀點　杜定友　浙江圖書館月刊一卷九期

試擬圖書登錄條例　岳良木　圖書館學季刊四卷一期

公開書架圖書閱覽法之論據　楊維新　圖書館學季刊四卷三，四期合刊

圖書館開架式流通制度研究　龍永信　文華圖書科季刊三卷四期

圖書出納法略說　董明道　學風一卷三期

圖書館管理雜誌法　邢雲林　文華圖書館季刊二卷三，四期合刊

圖書館買書法　房兆穎　文華圖書科季刊二卷三，四期合刊

圖書館擇書籍之原則　丁震寰　中華圖書館協會會報七卷二期

通俗圖書館的圖書選擇法　于式玉譯　圖書館學季刊四卷三，四期合刊

圖書選擇原理略說　董明道　學風一卷五期

圖書館使用法的指導　喻友信譯　文華圖書科季刊二卷三，四期合刊，三卷二期

藏書方法的介紹　孤掌　中國新書月報創刊號

徐行可教授與沈紹期校長論收藏書籍　徐恕　文華圖書科季刊三卷三期

C.圖書館調查和報告

中華圖書館史略　陳影鶴　厦門圖書館聲二卷三期

全國圖書館調查表　中華圖書館協會會報七卷三期

全國圖書館最近之調查 中國新書月報一卷二號

全國圖書館統計 中國圖書館聲三期

中國圖書館之統計問題 陳豪楚 浙江圖書館月刊一卷九期

國內圖書館概況撮要 浙江圖書館館刊二卷三號

國立中央大學圖書館概況 圖書館學季刊五卷一期

中央大學圖書館概況 浙江省立圖書館月刊一卷十期

國立北平師範大學圖書館概況 何日章 圖書館學季刊七卷三期
內容：（1）沿革，（2）建築，（3）組織，
（4）購書，（5）分類，（6）編目，（7）目
錄，（8）藏書，（9）排列，（10）出納。

國立北平圖書館中文書藏略記 舜泳 北平晨報學園一二〇號（二十年六月二十四日）

金陵大學中學圖書館概況 沈曼甸 圖書館學季刊第六卷第一期

東吳大學法律學院圖書館書況 喻友信 文華圖書館專科學校季刊四卷二冊

金陵女子學院圖書館概況及工作報告 沙鷗 金陵女子文理學院二十一年

河北省立圖書館視察記 冷衷 圖書館學季刊六卷二期 中華圖書館協會會報七卷六期

河北省立第一圖書館概況　嚴侗　圖書館學季刊第五卷第三，四期合刊

河北省立三學院圖書館視察記　李文裿　中華圖書館協會會報七卷五期

北平各圖書館參觀印象記　李絜非　浙江圖書館月刊一卷五，六期合刊

京師圖書館回顧錄　王祖彝　中華圖書館協會會報七卷二期

記北平圖書館　華氏　中國新書月報一卷六，七期合刊

北平故宮博物院圖書館概況　袁同禮　圖書館學季刊四卷二期

故宮圖書館概況　北平圖書館讀書月刊一卷七號學術界雜訊欄

本館計劃規程　山東圖書館季刊一集一期

友聲旅行團圖書館開放消息　中國新書月報二卷一號

四川圖書館概況調查　慕黍　浙江圖書館館刊二卷六期

調查四川省圖書館報告　毛坤　中華圖書館協會會報八卷三期

江西省立圖書館鳥瞰　鄧衍林　文華圖書館科季刊二卷三，四期合刊

調查江西省立圖書館報告書　沈祖榮　文華圖書館科季刊二卷三，四期合刊

安徽省立圖書館之今昔　編者　學風一卷一號

山東省立圖書館及浙江大學圖書館概況　浙江圖書館月刊一卷九期

浙江各縣市圖書館事業之一瞥　浙江省立圖書館月刊五，六期合刊

浙江省圖書館統計述略　許雪昆　浙江圖書館月刊一卷九期

浙江省立圖書館小史　陳訓慈　浙江圖書館館刊二卷六期

浙江省立圖書館概況　陳訓慈　圖書館學季刊六卷四期

浙江圖書館之回顧與展望　陳訓慈　浙江圖書館館刊二卷三期

浙東各圖書館視察報告　劉湀　許振東　浙江省立圖書館月刊五，六期合刊

巡禮了浙江省各縣圖書館以後　劉湀　許振東　浙江圖書館月刊一卷五，六期合刊

東方圖書館小志　介龕　無錫圖書館協會會報三期
（即毀於暴日之涵芬樓）

有望如日初升的上海市圖書館　朱作孚　中國圖書館聲一期

無錫學術研究會圖書館概略　無錫圖書館協會會報三期

無錫縣公私立圖書館一覽　留玉　中國圖書館聲三期

無錫縣立涇濱民衆圖書館概況　無錫圖書館協會會報一期

參觀福建省會圖書館及民衆教育館記　余少文　厦門圖書館聲二卷一期，二期

厦門圖書館概況　余少文　厦門圖書館聲七期

厦門圖書館史略　編者　厦門圖書館聲一卷一期

浦東將誕生一個規模宏富的圖書館　中國新書月報一卷八號

廣西圖書館界鳥瞰　季嶽　浙江圖書館館刊二卷四期

雲南圖書館事業之後顧與前瞻　曹鐘瑜　民衆生活十，十一期合刊

雲南圖書館界的幾個重要問題　饒繼昌　民衆生活十，十一期合刊

雲南普遍設立民衆教育館計劃　民衆生活四期

圖書館參觀記略　白錫瑞　文華圖書科季刊二卷三，四期合刊

遼寧全省圖書館與東省日僑所設圖書館之比較觀　夏萬元　文華圖書科季刊二卷三，四期合刊

巡迴文庫的實驗報告　劉淏　浙江圖書館月刊一卷九期

天一閣始末記——藏書閣——　藝風遺著　天津益世報藝術週刊（十八年四月二十三日，三十日）

天一閣之現狀　錢南揚　北平圖書館館刊五卷一號

陶風樓記　柳詒徵（盋山藏書樓）　國風半月刊創刊號

靜嘉堂文庫小史　李文綺　中華圖書館協會會報七卷一期

日本靜嘉堂文庫略史　儲皖峯譯　浙江大學文理科刊第二期
——中述陸心源藏書流傳日本的經過甚詳——

李南澗之藏書及其他　王獻唐　山東省立書館館季刊一集一期

嘉惠堂藏書之回顧　張崟　浙江圖書館月刊一卷七，八期合刊

婁東藏書紀略　施政劍　中國圖書館聲九，十期合刊

無錫藏書攷　秦國璋遺著　無錫圖書館協會會報二期

兩浙藏書史略　長伯　清華週刊三十七卷九，十合期

書院藏書攷　班書閣　國立北平圖書館館刊五卷三號

中國藏書家攷略之補充與改正　金天游　浙江圖書館館刊二卷二號

2. 目錄學

城南草堂曝書記（三續）　王立中　學風四卷一期

目錄學分類論　王紹曾　無錫國學專修學校叢刊第一冊
內容：緒論（1）目錄學之流別，（2）目錄學之宗旨，（3）目錄學分類之嬗變，（4）目錄學分類學之比較，（5）目錄學分類之得失，（6）今後目錄學以何種分類爲宜。

目錄學與校讎學之明辯　薛思明　無錫圖書館協會會報三期

目錄學之名稱及其內涵　李笠　中國文學會集刊一期

圖書目錄之緣起　李笠　厦大週刊二百三十三期
——中國目錄學綱要之一——

論編製中國目錄學史之重要及困難　李笠　武大文哲季刊一卷二期

中國史籍分類之沿革及其得失　傅振倫　圖書學季刊四卷三，四合期

蒭雲書話　蒭雲　南開一〇一期，一〇四期，一〇七期

A.編目法　附索引和檢字

對于王雲五中外圖書館統一分類法之修正　金天游　浙江省立圖書館月刊一卷五，六期合刊

評陳天鴻氏中外一貫實用圖書分類法　邢雲林　文華圖書科季刊三卷二期

中外圖書院統一分法新舊板本之校勘　霍懷恕　學風二卷八期

中外一貫實用圖書分類法子目增補　陳伯逵　中國圖書館聲三期，四期，五期

中國圖書著者符號編列法之又一商榷　金雲銘　協大學術第二期

怎樣可使中外圖書排列統一　余少文　廈門圖書館聲十期

如何能使中外圖書排列一處　王獻唐　山東圖書館季刊一集一期

目錄設計法及印刷目錄卡之使用　金敏甫譯　圖書館學季刊第六卷第一期

本館各種目錄卡片檢查法的說明　少文　廈門圖書館聲四期

論圖書之分類　薛鍾斗　國學叢選第十二集

圖書類分條例　Sayers著　金敏甫譯　圖書館學季刊第五卷一期
Introduction to library classification

中文編目法中的著者問題　鄧衍林　文華圖書科季刊三卷一期

編目部之組織　金敏甫譯　圖書館學季刊第五卷第二期，又三，四期合刊
譯自 Bishop: Practical handbook of mdern librarary cataloging chapter IV Organizat-tionof Cataloging force

不打破經部的圖書怎麽樣會貫澈這分類法的原理　余少文　廈門圖書館聲八期

最適用的圖書分類法與檢字法　中國圖書館聲三期

編製四庫全書總簡目錄索引簡述　鄧衍林等　文華圖書科季刊三卷二期

叢書之源流類別及其編索引法　汪辟疆　讀書雜誌二卷六期

中等圖書館編目問題　舒紀維　中華圖書館協會會報七卷三期

兒童用書分類之編目　陳東原　學風一卷三期

卡片目錄用法簡說　房兆穎　燕京大學圖書館報第十三期

著述卡之商榷　舒紀維　文華圖書科季刊三卷二期

西文編目參攷書　沈祖榮　文華圖書季刊二卷三，四期合刊

布朗及其學科分類法　吳立邦　文華圖書科季刊三卷一期

杜威圖書分類表　李玉麟　山東省立圖書館季刊一集一期

增修杜威十進分類法一部份之商榷　陳普炎　文華圖書科季刊三卷四期

圖書館及其分類法　林草坪　讀書月刊二卷一期

上海交通大學圖書館檔案分類法　文華圖書科季刊二卷三，四期合刊

雲南省立昆華圖書館圖書分類法　周雲蒼　民衆生活十，十一期合刊

燕京哈佛大學圖書館中文圖書分類法　裘開明　燕京大學圖書館報四十八期

本館現用之中日文圖書分類法　房兆穎　燕京大學圖書館報第一期

本館圖書分類法簡要的說明　余少文　廈門圖書館聲三期

評國立北平圖書館中文雜誌卡片　葉谷磬　廈門圖書館聲六期

索引

如何研究「索引和索引法」　君左　中國新書報創刊號

索引管見　中　讀書月刊一卷十號

索引七種　堅冰　人文月刊三卷四期
——讀書提要之一——

中國書之引得　侯堮　北平晨報學園三六九號，三七〇號（二十一年九月六日，七日）

太平御覽索引　錢亞新　文華圖書館學專科學校季刊五卷一期

冊府元龜索引　呂紹虞于震寰合編　中華圖書館協會社報八卷六期

冊府元龜引得　陳鴻飛　文華圖書館學專科學校季刊五卷一期

碑傳集補人名索引　中華圖書館協會會報八卷一，二期合刊

清代禁燬書目四種索引　中華圖書館協會會報七卷四期　新書介紹欄

清史傳目通檢　孟森　國立北平圖書館館刊六卷二號，三號

清開國史料考書名著者通檢　謝國楨編　國立北平圖書館館刊六卷五號

東北事件之言論索引　錢存訓　中華圖書館協會會報七卷五期

日本近代之西藏論文研究目錄　史學叢刊一卷一期

一九二九年日本史學界對於中國研究論文一瞥　黃孝可　燕京學報第八期

國人評判「國聯調查團報告書」論文索引　際虞　燕京大學圖書館報四十一期

四庫全引得十五種　浙江圖書館月刊一卷五，六期合刊

介紹說苑引得　姚紹華　中華教育界二十卷四期

文瀾閣目索引序　顧頡剛　燕大月刊六卷二期

章實齋與朱滄湄書　章學誠所論與近世之索引方法相同　中大國學叢編一期三冊

檢字法

四角號檢字法—批評和介紹　文社月刊二卷四期

排檢法的規則　錢亞新　文華圖書科季刊三卷四期

檢字法的點將台　田中文太郎　中國新書月報一卷九期

評王雲五檢字法　大公報文學副刊二百零四期（二十年十二月七日）

排檢法的原理　錢亞新　文華圖書館學專科學校季刊四卷一期

漢字排檢問題　舒紀維　中華圖書館協會會報七卷四期

漢字形位排檢法　杜定友　中國圖書館聲一期

看完層出不窮的檢字法以後　李澄宇　中國新書月報一卷六，七期合刊

頭腳檢字法　王培樑　李樂群　中國新書月報一卷十，十一號合刊

頭腳檢字法之例言　中國新書月報一卷十二號

B. 裝釘法

中國書裝攷　李耀南　圖書館學季刊四卷二期

多倫多修理書籍法　邢云林譯　文華圖書科季刊三卷四期

談談寫書背的方法　駱繼駒　文華圖書科季刊二卷三，四期合刊

圖書改裝與登錄價格等問題　于式玉譯　圖書館學季刊四卷二期

C.目錄

圖書大辭典薄錄之部　梁啓超　圖書館學季刊四卷三，四期合刊（官錄及史志）

論七略別錄與七略　梁任公遺著　天津益世報副刊（十八年三月五日）末附謝國楨徐景賢跋。

漢魏六朝目錄攷略　汪辟疆　中央大學文藝叢刊一卷一期

唐以前中國書籍散佚攷　王聯曾　中法大學月刊三卷一期

清代安徽禁書提要　潘季野　安徽大學月刊一卷一期，二期

違礙書籍單　文獻叢編第七輯至十二輯連輯刊登（乾隆四十四年四月江蘇巡撫魁續繳軍機處存檔）

館藏清代禁書述略　周愨　江蘇國學圖書館第四年刊

書目答問斠補　葉德輝　江蘇省立蘇州圖書館館刊三號

涉園明本書目跋　傅增湘　國聞週報八卷二十五期　中國新書月報一卷九號

方志藝文志彙目　李濂鏜　圖書館學季刊七卷二期

宋中興國史藝文志輯佚　趙士煒　國立北平圖書館館刊六卷四號

中國目錄學叙　繆篆　厦大週刊第二三二期

楝亭書目（續） 清曹寅 北平圖書館館刊四卷六號，五卷一號至五號連期刊登

玄賞齋書目 圖書館學季刊六卷四期，七卷一期

南澗藏書補遺 獻唐 山東圖書館季刊一集一期

瑞安黃參氏綏閣藏書目 陳準傳錄 圖書館學季刊四卷二期

藏園群書題記 傅增湘 國聞週報八卷一，三，五，九，十一，十三，十五，十七，二十三，二十七，二十九，三十一，三十三，四十三，四十五，四十七，四十九期；九卷一，三，五，七，九，十一，十三，十七，十九，二十二，二十三，二十五，二十九，三十一，三十四，三十九，四十一，四十三，四十五，四十七期；十卷六，七，九，十一，十二期 圖書館學季刊五卷一期

藏園羣書校記 傅增湘 北平圖書館館刊四卷六號

貞元石齋叢錄 趙鴻謙 圖書館學季刊第六卷第一期

小綠天善本書輯錄 王紹曾 無錫圖書館協會會報三期

華萼堂讀書小識 葉啓發 圖書館學季刊六卷二期
按：係關于善本書的述略，所提及有「宣和書譜」，「才調集」，「復初齋詩集」稿本，「張右史文集」「春渚紀聞。」等

金氏花近樓書目解題 金濤 學風三卷一，二期至四卷一期連期刊登

拾經樓羣籍題識（續）　葉啓勳　圖書館季刊四卷一期二期三，四合期，五卷一期

顧鶴逸藏書目　傳沅叔先生藏本　國立北平圖書館館刊五卷六號

嬰闇書跋　秦更年　青鶴雜誌一卷一期，三期，四期，六期，七期，八期

松軒書錄　趙鴻謙　江蘇國學圖書館第四年刊（續第二第三年刊）

經眼錄　蒼雲　南開週刊九四期至一〇七期連期刊登
按：係善本，目錄之提要

漢嚴卯齋書錄　奉寬　北大學生一卷三期，五期，六期

四庫全書孤本選目　金梁　東北叢鐫十四期

四庫全書選印目錄表　高步瀛　東北叢鐫十五期
附董衆選印文溯閣四庫全書提議書

影印四庫全書目錄　青鶴雜誌二卷四期
——即中央圖書館選印之四庫全書——

影印四庫全書罕傳本擬目　趙萬里等　國風半月刊三卷二期

選印四庫全書目錄　浙江圖書館館刊二卷六期
此篇目所收四部共二百三十二種期

選印四庫秘書擬目　柳詒徵　國風半月刊三卷六號

編訂四庫全書未刊珍本目錄委員會油印四庫孤本叢刊擬目　國風半月刊三卷六號

簽注景印四庫全書未刊本草目　國風半月刊三卷六期

四庫全書目錄版本攷　葉啓勳　圖書館學季刊七卷一號，二號

宛委別藏現存書目及其板本　袁同禮　圖書館學季刊六卷二期

四庫著錄河北先哲遺書鬮目　冷衷　中華圖書館協會會報九卷二期

四庫提要辨正（新語）　余嘉錫　師大國學叢刊一卷二期

四庫全書小史　竹影　塞魂一卷五期至十期連期刊登

東北浩刼中之四庫全書　金埜　中國新書月報一卷十，十一號合刊

丁氏藏書印記漫錄　徵存　浙江省立圖書館月刊一卷七，八期合刊

丁氏鈔補文瀾閣四庫全書闕簡追紀　張鄂　浙江省立圖書館月刊一卷二期

丁氏與復文瀾閣書記　陳訓慈　浙江省立圖書館月刊一卷七，八期合刊

內容：（1）掇拾殘編，（2）重建故閣，（3）鈔補闕簡（4）整理續藏。

四庫著錄安徽先哲書目　吳保障　學風一卷六期，七期，八期

文瀾閣四庫全書史表　張崟　浙江省立圖書館月刊一卷七，八期合刊

永樂大典現存卷目表　袁同禮　國立北平圖書館館刊七卷一號

永樂大典存目　袁同禮　國立北平圖書館館刊六卷一號

近三年來發現之永樂大典　袁同禮　北平圖書館讀書月刊一卷六號

關於永樂大典之文獻　袁同禮　國立北平圖書館館刊七卷一號

海源閣遺書經眼錄　趙萬里　國立北平圖書館館刊五卷五號

海源閣藏書紀略　藏園居士　國聞週報八卷二十一期

海源閣藏書之損失與善後處置　王獻唐　山東省立圖書館季刊一集一期

海源閣藏書散佚四處　北平圖書館讀書月刊一卷五號學術界雜訊欄

海源閣藏書遭刼　中國新書月報一卷三號

楊氏海源閣藏書概略與刼後之保存　劉階平　東方雜誌二十八卷十號

丁松先生題跋輯目　文箸　浙江省立圖書館月刊一卷七，八期合刊

丁氏刋書表　子越　浙江省立圖書館月刊一卷七，八期合刊

國立北平圖書館藏善本書之一　梅影抄　北平晨報學園一二〇號（二十年六月二十四日）

記故宮圖書館藏書　中國新書月報二卷二號，三號

故宮善本書志　張允亮　圖書館學季刊五卷三，四期合刊

故宮善本書志，庚樓　故宮週刊七三期，一〇七期，一〇八期，一〇九期，一一一期，一一二期，一一三期

東方圖書館善本算書解題　李儼　國立北平圖書館館刊七卷一號

齊大圖書館善本書目提要　彭翔生　齊大月刊二卷二期

本館新印書序跋輯錄　柳詒徵　江蘇國學書館第四年刊

館藏善本書題跋輯錄四　江蘇國學圖書館第四年刊

館藏善本書題識　夏定域　浙江圖書館館刊二卷二期，四期，六期

國專圖書館善本書志　王紹曾　無錫圖書館協會會報三期

嘉業堂藏書提要　劉承幹　青鶴二卷二期

館藏清代禁書題跋記　魏建猷　燕京圖書館報三十期

舜奮經眼書錄之一　趙萬里　清華中國文學會月刊一卷二期

巴黎圖書館敦煌寫本書目　伯希和編　陳翔譯　國立北平圖書館館刊七卷六號

敦煌劫餘錄序　陳寅恪　圖書館學季刊七卷一期

莫高窟石室秘錄　羅振玉　東方雜誌六年十一期，十二期

敦煌取經記　斯坦因著　賀昌群譯　小說月報二十二卷五號

斯坦因敦煌獲書記　向達譯　圖書館學季刊四卷三，四期合刊

敦煌叢抄　向達　國立北平圖書館館刊五卷六號，六卷二號

斯文海定樓蘭所獲縑素簡牘文抄　編者　北平圖書館館刊五卷四號

安南書錄　馮承鈞　國立北平圖書館館刊六卷一號

館藏西夏文經典目錄　周叔迦　國立北平圖書館書刊四卷三號
附館藏舊刻經典雜卷目錄，及館藏西夏經典目錄攷略，各家藏西夏文書籍略記。

亞細亞博物館西夏書籍目錄　國立北平圖書館館刊四卷三號

蘇俄研究院亞洲博物館藏西夏書籍目錄二則　俄聶歷山　國立北平圖書館館刊四卷三號

蘇俄研究院亞洲博物館所藏西夏文書目譯釋　王靜如　國立北平圖書館館刊四卷三號

英國皇家地理學會月刊所載中國地理論文目錄　朱起鳳　地理雜誌四卷一期

美國地理學會季刊所載關于中國地理之目錄　朱起鳳　地理雜誌四卷二號

向覺明先生寄存中國地學會圖書目錄　方志月刊六卷二期

新出圖書彙表　人文月刊三卷四期至九期連期刊登

新出版地理書目　地理雜誌四卷五期

徵求地方志目略　朱士嘉　燕京大學圖書館報第五期

古今方輿書目　顧祖禹遺著　方志月刊七卷二期

中國古史參攷書目舉要　夏廷棫　國立中山大學語言歷史學研究所週刊九集一〇三期

五代史書目　夏廷棫　國立中山大學語言歷史研究所週刊十集一二〇期

館藏歷代名人年譜集目續補　汪闓　江蘇國學圖書館第四年刊

國立北平圖書館藏清內閣大庫輿圖目錄　王庸編　附國立北平圖書館特藏新購輿圖目錄　國立北平圖書館館刊六卷四號

北平圖書館特藏輿圖目錄　王庸　方志月刊五卷三號

本館所藏關于滿蒙之日文書目　北平圖書館讀書月刊一卷二號

國立北平圖書館水災籌賑圖書展覽會目錄　國立北平圖書館館刊五卷五號

大連圖書館和漢圖書分類目錄　中華圖書館協會會報七卷二期新書介紹欄

宋明間關于亞洲南方沿海諸國地理之要籍　王庸　方志月刊六卷八期
茲篇所述皆爲宋元明三代關于南亞與西亞沿海諸國地理之著作

現存老子道德經注釋書目攷　謝扶雅　嶺南學報一卷三期

隋志老子古籍補目　李翹　河南大學勵學第二期

呂氏春秋中古書輯佚　李俊之　清華週刊三十九卷八號

蜀中著作記（讀）　曹學佺遺著　圖書館學季刊四卷一期

湘學新志　星廬　世界旬刊二期
——各家的著述——

合肥縣著述人物攷　蔣元卿　學風三卷四號
自宋至近代之合肥縣之著述家

合肥廬江著述人物攷　李孝瓊　學風三卷九號

宣城著述人物攷略　蔣元卿　學風四卷一期

同安著作人物攷　陳影鶴　厦門圖書館聲二卷八期

宿松縣著述人物攷　蔣元卿　學風三卷三期
自宋至清代的宿松縣著述家

無爲縣著述人物攷　蔣元卿　學風月刊三卷六期
自宋至清代之著述家略攷

黟縣著述人物攷　蔣元卿　學風三卷九號

廬江縣著述人物攷　蔣元卿　學風月刊三卷五期
自三國東吳至清代之廬江縣著述家略攷

潛山縣著述人物攷　蔣元卿　學風三卷一期，二期
自晉代以至明代之潛山縣之著述家略攷

論中國文學選本與專籍　佩弦　中學生第十號

中國文學史譯著索引　楊殿珣　北平圖書館讀書月刊二卷六號

中國古今民衆文藝書目提要　陳光垚　文華圖書科季刊三卷四期

三十年來中等學校國文選本書目提要　黎錦熙　師大月刊第二期

二十世紀小說百種　民猶　國聞週報八卷四十四期

中國小說西文譯本選錄　北平圖書館讀書月刊一卷十二號

中國通俗小說提要　孫楷第　國立北平圖書館刊五卷五號

新出小說書目二種　大公報文學副刊二百七十四期（二十二年四月三日）
內容：(1)「日本東京大連圖書館所見中國小說書目提要」，(2)
中國通俗小說書目（孫楷第編北平國立圖書館出版）

中文戲劇書目　應飛偏　戲劇雜誌二卷六期

中國戲劇書目　應飛偏（附作家表）　戲劇二卷六期

元雜劇總集曲目表　黎錦熙　圖書館學季刊五卷一期

漢志辭賦存目攷　朱保雄　清華中國文學會月刊一卷三期

嚴鐵橋全上古三代秦漢文補目　劉汾逵　北平圖書館館刊五卷一號

中國教育書目彙編　呂紹虞　文華圖書館學專科季刊四卷三，四期

中國體育圖書彙目　于震寰李文裿　圖書館學季刊七卷三期

二十年來中算史論文目錄　李儼　國立北平圖書館刊六卷二號

增修明代算學書志　李儼　圖書館學季刊五卷一期

農書攷略　萬國鼎　圖書館學季刊四卷三，四期合刊

醫籍彙刻目錄續編　李文裿　圖書館學季刊四卷三，四期合刊

甲骨學目錄並序　李星可　中法大學月刊四卷四期

內容：（一）序，（二）目錄分四節——（甲）纂錄，（乙）文字，（丙）文化，（丁）論述，（戊）目錄。

殷契書目錄 陳準 圖書館學季刊第六卷第一期

關于漢字漢音之書籍目錄 明朝 國立中山大學語言歷史學研究所週刊第十一集第一二五至一二八期合刊

文選書錄述要 蔣鏡寰 江蘇省立蘇州圖書館館刊二十一年一册（三號）

張衡著述年表 孫文青 師大月刊第二期

朱熹著述分類攷略 牛繼昌 師大月刊六期

惠定宇攷古應查書目 惠棟 山東省立圖書館季刊一集一期

全謝山先生著述攷 蔣天樞 國立北平圖書館館刊七卷一號，二號

棲霞牟默人先生著述攷 許維遹 中大國學叢編二期二册

高郵王氏父子著述攷 劉盼遂 河南中山大學文科季刊第一期

姚復莊先生著述攷 錢南揚 國立北平圖書館館期六卷六號

汪輝祖著述攷 楨 春笋第六，七期合刊

曾文正公著述攷 王遽常 歸納雜誌一卷一期

李越縵先生著述攷 王重民 國立北平圖書館館刊六卷五號

英歛之先生所著書　英純頁　公教青年會季刊二卷二期

圖書館最低限度應備之期刊目錄　冷衷　中華圖書館協會會報七卷三期

國學中應讀應看應研究之書目　丁舜年記　陳石遺講　無錫國專季刊二十二年一册

關係簡字書籍舉要　陳光垚　圖書館學季刊四卷一期

廣州中大語言歷史學研究所出版物提要　楊成志　新亞細亞月刊一卷六期

本館蒐集抗日救國大宗圖書一覽表　厦門圖書館聲一期，二期，三期

研究日本與東北問題的要籍一覽　中國新書月報一卷十二號

新書分類目錄　中國新書月報自創刊號至二卷八號連期刊登

關于中日問題之中國書目　吳宣易　北平圖書館讀書月刊創刊號

校絳雲樓書目跋尾　薛吟白　燕京大學圖書館報三十八期

北平圖書館方志目錄序　袁同禮　圖書館學季刊七卷二期

山西省立圖書館目錄序　柯璜　圖書館學季刊五卷三，四期合刊

五十萬卷樓藏書目錄初編序　莫伯驥　國立北平圖書館館刊六卷一號

慈雲樓藏書志攷　周延年　圖書館學季刊六卷四期

按：上海李氏世爲右族，以藏書著名，自筠嘉始，所居日慈雲樓，精校勘之學，藏書六千餘種。

行將出版之海源閣宋元秘本書目的一篇序文　王獻唐　中國新書月報一卷六，七期合刊

觀海堂書目序　袁同禮　圖書館學季刊七卷一期

補晉書藝文志　重　學文第五期

邵亭知見傳本書目　夏定域　浙江省立圖書館館刊二卷五號

校點古今僞書攷序　顧頡剛　史學年報一卷二期

宋國史藝文志輯本序　趙士煒　圖書館學季刊七卷二期

汀州藝文志自序　包樹棠　厦大週刊第二二八期

姚氏遺書志序　高燮　國學叢選第十集

叢書書目彙編　雁晴　武大文哲學刊一卷三期
　　沈乾一撰　醫學書局鉛印

四庫大辭典說明　楊家駱　中國圖書館聲一期，二期，三期

D印刷和版本

中國印刷起源　楊鼎甫譯　圖書館學季刊五卷一期

中國印刷之起源　楊維新　圖書館學季刊五卷二期

中國印刷起源　藤田豐八博士著　楊維新譯　圖書館學季刊六卷二期

中國雕刷印刷術之全盛時期　向達譯　國學季刊第五卷第三，四期合刊
本篇譯自T.F.Carter The Invention of Printing in Chinese and-Its Spread westward 一書爲其第十章

中國製紙與印刷沿革攷　張曼陀　史地叢刊第一輯

中國四大發明攷之一——中國印刷的起源——　覺明　中學生五號

清代印刷史小紀　淨雨　文華圖書館季刊三卷四期

版本學　錢子泉先生講　無錫圖書館協會會報三期

板本名稱釋略　李文綺　圖書館學季刊五卷一期

說裝潢　王重民　學文一卷二期

現存最古印本及馮道雕印群經　向達譯　圖書館學季刊六卷第一期

日本版本之歷史　楊維新　圖書館學季刊四卷一期（續第三卷四期）

元私本攷　葉德輝（四庫版本攷之一）　武大文哲季刊一卷一期，二期，三期，四期

乾隆聚珍版　劉振卿　北平晨報藝圃（二十二年五月二十三日，二十四日）

中國古代書契制度　張守義　金陵學報一卷一期　內容：（1）書契之名稱，（2）書契起源之推測，（3）書契之形式，（4）書契之功用。

漢晉時代之木簡（附影片）　河北第一博物院半月刊七期三版

簡書發現攷　容肇祖　國立中山大學語言歷史學研究所週刊百期紀念號

紙未發明前之中國書　Edouard Chavannes著　馮承均譯　圖書館學季刊五卷一期
Les livres chinois avant l'invention du papier

書談——論套印本　周越然　小說月報二十二卷七號

書談——論稿本　周越然　小說月報二十二卷六號

書談——論手鈔本　周越然　小說月報二十二卷五號

書林清話糾繆與補遺　長澤規矩也著　張慕騫譯　浙江圖書館館刊二卷三期

翁雲書話　劉程　南大週刊一一八期，一二四期，一二七期，一二八期，一三一期，一三四期
按：係關于中國古書和版本問題

版本脞話　鵠　天津益世報藝術週刊（十八年五月二十一日，二十七日）

無錫刻書攷　王紹曾　無錫圖書館協會會報三期

琉璃廠書肆後記　藝風老人遺著　天津益世報藝術週刊（十八年五月二十八日，六月四日）

宋儒新註書流傳日本情狀小誌　大江文城著　古魯譯　人文月刊二卷一期，二期

文選白氏文集之流行於日本　李秉中譯　大公報文學副刊一百三十七期（十九年八月二十五日）

史記版本攷　趙澄　史學年報第三期

漁洋著述版刻攷略　張漢渡遺著　山東省立圖書館季刊一集一期

崔東壁書版本表　洪業　史學年報第三期

營造法式版本源流攷　謝國楨　中國營造學社彙刊第四卷第一期

宋楊輝算書攷　李儼　圖書館學季刊四卷一期

農桑撮要攷略　萬國鼎　圖書館學季刊五卷一期
按：農桑撮要一書，四庫總目作農桑衣食撮要，係元魯明善作。

水滸傳版本錄　趙孝孟　北平圖書館讀書月刊一卷十一號

與許印林商訂校刻書籍　張石洲遺著　山東省立圖書館季刊一集一期

毛氏汲古閣刻書緣起　衡　天津益世報藝術週刊（十八年七月九日）

校勘

校勘古書之方法　王晉祥　厦大週刊二百三十六期

校勘之理論與實際　世休　清華週刊三十九卷二期

校讐新義　振倫　圖館學季刊五卷一期

本書所收十七年至二十二年間期刊一覽

民國十七年 期刊名	創刊日月
天津大公報文學副刊	一月一日
北平圖書館館刊	六月
民俗	三月
民彝雜誌	一月一日
采社雜誌	七月
現代	八月
海潮音	雙十節
掌故叢編	一月
新月	七月
勵學	

藝觀　三月

民國十八年

期刊名	創刊日月
中央大學半月刊	十月
中華公教青年會學刊	九月
文學叢刊	
史學雜誌	
史學年報	
民鳴月刊	五月
北新半月刊	八月
江蘇蘇州圖書館館刊	十一月
安陽發掘報告	十二月
春笋季刊	五月

期刊名	創刊日月
故宮週刊	雙十節
晨星	一月一日
朝華月刊	十二月
睿湖	六月
輔仁學誌	一月一日

民國十九年

期刊名	創刊日月
女師大學術季刊	三月
中學生	二月十五日
文藝月刊	八月十五日
文獻叢編	三月
史學雜誌	三月
史學	十二月

刊物	日期
北平晨報劇刊	十二月廿一日
北平晨報學園	十二月十七日
民鳴	五月
考古學雜誌	一月
河南大學文科季刊	一月
河南一師期刊	七月
東北叢鐫	
協大季刊	十二月二十日
前鋒月刊	十月
師大國學叢刊	十一月
現代文學月刊	六月
無錫國專學生自治會季刊	十二月三日
齊大月刊	雙十節

期刊名	創刊日月
新亞細亞月刊	十月
橄欖月刊	
學文	九月十一日
學風	十一月
學舌	五月十五日
樂藝	十一月

民國二十年(西歷一九三一)

期刊名	創刊日月
山東省立圖書館季刊	三月
中大國學叢刊	五月
中法大學月刊	十一月
中國雜誌	九月
史學年報	

史學叢刊	六月
世界雜誌	二月一日
西北研究	
兩週評論	十一月十五日
夜光	十月十日
私立無錫國學專修學校叢刊	一月
亞丹娜	
青年界	三月
南風半月刊	四月
重華月刊	五月
時代文化	九月
國語週刊	
現代學術	八月

現代月刊　七月七日
進展　八月十五日
禮俗　四月
搖籃　一月
微音　三月十五日
當代文藝　七月
新學生
新時代半月刊　五月
廣東中山大學文史研究所輯刊　七月
暨南大學文學院集刊　一月
醒鐘月刊　七月
俗禮　四月
歸納學報　四月

期刊名	創刊日月
讀書雜誌	四月

民國二十一年(西歷一九三二)

期刊名	創刊日月
大戈壁	一月十六日
大中國	四月
大陸	七月一日
小說月刊	一月十五日
中國近代經濟史研究	十一月
文化雜誌	九月卅一日
文學月報	六月十日
文學年報	七月
天津益世報語林	十月十五日
天津益世報文學週刊	十一月十五日

天津益世報戲劇與電影	十一月十九日
民鐸半月刊	十一月
北平晨報時代批評	二月廿四日
世界雜誌	二月
世界旬刊	四月十日
西南研究	二月
先導半月刊	十二月十六日
安徽大學月刊	
百科雜誌	七月
光華大學半月刊	雙十節
再生雜誌	五月十三日
金陵學報	五月
青年世界	

青鶴	十一月
南方雜誌	六月一日
協大學術	四月
珊瑚半月刊	七月
師大月刊	七月一日
時代公論	四月
海濱文藝	六月十五日
國立浙江大學季刊	一月
國學彙編	七月
國學彙選	五月
國風半月刊	一九月一日
現代	五月一日
現代史學月刊	十月

創化雜誌	五月一日
無錫圖書館協會會報	七月一日
廈大學報	十二月
廈門圖書館聲	一月
齊大季刊	十二月
新創造半月刊	四月十六日
廣西青年	雙十節
劇學月刊	一月
獨立評論	三月廿二日
戲劇叢刊	一月八日

民國二十二年(西歷一九三三) 二月五日

期刊名	創刊日月
中庸半月刊	三月一日

刊名	日期
不忘	一月
文化季刊	一月卅日
民族	一月
泊聲	一月十五日
東聲雜誌	一月十日
東吳	四月
科學的中國	一月一日
前途雜誌	一月一日
國立中山大學研究所月刊	一月十五日
國際文化雜誌	四月十日
詞學季刊	四月
塞魂	三月
新中華	一月十日

藝術　一月

讀書中學　五月

後記

余服務本圖，任文學及國學論文索引編輯，兩書先後付印，已承有三先生序其始末，余猶有欲爲讀者告者謹附記於後，

一、索引之書應力求時間性之符合，茲編爲印刷延宕內容雖經一度增補，而仍不免遲誤，至引爲歉，倘祈讀者原諒！此後當特別注意此點。

二、編中分類苦衷已如有三先生所述，但此書所包括之門類繁多，似此編纂於實際應用上是否得當，或須更改以臻完善之處，至祈學者隨時指正。

劉修業　二十三年，九，二四，於北平圖

勘誤表

頁	行	字	誤	正
二	八	小字二行第八	世	入
五	六	小字二行第八	方	應刪
七	五	九	脫「重」字	重刊
七	十二	六	脫「論」字	論辨
八	八	小字一，二行	故	古文
九	二	小字二行	來	釆
一一	七	小字二行第五	脫「說」字	詩說
一四	二	小字二行第十	之	元
四〇	一	一	者	再
六四	二	八	本	木
六六	八	小字第五	古	舌

頁	行	字	誤	正
七九	六	小字一行第三	脫「楨」字	國楨
八五	四	小字一行第九	四期	十期
八八	九	小字第二	脫「堯」字	興堯
八九	九	小字第九，十	脫「七期」兩字	一至七期
九六	一	小字第三	脫「功」字	世功
九八	九	小字二行第十五	完	宗
九九	九	七	綠	應刪
一〇六	六	小字第六	六輯	四輯
一一六	七	小字第六	脫「一」字	一卷
一一九	十	小字	H. do erro	H. de Lerrô
一二五	十一	七	譚	譜

勘誤表

頁	行	字	誤	正
一三七	五	七	戀	變
一四二	十三	二	國	學
一六一	六	小字	albe uon cog	alber-voncoq
一六七	十二	小字	三期	二期
一八八	十三	小字二行	倘貢	倘賢
二〇九	十一	小字第四	脫「是」字	唯是
二一〇	八	小字第九	山東	應刪
二一四	十三	小字第三	脫「纂」字	承纂
二二三	八	小字第十六	脫「刊」字	月刊
二二三	九	小字第十	策	第
二四九	二	小字第四	脫「劇」字	劇學
二五六	九	小字第二	脫「霜」字	玉霜
二七七	七	一	脫「中」字	中國

二

頁	行	字	誤	正
二九六	一	小行一行末字	因	中
二九六	一	小字二行末字	中	因
三〇四	二	小字一行第十四	性	位
三二五	十	小字二行	至，而	由，至
三二九	十	十	脫「舊」字	新舊
三三一	九	小字十三	脫「十」字	五十期
三五〇	十一	小字一行第八	脫「帝」字	武帝
三六六	七	四	脫「書字」	全書
三六八、	二	三	犬	大
三七二	四	三	水	永
三七五	七	三	脫「上」字	上古

中華圖書館協會叢書

第二種

國學論文索引三編

翻印必究

中華民國二十三年十月出版

【定價壹元】

編輯者　北平圖書館索引組劉修業

發行者　中華圖書館協會　北平文津街一號

承印者　大北印書局　和平門內絨線胡同

總經售處　國立北平圖書館　北平文津街一號

分售處　各省各大書店

中華圖書館協會出版書籍

中華圖書館協會會報 （兩月刊） 每期壹角

內容有論文及目錄圖書館界新書介紹等乃傳達消息之刊物

圖書館學季刊 劉國鈞博士主編 每期四角全年壹元伍角

主旨在促成一合于中國國情之圖書館學兼論板本目錄之學

全國圖書館調査表 （四次訂正） 一冊 壹角

表列全國各圖書館之名稱地址極便參考

老子攷 七卷 二冊 王重民編 壹元陸角

著錄中外關于老子之著述五百餘家甚詳

國學論文索引 一冊 壹元

國學論文索引續編 一冊 捌角

國學論文索引三編 一冊 壹元

此索引收雜誌約一百種

文學論文索引 一冊 壹元陸角

文學論文索引續編 一冊 壹元陸角

是書中索引雜誌約二百種範圍廣博

中華圖書館協會概況 一冊 壹角

詳述中華圖書館協會之沿革組織及事業

中華圖書館協會第一次年會報告 一冊 壹元

中華圖書館協會第二次年會報告 一冊 伍角

以年會議决案及紀錄爲主爲留心圖書館之發展者所必讀

中國圖書館概況 一冊 叁角

提出國際圖書館大會之英文論文五篇

日本訪書志補 一冊 （線裝） 楊守敬著 叁角

遂錄觀海堂書楊跋並參他書輯成較原志多四十餘篇

官書局書目彙編 一冊 朱士嘉編 伍角

乃各省官書局之總目爲採置書籍必備工具

圖書館參考論 一冊 李鍾履著 壹元二角

詳述參考事務鉅細靡遺爲研究學術之南針

現代圖書館編目法 一冊 金敏甫譯 壹元

原著者爲本會名譽會員畢寧普先生